CoolCamping

Europa

# CoolCamping Europa

80 sensationelle Plätze zum Zelten

Sophie Dawson, Keith Didcock, Sam Pow, Paul Sullivan,
Richard Waters und Penny Watson

Aus dem Englischen von
Waltraud Götting

Mit einem Vorwort von
Ulrich Grober

Tolkemitt Verlag

Deutsche Erstausgabe
1. Auflage, April 2010.
Die englische Originalausgabe ist 2009 unter dem Titel »Cool Camping: Europe« bei Punk Publishing Ltd., London, erschienen.

Alexanderstraße 7, D-10178 Berlin
www.haffmans-tolkemitt.de



Lektorat: Katharina Theml (Büro Z, Wiesbaden).
Gestaltung: Kenny Grant.
Herstellung: Urs Jakob, Werkstatt im Grünen Winkel, CH-8400 Winterthur.
Satz: Fotosatz Amann, Aichstetten.
Druck & Bindung: Kösel, Krugzell.
Printed in Germany.

Dieses Buch gibt es nur bei Zweitausendeins im Versand, Postfach, D-60381, Frankfurt am Main, Telefon 069-420 800 0, Fax 069-415 003. Internet www.Zweitausendeins.de, E-Mail: Service@Zweitausendeins.de.
Oder in den Zweitausendeins-Läden in Aachen, Augsburg, Bamberg, 2x in Berlin, in Bochum, Bonn, Braunschweig, Bremen, Darmstadt, Dortmund, Dresden, Duisburg, Düsseldorf, Erfurt, Essen, Frankfurt am Main, Freiburg, Gelsenkirchen, Göttingen, Gütersloh, 2x in Hamburg, in Hannover, Karlsruhe, Kiel, Koblenz, 2x in Köln, Leipzig, Ludwigsburg, Mannheim, Marburg, Mönchengladbach, München, Münster, Neustadt an der Weinstraße, Nürnberg, Oldenburg, Osnabrück, Speyer, Stuttgart, Trier, Tübingen, Ulm, Wuppertal-Barmen und Würzburg.

In der Schweiz über buch 2000, Postfach 89, CH-8910 Affoltern a. A.
ISBN 978-3-942048-15-6

# Reif für Cool Camping

Vorwort von Ulrich Grober

Erste Eingebung, als ich *Cool Camping* ausgelesen hatte: In den Keller gehen, nachgucken, ob das Zelt noch intakt ist, das dort seit Jahren eingemottet rumliegt. Wohl wahr, Rucksack und Wanderschuhe habe ich stets griffbereit. Auch der Daunenschlafsack liegt locker verpackt immer bereit für die nächste Übernachtung im 1000-Sterne-Hotel – sprich: die Nacht unterm Himmelszelt. Draußen zu Hause? Ja! Aber zelten? Auf einem Campingplatz? Ich assoziiere: Caravans, Stoßstange an Stoßstange zusammengepfercht. Geschotterte Stellplätze, Satellitenantennen, spießige Dauercamper-Gemütlichkeit. Es brauchte schon so ein Buch, um mir den Mund wässrig zu machen. *Cool Camping Europa* zeigt, dass es auch anders geht.

*

Es muss wohl in unseren Genen schlummern. Selbst wenn wir die Welt hauptsächlich nur noch auf Bildschirmen oder durch die Windschutzscheibe wahrnehmen – das Nomadische lässt uns nicht in Ruhe. In der globalisierten Kultur des 21. Jahrhunderts ist mobile Lebenskunst wieder sehr zeitgeistig geworden. Die Freiheit aufzubrechen, wohin man will, lässt sich niemand nehmen.

Man höre und staune, wie die isländische Pop-Sirene Björk ihren Song *Wanderlust* zelebriert! Wie ihre Stimme vibriert und jubiliert, wenn sie, untermalt von Bläserfanfaren und Trommelwirbeln, das Wort in den Mund nimmt. *I feel at home whenever / the unknown surrounds me … Wanderlust!* In fremder Umgebung zu Hause – die Essenz des Nomadischen. Das Video zum Song ist eine atemberaubende 3-D-Animation: In ein rattenfängerbuntes Gewand gekleidet, einen Fellrucksack auf dem Buckel, streift Björk durch eine surrealistische Eiszeit-Anderswelt, watet, bis zur Hüfte im reißenden Wasser, durch einen Gletscherfluss, tritt hervor aus einer ziehenden Büffelherde. *Relentlessly restless … unentwegt ruhelos … Wanderlust!*

Es ist eins der Wörter, das die englische Sprache aus dem Deutschen entlehnt hat. Wie »Kindergarten« oder »Zeitgeist«. So richtig alt ist die Wortfügung im Deutschen nicht. Geprägt hat sie wohl erst die Romantik. Die beiden Grundwörter sind freilich uraltes germanisches Spracherbe. *Wandern* und *Lust* kommen im Altsächsischen, der einen Quelle des modernen Englisch, genauso vor wie im Altnordischen, in der Sprache also, die – seit der »Edda« kaum verändert – Björks Muttersprache ist. *Wanderlust*, so wie es heute im angelsächsischen Sprachraum verwendet wird, meint vor allem: Lust am freien Schweifen, Freiheitsdrang. Der neue Nomadismus ist selbstbestimmt, leichtfüßig, entdeckend und wie eh und je – naturverbunden.

*

Kein Wunder, dass dieses Buch aus England kommt. Die Nachfahren von Robinson Crusoe, Ernest Shackleton und Bruce Chatwin haben sich ihr Fernweh bewahrt. Und damit ihr feines Gespür für die Magie starker Orte, für Traumpfade, für das Abenteuer des einfachen Lebens. Mit dieser Wünschelrute haben die Autorinnen und Autoren von *Cool Camping* den europäischen Kontinent durchstreift. Vom atlantikumtosten *finis terrae* in Portugal bis in die violett leuchtende Lüneburger Heide, von den Kiefernwäldern der Loiremündung bis an die Strände von Korfu. Abseits der gesichts- und charakterlosen Massen-Campingplätze haben sie wahre Perlen entdeckt. Die 80 mit dem größten Wow-Faktor sind hier in sprachliche Miniaturen gefasst und … wie soll ich sagen? … liebevoll … präsentiert. Schon beim Schmökern fühlt man sich in eine Hängematte unter blauem Himmel versetzt.

Diese Plätze sind eingebettet. In große Landschaften und unversehrte Natur. Sie liegen inmitten eines Korkeichenwäldchens an der Algarve, in einem Olivenhain in Umbrien oder am Schilfgürtel eines stillen Sees unter dem weiten niederländischen Himmel. Das Ambiente stimuliert die Sinne. Einfach dem Spiel von Licht und Schatten zuschauen, dösen, den Geruch reifender Orangen oder Äpfel einatmen, lesen, dem Plätschern des Wassers lauschen, Zwiesprache halten, eine Streicheleinheit. Die Zeit steht still. *Dolce far niente* bringt die tiefe Entspannung. Schon mal versucht, vom 4-Sterne-Hotel aus den Sonnenaufgang zu erwischen? Im Zelt ziehst du den Reißverschluss auf und gehst ein paar Schritte zum nächsten Ausguck nach Osten. Diese Plätze sind *retreats* – Rückzugsgebiete.

Und sie sind Basislager. Die meisten liegen in der Nähe von Bade-, Paddel- oder Angelgewässern. Perfekt für Wasserratten. Fast immer umgibt sie ein weitmaschiges Netz von Wanderwegen und Mountainbike-Routen. Mancherorts kann man Paragliding betreiben oder am Felsen klettern. Es muss ja nicht gleich die Eigernordwand sein. Auch wenn am Fuß dieser schweizerischen Bergikone ein cooler Campingplatz liegt. Aber so gut wie jeder der hier beschriebenen 80 Plätze hat den direkten Zugang zu den *great outdoors*, der freien Natur, in der wir uns aus eigener Kraft bewegen, Kräfte verausgaben, um neue Kraft zu sammeln. Die Skandinavier sprechen von *friluftsliv*. Gemeint ist das naturnahe Leben an der frischen Luft. Cool Camping ist eine intensive Form dieser Erfahrung – ideal auch für Kinder.

*

Ich wette, dass man auf diesen coolen Plätzen ein Spektrum von ziemlich inspirierten und inspirierenden Leuten trifft. Ihr kleinster gemeinsamer Nenner, vermute ich, ist der Wunsch, grüner zu leben. Ein Tag am Strand, ein gemeinsam erlebter Sonnenuntergang – oder ein Sommergewitter –, eine anschließende Lagerfeuernacht fördern unter diesen Vorzeichen schlicht und einfach eine entspannte Art von Wir-Gefühl. Nicht zu vergessen die Campingplatzbetreiber, besser gesagt: Gastgeber. Die ihnen gewidmeten kleinen Porträts tragen zum Charme des Buches bei. Vom blaublütigen Schlossbesitzer an der Loire über den anthroposophisch angehauchten Sozialarbeiter in der

Vulkaneifel bis zum umbrischen Olivenbauern ist eine Vielfalt an Europäern vertreten. Sogar ein flippiges Kollektiv in Berlin, das 15 Gehminuten vom Brandenburger Tor entfernt eine stillgelegte Badeanstalt zum urbanen Campingplatz umfunktioniert hat.

Es lebe der Minimalismus! Was bei den nomadischen Stämmen Jurte und Tipi waren, ist heute die Polyesterhaut eines modernen Leichtgewichtzeltes. Sie gibt dir den minimalen Schutz vor den Unbilden der Witterung. Dass dieser so oft völlig ausreicht, ist für den Stadtmenschen von heute eine Erfahrung für sich. Noch besser: Mit dem Urlaub im Zelt verursachst du den minimalen ökologischen Fußabdruck. Grashalme richten sich wieder auf. Wenn dann noch solar betriebene Duschen und Komposttoiletten da sind, kriegt Cool Camping endgültig die Kurve vom prähistorischen Nomadismus zum postfossilen Zeitalter.

»Dem Traum folgen und nochmals dem Traum folgen und so ewig…«, empfahl der britisch-polnische Schriftsteller und Seemann Joseph Conrad vor 100 Jahren. Mit *Cool Camping* im Reisegepäck lassen sich einige der Traumlandschaften Europas neu entdecken – hautnah.

# Lageplan

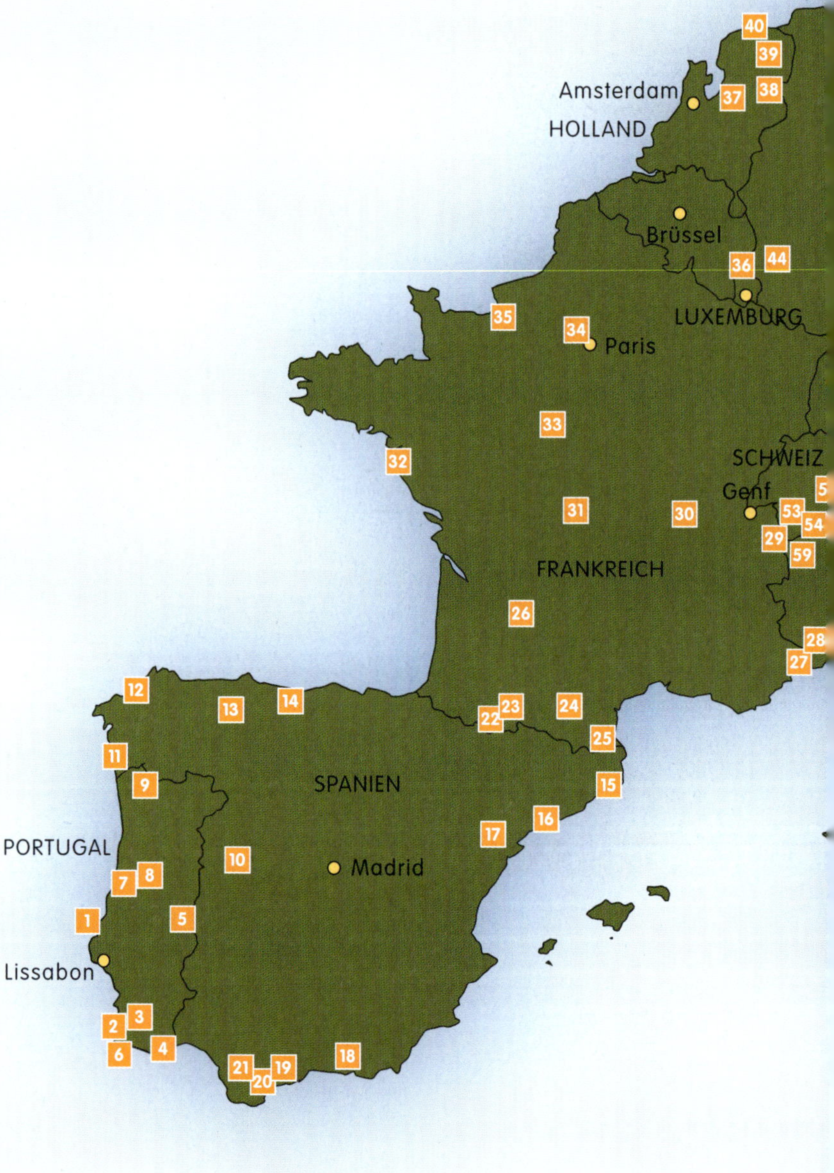

40
39
Amsterdam
37
38
HOLLAND
Brüssel
36
44
LUXEMBURG
35
34
Paris
33
32
SCHWEIZ
Genf
31
30
53
54
29
59
FRANKREICH
26
28
27
12
13
14
22
23
24
25
11
9
SPANIEN
15
16
17
PORTUGAL
10
Madrid
7
8
1
5
Lissabon
2
3
6
4
21
20
19
18

41
42
Berlin
TSCHLAND
43
Prag
TSCHECHISCHE REPUBLIK
46
Wien
48
49
ÖSTERREICH
50
Maribor
SLOWENIEN
56
66
67
68
57
58
Zagreb
KROATIEN
69
70
60
71
72
61
63
64
Rom
ITALIEN
65
73
74
GRIECHENLAND
77
75
78
76
79
Athen
80

# Lageplan

1

2

3

4

# Die besten Fünf

Bei so vielen herausragenden Campingplätzen war es eine wahre Herkulesaufgabe, nur fünf als die Besten der Besten zu küren. Wir mussten noch etwas draufsetzen. Hier sind sie also, die sieben Campingplätze, die unsere Top 5 ausmachen. Die Schönsten der Schönen.

## 1 La Fresneda, Spanien — S. 81

Zelten unter dem weiten Himmel von Matarraña auf einer nachhaltig bewirtschafteten Finca in Katalonien.

## 2 Il Falcone, Italien — S. 257

Olivenhaine und Mohnblumen, Seen und Dörfer, abseits der Touristenwege im Herzen Umbriens.

## 3 CampSpirit, Holland — S. 157

Ein holländisches Öko-Inselparadies, in dem man traditionelle Jurten und Tipis mieten und sein eigenes Biogemüse pflücken kann. Der ideale Ort zum Träumen und Chillen.

## 4 Areti, Griechenland — S. 302

Das Leben genießen bei Honig und Calamares, im Schatten von Eukalyptus- und Hibiskusbäumen am kobaltblauen Meer der Halbinsel Sithonia.

## 5** Les Romarins, Frankreich — S. 119

Normalerweise müsste man im Casino Monte Carlo die Bank sprengen, um sich einen Blick wie diesen leisten zu können. Auf dem Campingplatz Les Romarins oberhalb von Monaco an der Côte d'Azur bekommt man ihn ganz umsonst.

## 5** Petit Praz & Camping des Glaciers, Schweiz — S. 214 + 219

Zwei umwerfende Campingplätze in den Schweizer Alpen, die sich in nichts nachstehen. Der eine ist der höchstgelegene Zeltplatz Europas, der andere liegt am Fuße eines Gletschers auf einer mit wilden Orchideen gesprenkelten Bergwiese.

# Alle Campingplätze

## IDEAL FÜR KINDER



## ABHÄNGEN AM SEE



## ABHÄNGEN AM FLUSS



## STRANDNÄHE



## FÜR SURFER

### AM WASSER



### IM GEBIRGE



### WALDESLUST



### AUTOFREIES ZELTEN



### FÜR RADFAHRER



### CAMPEN EINMAL ANDERS

# ilha da berlenga

Als der portugiesische Entdecker Vasco da Gama 1497 das Kap der Guten Hoffnung umsegelte, schrieb er Geschichte, weil er als erster Seefahrer durch die stürmischen Gewässer des Kaps zur Ostküste Afrikas gelangte. Bis dahin hatten sich die Navigatoren nach den Sternen gerichtet und waren angesichts der ungewohnten Konstellationen des südlichen Himmels stets am Äquator umgedreht. Da Gama hatte das Signal gegeben für die Entdeckungsfreudigeren unter seinen Landsleuten, die sich nun ebenfalls aufmachten, um neues Terrain zu erforschen. Es scheint daher ganz folgerichtig, dass einer der ungewöhnlichsten Campingplätze in Portugal sein eigenes kleines Seeabenteuer voraussetzt.

Auch wenn die Gewässer hier nicht ganz so rau sind wie vor der Südspitze Afrikas, ist die Überfahrt von Peniche an der Westküste Portugals zur Ilha da Berlenga nicht unbedingt etwas für Menschen, die leicht seekrank werden. Die Schiffsbesatzung teilt beim Ablegen wohlweislich Spucktüten aus, und es wird reichlich Gebrauch davon gemacht. Als Belohnung winkt allen, die diese kabbelige halbstündige Fahrt auf sich nehmen, das exklusive Badevergnügen im kristallklaren Wasser um die Ilha da Berlenga.

Wenn man am Anlegesteg von Bord geht, sieht man vor sich eine winzige Bucht, in der sich meist um die zwei Dutzend Badegäste sonnen. Ein Weg führt bergan, vorbei an einem kleinen Restaurant und dann am Campingplatz, der auf riesigen, in den Fels gehauenen Stufen liegt, weiter hinauf bis zu den schroffen Klippen und am Leuchtturm vorbei. Von hier aus gelangt man zum Forte de São João Baptista, einer trutzigen vorgelagerten Festung aus dem 17. Jahrhundert, die man von der Insel aus über einen künstlich gemauerten Brückenpfad erreicht und in der man heute Gastzimmer mieten kann.

Die Insel ist im Übrigen bewohnt. Etwa ein Dutzend Fischer, die ihre Netze zweimal täglich auswerfen, leben mit ihren Familien in einer kleinen Siedlung einstöckiger Häuser. Im einzigen Restaurant der Insel, dem Mar e Sol, das von der Frühstückszeit bis etwa ein Uhr nachts geöffnet hat, isst man wie die Einheimischen und bekommt den vermutlich frischesten Fisch, den man je genossen hat.

Früher kamen Portugiesen mit Booten vom Festland herüber und schlugen ihre Zelte auf, wo es ihnen gerade passte. Seit die Insel zum Naturschutzgebiet erklärt wurde, wird der Campingplatz vom Touristenbüro in Peniche verwaltet. Die eigentlichen Herren der Insel sind allerdings die Seevögel – Möwen, Papageientaucher und Kormorane –, die hier zu Tausenden nisten. Man könnte sich ohne weiteres vorstellen, dass Hitchcock seine Inspirationen hier während eines Urlaubs im Frühjahr bezog, der Zeit, zu der die Jungvögel schlüpfen und die Eltern jedesmal ein ohrenbetäubendes Gekreisch anstimmen, wenn man auch nur in die Nähe eines Nestes kommt.

Der Campingplatz ist durch seine Hanglage vor Nordwind geschützt, aber zurren Sie Ihr Zelt trotzdem gut fest, falls der Wind einmal drehen sollte und von Süden her bläst. Es gibt Waschbecken und Duschen mit kaltem Meerwasser, man kann also zur Erfrischung ebenso gut gleich ins Meer hüpfen.

Wegen der vielen Vögel auf der Insel sollten Sie dafür sorgen, dass alle Lebensmittel in dichten Behältern verpackt und die Zelteingänge verschlossen sind. Die Ration an Süßwasser, die man für den Tag braucht, muss man morgens zwischen 8 und 11 Uhr in der Bar holen (ein 15-Liter-Wasserkanister ist hier ein so unentbehrlicher Ausrüstungsgegenstand wie Taschenlampe und Gummihammer).

Regelmäßige Bootstouren führen zu Tauchplätzen, die wegen des unglaublich klaren Wassers zu den schönsten in ganz Portugal zählen. Wem nichts am Tauchen liegt, der kann per Boot die ausgewaschenen Felsenhöhlen erkunden. Und keine Angst vor der Rückfahrt zum Festland: Halten Sie den Blick einfach fest auf den Horizont gerichtet und denken Sie daran, wie überaus mutig jene portugiesischen Entdecker vor über 600 Jahren waren.

**PLUSPUNKTE**: Eine einsame Insel, ideal zum Tauchen.
**MINUSPUNKTE**: Sie sind den Elementen ausgeliefert und der Gesellschaft unzähliger kreischender Vögel überlassen.
**KOSTEN**: Der Campingplatz kostet € 9,25–26,50 pro Zelt und pro Nacht.
**AUSSTATTUNG**: 38 Plätze, 2 Meerwasserkaltduschen, 3 WCs. Ein Lädchen (besser gesagt ein Mauerloch), in dem man Dosenwürstchen und -gemüse, Süßigkeiten, Eis und Mineralwasser kaufen kann.
**ESSEN UND TRINKEN**: Im Restaurant Mar e Sol (00351 262 750 331) werden ganztägig warme Speisen serviert, darunter ein Menü für € 20, das bei Tagesausflüglern beliebt ist.
**FAMILIENAKTIVITÄTEN**: Schwimmen in den Felsenhöhlen, Schnorcheln, Kanufahren und Angeln. Einen Tag Schnorcheln inklusive Mittagessen für € 35 bei Active Ocean (00351 918 820 449).
**HIGHLIGHTS**: Viele Tauchschulen bieten Tagestouren mit zwei Tauchgängen von Peniche aus an (inkl. Mittagessen € 62, Active Ocean, s. o.).
**LAGE**: An der Westküste vor Peniche, etwa 100 km nördlich von Lissabon.
**ÖFFENTLICHE VERKEHRSMITTEL**: Das Schiff zur Insel legt um 10.30 Uhr im Hafen von Peniche ab und fährt um 16.30 Uhr wieder zurück (einfache Fahrt Erwachsene € 18, Kinder von 5–10 Jahren € 10, darunter frei). Ansonsten kann man für € 150 privat ein Boot mit 10 Plätzen mieten.
**GEÖFFNET**: Juni bis Mitte September.
**AUSGEBUCHT**: Fragen Sie, ob Plätze frei sind, bevor Sie die raue Überfahrt machen. Wenn nicht, buchen Sie einen Surfkurs im Surf Camp von Peniche (50 Plätze, Avenida do Mar 162, 2520-101 Peniche; 00351 962 336 295, www.penichesurfcamp.com).

**Ilha da Berlenga**, 2520 Peniche, Portugal

t 00351 262 789 571 w ilhadasberlengas.no.sapo.pt

792PE5
MT
VISITA AS GRUTAS

# quinta dos carriços

Sie träumen von Sonne, Strand, Ruhe, sauberen sanitären Anlagen und einem Restaurant direkt auf dem Zeltplatz? Na schön, versuchen Sie es doch mit diesem Camping-Nirvana:

Weit genug von den touristisch erschlossenen Häfen entfernt, aber in erreichbarer Nähe von Geschäften und gut besuchten Bars liegt dieses paradiesische Zeltareal. Im Laufe von 20 Jahren haben die Betreiber Samen und Schößlinge aller Art von ihren Reisen mitgebracht und hier eine solche botanische Vielfalt geschaffen, dass man den Eindruck hat, in einer großen Gärtnerei zu campen.

Die markierten Plätze, die in der Nähe der Einfahrt die alleenartigen Wege säumen, bieten reichlich Platz. Es gibt einen zweiten Bereich mit geräumigen Standplätzen, aber wo immer man landet, überall ist ausreichend Schatten – ein wahrer Segen unter der portugiesischen Sonne. Der Eingang zum Nudistencamp ist durch Piktogramme gekennzeichnet und es besteht keinerlei Gefahr, an jeder Ecke auf Nackte zu treffen.

Wenn Sie einen etwas weiteren Ausflug machen wollen, planen Sie die 20-minütige Fahrt zum Leuchtturm am Cabo de São Vicente – dem südwestlichsten Zipfel Europas – so, dass Sie den grandiosen Sonnenuntergang sehen, vor dem alles andere klein und unscheinbar wird. Nur einen kurzen Fußweg entfernt ist der Salema-Strand. Hier findet man jede Menge krebsroter Nordeuropäer, die sich wünschen, das Leben wäre immer so wie an diesem Tag.

**PLUSPUNKTE**: Sonne, Ruhe und ein herrlicher Sandstrand.
**MINUSPUNKTE**: Die Politik der lärmfreien Zone. Also keine Musik und keine kreischenden Kinder.
**KOSTEN**: € 19,60–21,20 pro Nacht für 2 Erwachsene, 1 Zelt und 1 Auto.
**AUSSTATTUNG**: 27 Plätze (davon die besten in den Zonen 7 und 5), 14 Plätze im Nudistenbereich, zusätzlich 13 Appartments (mit 2–4 Schlafplätzen). Drei Waschblocks mit Duschen, WCs (davon eines behindertengerecht) und 4 Urinalen.
**ESSEN UND TRINKEN**: Im Restaurant O Lourenço (00351 282 698 622) gibt es fantastische Fischgerichte.
**FAMILIENAKTIVITÄTEN**: Ein Besuch im Zoomarine in Albufeira (65 km auf der EN125, Ausfahrt Guia, 8200-864 Albufeira, 00351 560 300; www.zoomarine.com). In der weitläufigen Anlage gibt es Aquarien, Wasserrutschen und Showveranstaltungen. Eintrittspreise: Kinder von 5–10 Jahren € 12, Kinder ab 11 Jahren und Erwachsene € 20, bis 4 Jahre frei.
**HIGHLIGHTS**: Eine Fahrt mit einem der Spezialboote von Algarve Dolphins (Marina de Lagos Loja 10, 00351 282 087 587, www.algarve-dolphins.com) auf dem Atlantik, um Delfine in ihrem natürlichen Lebensraum zu beobachten.
**LAGE**: Im Südwesten von Portugal bei Budens, etwa 20 km westlich von Lagos.
**ÖFFENTLICHE VERKEHRSMITTEL**: Mit dem Zug von Faro nach Lagos. Von hier aus erreicht man das 16 km entfernte Budens mit einem Linienbus, der direkt vor dem Campingplatz hält.
**GEÖFFNET**: Ganzjährig.
**AUSGEBUCHT**: Wenn Sie es noch ruhiger und friedlicher haben wollen, sehen Sie sich den *Cool-Camping*-Platz Surfshanti an (S. 39).

**Quinta dos Carriços**, Praia da Salema, 8650-196 Budens, Algarve, Portugal

t 00351 282 695 201 | w www.quintadoscarricos.com

# corgo do pardieiro

Der Alentejo, auch als »Brotkorb Portugals« bekannt, ist eine arme, aber goldene Region, die fast die gesamte südliche Hälfte Portugals umfasst. So weit das Auge reicht, erstreckt sich eine hügelige Landschaft mit dicht bewachsenen Tälern und Senken, die eine kindliche Fantasie zu Vergleichen mit Tolkiens Auenland anregen könnte, während nüchternere Gemüter dieses stille Refugium wahrscheinlich einfach nur rundum romantisch finden werden.

Wenn man auf der Anhöhe von Corgo do Pardieiro den Blick in die Runde schweifen lässt, erwartet man fast, am Horizont die winzigen Hobbits geschäftig umhereilen zu sehen. Wir wissen natürlich, dass es Hobbits nicht wirklich gibt (oder?), doch in der wild überwucherten Weite der Landschaft finden viele reale Geschöpfe der Natur Raum zum Atmen. Eulen, Schlangen, Geckos, Wildschweine, Laubfrösche und Raubvögel aller Art tummeln sich in und unter den Bäumen. Und auch ein gestresster Mensch findet hier die Ruhe, die er braucht, um den Kopf wieder frei zu kriegen und sich zu erden. Wenn es also das ist, was Sie suchen, tauchen Sie ein in die Haine von Corgo do Pardieiro.

Der Zeltplatz ist so groß, dass er Hunderte von Campern aufnehmen könnte, aber es werden maximal 12 Stellplätze gleichzeitig vergeben, die obendrein so weit voneinander entfernt liegen, dass keiner den anderen stört. Die Plätze befinden sich unter einer alten Steineiche auf der Anhöhe, in der Senke unten zwischen Olivenbäumen oder bei den Lorbeerbäumen am Bach. An jedem der Plätze gibt es reichlich Schatten, einen Picknicktisch und als Zugabe fast immer eine herrliche Aussicht.

Die beste Zeit für einen Besuch ist der Frühling, wenn es schon angenehm warm, aber noch nicht so glühend heiß ist wie im Sommer und sich rundum eine wahre Blumenpracht entfaltet. Bienen umschwirren die nektarschweren Blüten und ihr leises Summen klingt wie das monotone Geräusch einer fernen Autobahn. Das ganze 8,5 Hektar große Gelände quillt über von pflanzlichem Leben in allen Formen und Größen.

Können Sie sich vorstellen, wie paradiesisch es ist, morgens mit dem Duft der über offenem Holzfeuer im Freien gebackenen Brote aufzuwachen, bevor Sie sich an die Schwerarbeit machen, zum Frühstück ein paar Scheiben davon mit Butter zu bestreichen? Wem es nicht reicht, sich am Morgen mit Frühstücksbrot versorgen zu lassen, der kann vor Ort auch ein vegetarisches Abendessen bestellen. Überzeugte Fleischesser wiederum brauchen sich nur ins Dorf Amoreiras-Gare zu begeben. Hier gibt es genügend Cafés und Restaurants, in denen man einen *petisco* (einen Snack) und einen *copo* (ein Gläschen) genießen kann. In

Portugal gibt es praktisch keine Kneipe ohne einen riesigen Flachbildfernseher, also setzen Sie sich einfach hin und machen Sie mit bei der beliebtesten portugiesischen Freizeitbeschäftigung – Soaps glotzen.

In den beiden Sanitärgebäuden stehen Solarduschen und Komposttoiletten zur Verfügung, und die Gäste werden sich über die Fertigstellung des natürlichen Schwimmbeckens freuen, an dem derzeit gebaut wird. Abgesehen vom täglichen Abduschen gibt es in Corgo do Pardieiro nicht viel, womit man sich die Zeit vertreiben kann. Und die Abendunterhaltung beginnt und endet mit Sternegucken – der Sternenhimmel ist möglicherweise der klarste, den Sie je zu sehen bekommen. Wenn die ruhigen Abende die Lust auf etwas mehr Action bei Tag in Ihnen weckt, mieten Sie sich vor Ort ein Fahrrad und erkunden Sie die Dörfer der Umgebung. Oder fahren Sie die 40 km nach Milfontes oder Zambujeira, wo es surferfreundliche Sandstrände gibt.

Allerdings ist die Ruhe dieses Campingplatzes so wohltuend, dass es auch vollkommen verständlich ist, wenn Sie alle Aktivitäten auf morgen verschieben, im Schatten der alten Korkeiche lesen und dösen und den lieben Gott einen guten Mann sein lassen. Der heutige Tag gehört nur Ihnen, den Vögeln und den Bienen (wir haben Ihnen ja gesagt, dass es hier romantisch ist).

**PLUSPUNKTE**: Nette holländische Eigentümer sorgen für alles, was die Gäste brauchen.
**MINUSPUNKTE**: Es ist so ruhig, dass Menschen mit leichtem Schlaf bei jedem Knacken eines Zweiges aufschrecken könnten.
**KOSTEN**: Je nach Saison € 10,60–15,10 für 2 Erwachsene, Zelt und Pkw; Kinder von 3–10 Jahren € 1,60–1,85.
**AUSSTATTUNG**: Zusätzlich zu den 12 Plätzen gibt es ein Studio für 2 Personen, 2 Sanitärgebäude, eine Küche mit Herd und Waschmaschine und ein Backhaus, außerdem einen Kinderspielplatz, Hängematten und WLAN auf dem gesamten Gelände. Haustiere sind willkommen.
**ESSEN UND TRINKEN**: Vor-Ort-Angebot für vegetarische Kost (€ 10–17). Probieren Sie zum Essen unbedingt einen Wein aus der Region.
**FAMILIENAKTIVITÄTEN**: Suchen Sie sich ein schönes Plätzchen zum Schwimmen am 20 km entfernten Stausee Lago da Barragem de Santa Clara.
**HIGHLIGHTS**: Gönnen Sie sich eine Dreitageskarte für das Open-Air-Festival Sudoeste in Zambujeira do Mar Anfang August (€ 80 einschließlich Gebühren für das Zelten vor Ort; Tageskarte € 40; www.festivaleiros.com/sudoeste-2009).
**LAGE**: Im Alentejo im Südwesten Portugals, zwischen Odemira und Ourique (genaue Wegbeschreibung in Englisch auf der Homepage).
**ÖFFENTLICHE VERKEHRSMITTEL**: Amoreiras-Gare liegt an der Bahnstrecke Faro–Lissabon, auf der 6 Züge täglich verkehren. Die einfache Fahrt von Faro kostet € 17. Die Campingbetreiber holen Sie vom Bahnhof ab, wenn Sie nett darum bitten.
**GEÖFFNET**: Ganzjährig.
**AUSGEBUCHT**: Versuchen Sie es in dem kleinen Gästehaus Quinta Pintados in Monchique [00351 282 955 320; www.pintados.co.uk).

**Corgo do Pardieiro**, 7630-514 Amoreiras-Gare, Portugal

t 00351 283 926 065 | w www.alentejo.nl

# ilha de tavira

Trotz des boomenden Tourismus an der Südküste Portugals hat sich Tavira viel mehr von seinem ursprünglichen stillen Charme bewahrt als die meisten anderen Küstenstädte und -dörfer. Doch wer die historischen Sehenswürdigkeiten an den Ufern des Flusses Gilão erst einmal besucht hat, möchte sich vielleicht am Strand von dem Trubel erholen. Nach einer 10-minütigen Überfahrt legt die Fähre an einem Pier an, von dem aus man zur einzigen Touristenunterkunft der Insel – dem Campingplatz – gelangt. Die Insel ist von einem herrlichen kilometerlangen Sandstrand gesäumt, der mit seinem angenehm warmen, ruhigen Wasser ideal ist für Leute, die gern schwimmen und sich in der Sonne aalen.

Es gibt Bars und Restaurants, die für jeden Geschmack etwas bereithalten, in der Regel aber ziemlich früh schließen. Portugiesische Familien mieten gern eines der Zelte unter den extra aufgebauten Schattendächern; wer sein eigenes Zelt mitbringt, dem wird ein schönerer Platz in einem baumbestandenen Areal zugewiesen.

Da der Strand zum Naturschutzgebiet Ria Formosa gehört, besteht einige Hoffnung, dass das Meer auch in Zukunft klar und blau bleiben wird. Wenn Ihnen die Ruhe anfängt auf den Geist zu gehen, machen Sie einen Kurztrip zum Festland. Im Unterschied zu den Tagesausflüglern können Sie auf die Insel zurückkehren und sich an einem stillen, friedlichen Sonnenaufgang erfreuen.

**PLUSPUNKTE**: Ein endlos langer Sandstrand.
**MINUSPUNKTE**: Hässliche Stacheldrahtzäune.
**KOSTEN**: In der Nebensaison ab € 5,50 pro Nacht und € 120 pro Monat für eine Person mit Zelt. In der Hauptsaison verdoppeln sich die Preise. Ein Leihzelt für 2–12 Personen kostet € 23–90 pro Nacht. Ein Tendalitzelt (2 oder 4 Personen) mit Kocher, Kühlschrank und Küchengeräten kostet je nach Saison € 50–85.
**AUSSTATTUNG**: 400 Stellplätze, Minimarkt, Safe (€ 1 pro Tag), Bar, Grill, 4 Waschhäuser mit Stromanschlüssen, Geldautomat, Waschmaschinen (€ 4), Volleyballplätze, Internetzugang (€ 6 pro Stunde).
**ESSEN UND TRINKEN**: Den frischesten Fisch bekommt man im Restaurant Pavilhão da Ilha (Santa Maria Tavira, 8800 Tavira; 00351 281 324 131).
**FAMILIENAKTIVITÄTEN**: Spendieren Sie Ihren Kindern einen Tag im Freizeitpark Aqualand bei Albufeira mit seinen rasanten Wasserrutschen. Von Mai bis September von 10–18 Uhr geöffnet. Eintrittspreise: Erwachsene € 19,50, Kinder von 4–12 Jahren € 15; www.aqualand.pt.
**HIGHLIGHTS**: Besuchen Sie die »Hauptstadt des Tintenfischs« im nahegelegenen Santa Luzia – im Restaurant Casa de Polvo (Avenida Eng. Duarte Pacheco 3, 8800-537 Santa Luzia; 00351 965 084 207) wird Tintenfisch gekocht, gebraten, frittiert und als Carpaccio serviert.
**LAGE**: Im Südosten Portugals vor Tavira, 30 km östlich von Faro.
**ÖFFENTLICHE VERKEHRSMITTEL**: Regelmäßiger Zugverkehr von Faro nach Tavira Nord, von wo aus man die Fähre nehmen kann. Stündlicher Fährverkehr von der Rua Jacques Pessoa (8.30–19.30 Uhr, im Juli und August 8.30 Uhr bis Mitternacht), Hin- und Rückfahrt € 1,50, Bootstaxi € 6 pro Überfahrt.
**GEÖFFNET**: April bis September.
**AUSGEBUCHT**: An der Küste etwas weiter östlich liegt der große Parque Municipal de Campismo de Monte Gordo (Estrada Municipal 511, 8900-118 Monte Gordo; 00351 281 510 970).

**Parque de Campismo da Ilha de Tavira**, Estrada das 4 Águas, 8800 Tavira, Portugal

t 00351 281 321 709 w www.campingtavira.com

# asseiceira

Marvão – magische, mystische, verzauberte Stadt auf dem Berg. Wer hier steht, hat das Gefühl, auf die ganze Welt hinabzublicken. Jenseits einer Ansammlung weiß getünchter Häuser gelegen, beherrscht die Burgruine von Marvão aus dem 13. Jahrhundert die Landschaft des nordöstlichen Alentejo aus fast 900 m Höhe. Vom Zahn der Zeit und von Schlachten gezeichnet, bröckelt das Gemäuer am Rande der schroffen Felsen vor sich hin. Seien Sie also vorsichtig, wohin Sie den Fuß setzen, wenn Sie an den dicken Festungsmauern entlanglaufen, damit Sie nicht abstürzen vor lauter Begeisterung.

Man erreicht die Burg mit dem Auto, indem man sich im Schritttempo durch die sehr schmalen Gässchen der Ortschaft tastet. Vom Burggemäuer aus hat man einen atemberaubenden Rundblick auf die darunter gelegenen Ebenen Portugals und Spaniens. Wenn man bei diesigem Wetter, den Kopf buchstäblich in den Wolken, hier oben spazieren geht, ist dies, egal zu welcher Tageszeit, ein geradezu schaurig schönes Erlebnis.

Die Einheimischen leben vorwiegend von den 20 000 Touristen, die das Städtchen alljährlich besuchen. Marvão – eher bei portugiesischen als bei ausländischen Urlaubern bekannt – liegt etwas abseits der üblichen Reiserouten. Man kann von Lissabon aus einen Tagesausflug in die Stadt machen, das kleine Museum besichtigen, in einem der Restaurants einen Imbiss nehmen und zum Abendessen wieder zurück sein, aber das wäre ein hektisches Unternehmen. Erholsamer ist es, wenigstens ein Mal im historischen 4-Sterne-Hotel, der Pousada von Marvão, zu übernachten, oder besser noch, für 10 Tage am Fuß der Berge zu zelten.

Der Campingplatz Asseiceira (»kleines Dorf«) liegt in einem Olivenhain in der reizvollen Landschaft des Naturdenkmals Serra de São Mamede. Zur belebten Ortschaft Santo António das Areias ist es nur ein kurzer Fußweg. Der Platz ist schlicht, klein und heimelig, und von den Berghängen streicht eine wohltuende Brise herunter, die den Besucher in entspannte Ferienstimmung lullt.

Der britische Betreiber hat alles darangesetzt, hier eine kleine Campingoase zu schaffen, in der ein baumgesäumter Vorhof und der Blick über eine weite offene Landschaft dafür sorgen, dass sich nicht einmal dann Platzangst verbreitet, wenn die Zelte im Sommer dicht an dicht stehen.

In Santo António das Areias gibt es Läden, Friseure, ein Hallenbad und sogar eine Disco. Wenn Ihnen das irgendwann nicht mehr genug ist, so warten in der Umgebung mehr mittelalterliche Dörfer, als Sie in der Zeit Ihres Aufenthalts vermutlich besuchen können. Die Flüsse der Gegend bieten jede

Menge kostenlosen Zeitvertreib, und egal, wie lange oder kurz Sie hier bleiben, Schwimmen an der Staumauer des Barragem da Apartadura ist ein absolutes Muss für jeden Besucher. Und wenn man sich nach der Kiesausfahrt vom Campingplatz aus links hält, ist man in Spanien, ehe man sich versieht – die Grenze ist nur 8 km entfernt.

Ein wichtiges Ereignis ist die Feira da Castanha, die das Leben in Marvão ein Novemberwochenende lang bestimmt. Thema der Festivität ist, Sie ahnen es, die Kastanie, und es ist schon erstaunlich, dass eine so kleine Frucht Tausende von Besuchern anzieht, die sich hier bei Tanz und Schlemmerei vergnügen. Wenn Sie jedoch nach früher Sonne gieren, ist ein Besuch im Juni zu empfehlen, wenn die Festas na Relva (das jährliche Fest von Asseiceira) direkt neben dem Campingplatz stattfindet. Der Stierlauf ist vielleicht nicht jedermanns Sache, aber beim Eselsrennen der Bauern kann man sich bestens amüsieren.

Kurz gesagt: Es fällt nicht schwer, sich vom abenteuerlichen Ambiente Asseiceiras verzaubern zu lassen.

**PLUSPUNKTE**: Ein schönes, ruhiges, idyllisches Plätzchen mit vielen Angeboten rundum.
**MINUSPUNKTE**: Es gibt nicht genug Schatten für alle, wenn der Platz voll ist; sichern Sie sich also eine Stelle unter einem Baum.
**KOSTEN**: Für 1 Zelt, 2 Personen und 1 Auto zahlt man € 13 am ersten und € 10 vom zweiten Tag an. Doppelzimmer in der Frühstückspension € 35–45. Waschmaschine € 5.
**AUSSTATTUNG**: 10 Zelt- und 10 Wohnwagenstellplätze (mit Elektroanschluss), Schwimmbecken und Pool-Bar. Separate Duschräume für Frauen und Männer mit jeweils 2 Duschen, 2 Toiletten und 3 Waschbecken. Frühstückspension mit 4 Zimmern, davon eins mit eigenem Bad. Kostenloser Internetzugang.
**ESSEN UND TRINKEN**: Probieren Sie das leckere *Carne de Porco à Alentejana* (mit Venusmuscheln gedünstetes Schweinefleisch) im O Pau de Canela, wo sich die Dorfbewohner gern zum Mittagessen treffen (00351 245 992 650).
**FAMILIENAKTIVITÄTEN**: Klettern, Kanufahren, Bogenschießen und andere sportliche Aktivitäten können beim (auch deutschsprachigen) Veranstalter Desafios Outdoor in Portalegre (10 Rua Eng. Luís Mira Amarai, 00351 245 366 760, www.desafiosoutdoor.pt) gebucht werden.
**HIGHLIGHTS**: Ausgezeichnet essen und einen guten Wein trinken kann man im Restaurant der noblen Pousada de Santa Maria in Marvão (00351 245 993 201, www.pousadas.pt).
**LAGE**: Im spektakulären Nationalpark der Serra de São Mamede, zwischen Portalegre und Marvão (genaue Wegbeschreibung in Deutsch auf der Homepage).
**ÖFFENTLICHE VERKEHRSMITTEL**: Der nächste Bahnhof, der an der Zugstrecke Lissabon-Madrid liegt, ist im 6,5 km entfernten Beirã (www.cp.pt). Außerdem gibt es eine regelmäßige Busverbindung zwischen Santo António das Areias und Portalegre sowie Lissabon.
**GEÖFFNET**: Ganzjährig.
**AUSGEBUCHT**: Allegre Camping ist eine gemütliche kleine Anlage mit 4 Stellplätzen in der Nähe von Portalegre (Mindestaufenthalt 3 Nächte, 00351 245 964 800, www.alegretravel.eu).

**Camping Asseiceira**, Caixa Postal 2, Asseiceira, 7330-204 Santo António das Areias, Portugal

t 00351 245 992 940 w www.campingasseiceira.com

# surfshanti

Laurie, der Eigentümer des Platzes, hat seine australische Heimat mit 16 verlassen, um in der Welt herumzureisen – vielmehr herumzusurfen. Immer den besten Wellen nach, verschlug es ihn von der südlichen Hemisphäre schließlich in dieses portugiesische Tal, das er im Laufe von vier Jahren mit der Unterstützung freiwilliger Helfer in seinen jetzigen Zustand versetzte. Sumpfgelände wurde trockengelegt, Dornengestrüpp gerodet, Sand vom Strand heraufgeschafft und für einen Yogaplatz mit Talblick aufgeschüttet, und schließlich wurde aus 18 zwölf Meter langen, vor Ort geschnittenen Eukalyptusstangen ein imposantes Tipi errichtet.

Surfshanti, dieses naturtouristische Kleinod an der westlichen Algarve, ist kein Campingplatz im eigentlichen Sinne, sondern ein Refugium, in dem Surf- und Yogakurse angeboten werden. Bevor wir mehr verraten, müssen wir auf Lauries Bitte darauf hinweisen, dass dies ein besonderer, alternativer, friedlicher und ausschließlich den zahlenden Gästen vorbehaltener Ort ist und keine Touristenattraktion. Sofern Sie sich also nicht angemeldet haben, denken Sie gar nicht erst daran, sich auf Lauries Privatgelände herumzutreiben – Sie würden nur seine *Chakren* und die aller anderen Anwesenden durcheinanderbringen, und das wäre doch nicht besonders yogisch, oder?

Berichte in Hochglanzmagazinen haben dafür gesorgt, dass in letzter Zeit vermehrt unangemeldet Neugierige auftauchen, die einen Blick auf das vielgerühmte »Tipidorf« zu erhaschen hoffen. Der Platz ist eigentlich nicht so spektakulär. Das Besondere an ihm ist die Lage: ein wunderschönes Tal, in dem höchstens das ferne Geläut von Kuhglocken oder das Rauschen des Windes in den Bäumen die Ruhe Ihres herabschauenden Hundes stören wird. Sie werden es im Leben nicht bereuen, hier einen Aufenthalt gebucht zu haben.

Laurie, der sich seinen eigenen Peter-Pan-Traum erfüllt hat, lässt andere an seiner Zauberwelt teilnehmen. Hier sind sie willkommen, die verlorenen Jungs und Mädchen aus aller Welt, besonders diejenigen, die das 5-tägige All-inclusive-Paket buchen. Im großen Tipi können sechs Personen übernachten, es könnten aber auch bequem zehn darin untergebracht werden. Daneben werden ein Safarizelt mit eigener Holzterrasse und ein einfacheres Zelt für jeweils zwei Personen vermietet. Man fühlt sich dort wie ein Forscher in seinem Dschungellager; Gazewände halten die Insekten fern, lassen aber die frische Luft herein, sodass ein starkes Gefühl der Verbundenheit mit der Natur und des Lebens unter freiem Himmel entsteht.

Die Einrichtung der Zelte ist behaglich und bequem, aber Surfshanti ist alles andere als ein Luxuscampingplatz. Die Gäste erhalten ausreichend große Betten und benutzen ein einfaches Gemeinschaftsbad, einen dachlosen Raum mit zwei Duschen und Komposttoiletten. Als ökologisch ausgerichtetes Unternehmen nimmt Surfshanti nicht mehr als zehn Gäste gleichzeitig auf, was einerseits die Umwelt schont und andererseits eine sehr persönliche Atmosphäre schafft.

Das 5-Tage-Paket beinhaltet drei Mahlzeiten und zwei Yogasessions täglich, daneben Surfen, Leihgebühren für die Ausrüstung und die Fahrt zum Strand. Wenn Sie nicht vom Bauern geweckt werden, der auf der nahegelegenen Weide lauthals mit seinen Kühen schimpft, stellen Sie sich besser einen Wecker, damit Sie den gemeinsamen Sonnengruß um acht Uhr morgens nicht verschlafen.

Selbst Yogahasser können in Surfshanti ihren Spaß haben. Die »Er geht surfen, sie macht Yoga«-Konstellation erfreut sich besonderer Beliebtheit. In der Nebensaison kann man Surfshanti einfach seiner abgeschiedenen Lage, seiner schönen Einrichtung und seiner Nähe zum Strand wegen wie einen ganz normalen Campingplatz besuchen, ohne irgendwelche Kurse buchen zu müssen.

Die meisten Gäste kommen allerdings wegen der Wellen und wegen des Yogas. In dieser Ecke Portugals, wo die Wellen sich zum ersten Mal seit dem amerikanischen Kontinent an Land brechen, sind beste Surfbedingungen fast garantiert. Die zweite Yogasession des Tages findet nach Einbruch der Dämmerung statt, danach versammelt man sich am langen Picknicktisch zum gemeinsamen Abendessen.

Und während die Sonne untergeht, begreift man unmissverständlich, worum es hier geht. Der Name sagt es: Surfen und Frieden. *Om shanti.*

**PLUSPUNKTE**: Sonnenaufgang, Yoga, Frühstück, Surfen, Mittagessen, Yoga, Sonnenuntergang, Abendessen, Schlafen.
**MINUSPUNKTE**: Der frühe Tagesbeginn könnte auf Langschläfer abschreckend wirken.
**KOSTEN**: Das 5-tägige All-inclusive-Paket kostet in der Nebensaison € 595, in der Hauptsaison (Juli/August) € 675 mit Übernachtung im Tipi. Für die Unterbringung in einem der beiden Doppelzelte werden € 10 Aufschlag pro Tag und Person berechnet. Surfunterricht bei lizensierten Lehrern kostet extra (etwa € 28 pro Tag).
**AUSSTATTUNG**: »Tadsch Mahal«, ein im marokkanischen Stil eingerichtetes Aufenthaltszelt, Grillplatz, 2 Hängematten, 2 Kaltwasserduschen und 2 Komposttoiletten.
**ESSEN UND TRINKEN**: Zum Frühstück gibt es Porridge oder Müsli, Brot und Obst, mittags Salat und Sandwiches und zum Abendessen Fisch und Vegetarisches.
**FAMILIENAKTIVITÄTEN**: Mieten Sie eines der platzeigenen Kanus, paddeln Sie damit zum Strand, wo Sie entweder noch ein bisschen Yoga machen oder einen Ausritt unternehmen können (€ 25 für einen halben Tag).
**HIGHLIGHTS**: Was könnte es Besseres geben als inneren Frieden und Einklang mit sich selbst?
**LAGE**: An der westlichen Algarve bei Aljezur, etwa 30 km nordwestlich von Lagos.
**ÖFFENTLICHE VERKEHRSMITTEL**: Nach Lagos mit dem Zug, von Lagos geht es mit dem Bus weiter nach Aljezur (die nächstgelegene Ortschaft), wo Sie von Laurie abgeholt werden (nähere Informationen bei der Buchung).
**GEÖFFNET**: Mai bis Oktober.
**AUSGEBUCHT**: Vielleicht wollen Sie Yoga mal ohne Kleider probieren! Zum Nudistenzeltplatz Quinta dos Carriços (siehe S. 27) ist es etwa eine halbstündige Autofahrt.

**Surfshanti**, Costa Vicentina, Westalgarve, Portugal

| | W | www.surfalgarve.com |
|---|---|---|

RECEPÇÃO

# termas da azenha

Im antiken Griechenland wurden zu Ehren von Asklepios, dem Gott der Heilkunst, oft Tempel in der Nähe von Heilquellen errichtet. 3000 Jahre später ist Asklepios im 3000 km entfernten Städtchen Soure in Westportugal nur wenigen bekannt. Diese Unkenntnis der griechischen Mythologie ändert allerdings nichts daran, dass die Einheimischen unerschütterlich an die heilende Kraft des Wassers glauben. Die fruchtbare Landschaft um Soure sprudelt über von Quellen, und der Tempel, in dem man ihre »Heilkräfte« am eigenen Leib erproben kann, heißt Termas da Azenha.

Dieser »Atlantik trifft Mittelmeer«-Komplex (einschließlich Hotel, Rezeption, Büro, Massageräumen und Bar) ist viel mehr als nur ein Platz zum Campen, es ist ein Juwel, das am Ende eines langen Weges funkelt wie der Schatz am Ende des Regenbogens. Bei der Außengestaltung dominieren abgerundete Formen, weiß getünchte Mauern und frühlingsgelbe Säulen, innen eröffnet sich eine Unterwasserwelt.

Mosaike sind *der* große Blickfang in den Termas da Azenha. Aus über 16 000 Kachelfragmenten wurde hier ein begehbares, von Delfinen, Seeigeln, Meerjungfrauen und anderen mystischen Wesen bevölkertes Aquarium geschaffen. Die Muster spannen sich über Flure, Decken und Wände, und überall da, wo kein Mosaik ist, wird die Lücke von einer Skulptur, einem Bild oder einem Gedicht gefüllt. Dem Auge wird also viel geboten, und das Kunstwerk wächst ständig weiter, auch unter Mitwirkung der Gäste, die an den wöchentlichen Workshops teilnehmen können.

Das spektakuläre Badehaus wurde um eine Quelle herum errichtet, die nach Ansicht der Betreiber noch aus römischen Zeiten stammt und deren (offenbar wunderkräftiges) Wasser gut gegen Hautprobleme aller Art ist. Ein paar Stunden in der beidseitig von Massagekabinen gesäumten großen Halle wirken wohltuend entspannend auf jede noch so ausgebrannte Seele. Ob Sie sich in einer Wanne aalen oder die Poren im Dampfbad aufgehen lassen, am Ende des Tages werden Sie vermutlich auf dem Marmortisch eines der Massageräume landen. Als Campingplatzattraktion verdient dieser Badeort allemal seine fünf Sterne.

Doch reißen Sie sich erst einmal los – für das Badehaus ist später noch jede Menge Zeit – und gehen Sie über den Hof, vorbei an einer Reihe von Hotelzimmern, zu dem kleinen grasbewachsenen Flecken, der als Zeltareal firmiert. Es ist sicher nicht der größte Zeltplatz, der Ihnen je unter die Augen gekommen ist. Genau genommen ist er mit vier Familien schon voll besetzt, aber dank der angenehmen Brise, die vom nur 12 km entfernten Atlantik her über die benachbarten Reisfelder mit ihren saftig grünen Halmen streicht, atmet man hier unvergleichlich frische und saubere Luft.

Vielleicht ist Ihnen danach, als Ausgleich für die genüssliche Ruhe vor Ort anderswo ein paar Kalorien zu verbrennen. Die Umgebung bietet sich für ausgedehnte Wanderungen an, die Atlantikküste ist hervorragend zum Surfen geeignet und Figueira da Foz hat eine der besten Tauchbasen im Land. Beschließen Sie den Tag der sportlichen Aktivitäten mit einem Sundowner in Costa de Lavos und einem anschließenden Abendessen in einem der Strandlokale dort, beispielsweise im beliebten A Pérola do Oceano, dessen Spezialitäten Fisch und Meeresfrüchte sind.

Wenn man vom Zelt aus den Blick über die wasserüberfluteten Reisfelder schweifen und die ruhige, entspannte Atmosphäre auf sich wirken lässt, ist das Anstrengendste, das man als Nächstes unternehmen möchte, ein Gang ins Badehaus zu einer weiteren Massage. Manchmal vergisst man schlicht, dass man in Portugal ist: Denn hier ist man im Atlantis der Campingplätze und huldigt der Freude des schönen, reinen, gesunden Lebens. Und was kann daran schon falsch sein?

**PLUSPUNKTE**: Zauber und Ziermosaike.
**MINUSPUNKTE**: Bei den vielen Dampfbädern brauchen Sie töpfeweise Feuchtigkeitscreme.
**KOSTEN**: 1 Zelt und 2 Personen kosten € 12,50, Strom € 2,50 am Tag. Es gibt 5 Wohnwagen, die man für € 12,50 pro Tag oder € 85 pro Woche mieten kann. Zudem stehen in 6 Häusern und einem Gasthaus 50 Betten zur Verfügung.
**AUSSTATTUNG**: Eine Dusche, ein Waschbecken, eine Toilette. Wenn hier zu großer Andrang herrscht, kann man die 3 Duschen im Badehaus benutzen. Im Badehaus gibt es Dampfbäder, eingelassene Badewannen und 3 Massageräume (Shiatsu, Warmwasser- und Sportmassage). Internetzugang für € 4 pro Stunde, eine Waschmaschine (€ 5), eine Solarküche im Freien. Der nächste Supermarkt ist 4 km entfernt, ein einheimischer Bäcker kommt täglich ein Mal vorbei.
**ESSEN UND TRINKEN**: Vor Ort kann man sich zum abendlichen 3-Gänge-Menü anmelden (€ 12, auch vegetarisch), Mittagessen auf Bestellung (für mind. 5 Personen). Zum Essen am Strand lassen Sie sich einen Tisch im A Pérola do Oceano reservieren (Avenida Mar 23/34, 3080-458 Lavos, 00351 233 946 127).
**FAMILIENAKTIVITÄTEN**: Wind- oder Drachensurfen an der Praia do Cabadelo, südlich der Mondegomündung, oder vor Ort in einem der Workshops Mosaike gestalten.
**HIGHLIGHTS**: Ein tägliches Bad im heilkräftigen Quellwasser.
**LAGE**: Westlich der A1 von Porto nach Lissabon zwischen Pombal und Coimbra (genaue Wegbeschreibung in Deutsch auf der Homepage).
**ÖFFENTLICHE VERKEHRSMITTEL**: Von Porto oder Lissabon mit dem Zug nach Soure, wo Sie für € 10 von den Eignern abgeholt werden.
**GEÖFFNET**: Ganzjährig; allerdings ist es im Winter in einem der Häuser sicher wärmer als im Zelt.
**AUSGEBUCHT**: Versuchen Sie es auf dem etwas weiter südlich nahe einer recht befahrenen Straße gelegenen Campingplatz O Tamanco, der einen eigenen Salzwasserpool zu bieten hat (00351 236 952 551; www.campismo-o-tamanco.com).

**Termas da Azenha**, Rua João Henrique Foja Oliveira, Vinha da Reinha, 3130-434 Soure, Portugal

t 00351 916 589 145 w www.termas-da-azenha.com

# lugar várzeas

Pünktlich zur Jahrtausendwende packten Hannah McDonnell und Derek McLean ihr neugeborenes Baby und ein paar Habseligkeiten in ihren Campingbus und kehrten dem städtischen Treiben Londons den Rücken, um sich in den Bergen und Tälern des ländlichen Portugal eine neue Bleibe zu suchen. Im Bergdorf Pracerias, etwa eine Autostunde von Coimbra entfernt, kauften sie einen alten Ziegenstall und brachten die folgenden zwei Jahre damit zu, ein bewohnbares Häuschen daraus zu machen. Nach der Geburt ihres zweiten Kindes begannen sie ihr einmaliges Ökotourismusprojekt zu verwirklichen.

Mit äußerster Behutsamkeit rodeten die beiden nur so viel, wie notwendig war, um am Hang ein paar Stufenwege ins Tal anzulegen. Dort bauten sie eigenhändig eine eindrucksvolle Jurte, die sie jetzt an Urlaubsgäste vermieten. Ursprünglich die transportable Behausung mongolischer Nomadenvölker, sind Jurten bei uns heute der Inbegriff des Luxuscampens, neuerdings auch bekannt als Glamping (aus »glamorous« und »Camping«). Prachtvoll und dekadent posiert diese spezielle Schönheit im Schutz der ausladenden Krone eines Kastanienbaums auf einer hölzernen Plattform, die das natürliche Gefälle der Landschaft ausgleicht.

Im Innern der Jurte entfaltet sich ein Feuerwerk von Farben. Über ein altmodisches Eisenpfostenbett mit Messingknäufen ist ein Überwurf in leuchtenden Orange-, Violett- und Rottönen gebreitet, die Zeltbahnen sind in einem kräftigen Türkisgrün gehalten und enden in der Kuppel in einem Anch-Kreuz, dem ägyptischen Symbol für das Leben. Trotz reichlicher Möblierung mit antiken Einzelstücken bleibt genügend Platz zum Herumlaufen, und man kann bequem aufrecht stehen. Wer in der Nebensaison reist, wenn die Nächte kühler werden, packt am besten eine warme Mütze ein. Wenn es dagegen richtig heiß ist, kann man die Zeltwände und sogar die Kuppel aufmachen und vom Bett aus die Sterne betrachten.

Hannah und Derek ziehen in ihrem Biogarten unter anderem Trauben, Oliven, Blattsalat, Brunnenkresse, Brokkoli, Zucchini und Basilikum. Ihre Hühner legen die Frühstückseier, die den Gästen morgens in einem Korb mit Brot, Marmelade, Jogurt, Müsli, Obst und einer Kanne Tee oder Kaffee ans Zelt gebracht werden. Auch ein Abendessen kann man vorbestellen. Zu einem 3-Gänge-Menü aus Hannahs Küche, in der eigenen lauschigen Jurte heruntergespült mit einer guten Flasche des örtlichen Dão-Weins, kann man kaum nein sagen.

Auch die Sanitäranlagen, eine Solardusche und eine Komposttoilette, belegen das ökologische Engagement der Betreiber. Das eigentlich Faszinierende aber ist das Gefühl vollkommener Abgeschiedenheit, das dieser

Ort vermittelt. Vor den Blicken der Außenwelt verborgen, steht das Gelände nur Ihnen (und Bula, der Labradorhündin der Familie) zur Verfügung, sodass Sie, fern jeglicher Zivilisation und eingelullt vom Duft nach Pinien, Eukalyptus, Jasmin- und Orangenblüten, dem Müßiggang frönen können. Wenn Ihnen doch einmal der Sinn nach Gesellschaft steht, besuchen Sie an einem Donnerstagvormittag den Wochenmarkt in Arganil, wo Bauern und Kunsthandwerker ihre Waren anbieten.

Wenn Sie auf der Suche nach dem ultimativen Rückzugsort sind, Ihre Flitterwochen auf ganz besondere Weise genießen oder auch nur eine Zwischenstation auf einem längeren Portugaltrip einlegen wollen, dann sehen Sie sich dieses verzauberte Fleckchen Erde an. Und Abenteuersuchende, die ein bisschen länger bleiben, finden in der wunderschönen, einsamen Landschaft der Umgebung alles, was sie brauchen: wilde Gewässer zum Schwimmen und verschwiegene Pfade für Eselsritte und ausgedehnte Wanderungen.

Als nächstes Projekt haben Hannah und Derek sich vorgenommen, auf der gegenüberliegenden Seite des Tals eine zweite, ebenso abgeschiedene Jurte zu errichten. Die beiden ehemaligen Großstadtmenschen nehmen das Leben inzwischen so gelassen, dass alles, was sie tun, vollkommen mühelos erscheint. Doch dieser Eindruck täuscht darüber hinweg, wieviel Arbeit sie bisher in dieses Anwesen gesteckt haben. Wenn man bedenkt, dass sie hier praktisch aus dem Nichts einen kleinen Selbstversorgerbetrieb geschaffen haben, wird man an den verfallenen Ziegenställen am Wegesrand in Zukunft vermutlich nicht mehr ganz so achtlos vorübergehen.

**PLUSPUNKTE**: Luxus, Bohème, Abgeschiedenheit, Erholung.
**MINUSPUNKTE**: Es ist aus nachvollziehbaren Gründen nicht ganz so preiswert wie ein normaler Campingplatz.
**KOSTEN**: € 73 pro Tag für 2 Erwachsene (inkl. Frühstück). Kinder bis 3 Jahre frei, 3- bis 12-Jährige € 11 pro Tag. Bei Buchung sind 50 % des Gesamtpreises fällig, die nicht rückerstattet werden.
**AUSSTATTUNG**: Die Jurte ist mit einem Doppelbett, Strom aus der hauseigenen Solaranlage, Büchern, Spielen und einem Ökokühlsystem (2 ineinander gestellte Tontöpfe, deren Zwischenraum mit nassem Sand gefüllt ist) ausgestattet. Für Kinder können 2 Extrabetten aufgestellt werden oder man kann für € 55 pro Woche ein zusätzliches Zelt mieten. Solardusche, Waschbecken und Komposttoilette im Nebengebäude, Gartentisch und -stühle, Badmintonnetz und Hängematten.
**ESSEN UND TRINKEN**: Ein Lokal, für das sich der 45-minütige Fußweg lohnt, ist das Varandas do Ceira (00351 239 549 833, www.varandasdoceira.com) an der Straße nach Coimbra, wo brasilianische Spezialitäten serviert werden.
**FAMILIENAKTIVITÄTEN**: Kanufahren auf dem Douro (00351 235 778 938, www.transserrano.com).
**HIGHLIGHTS**: Spielen Sie Prinz und Prinzessin im reich dekorierten 5-Sterne-Schlosshotel Palace Hotel do Bussaco nördlich von Coimbra (Doppelzimmer € 90–125, www.palacehoteldobussaco.com).
**LAGE**: In den Beiras im zentralen Norden Portugals zwischen Arganil und Góis, 40 km westlich von Coimbra.
**GEÖFFNET**: April bis September.
**AUSGEBUCHT**: Im nahegelegenen Permakulturbetrieb Quinta das Abelhas (00351 917 147 767, www.portugalsmallholding.org) werden eine Jurte und 10 Zeltstellplätze vermietet.

**Lugar Várzeas**, Pracerias, Celavisa, 3300-207 Arganil, Portugal

t 00351 235 208 562 w www.yurtholidayportugal.com

# parque de cerdeira

Portugal ist ein schönes, fast ganzjährig von der Sonne verwöhntes Land. Ganz im Nordwesten an der Grenze zum spanischen Galicien liegt ein Gebiet, das eine Erkundung nicht weniger lohnt als die viel besuchte Südküste.

Wenn Sie nach Porto fliegen, planen Sie wenigstens eine Übernachtung in der Stadt ein. Sie genießt den Ruf eines lebendigen Zentrums für Kunst, Musik und Kultur und hält genügend Portwein bereit, damit Sie ordentlich auf Ihren Urlaub anstoßen können. Die nächste Station ist die geschichtsreiche Stadt Braga, anschließend geht es über kurvenreiche Straßen durch Terras de Bouro zum Nationalpark Peneda-Gerês. Am Rand dieser wilden Berglandschaft, umgeben von nahezu unberührter Natur, liegt der Parque Campismo de Cerdeira.

In dem baumreichen Park finden bis zu 600 Gäste Unterkunft, sei es im eigenen Zelt oder in einem der Zimmer oder Schlafsäle, die ebenfalls vermietet werden. Die frei wählbaren Zeltplätze liegen abseits aller Fahrwege und Straßen. Wenn Sie Ihr Zelt aufgestellt haben, holen Sie sich an der Rezeption ein paar Karten der Gegend und schnüren Sie Ihre Wanderstiefel.

Es gibt so viele Wanderrouten in allen Schwierigkeitsstufen, dass Sie den ganzen Tag zu Fuß (oder zu Pferde) unterwegs sein können. Auf dem Campingplatz gibt es einen kleinen Swimmingpool, wenn es Sie nach einem erfrischenden Bad gelüstet (der Eintrittspreis gilt für einen halben Tag), wenn Sie aber etwas Abenteuerlicheres suchen, dann ist der atemberaubende Stausee Vilarinho da Furna das Richtige für Sie – und dazu noch vollkommen kostenlos.

**PLUSPUNKTE**: Ein paar Wanderungen durch den Nationalpark Peneda-Gerês, und Sie werden sagen: Stress? Was ist das?
**MINUSPUNKTE**: Im August geht es hektisch zu; legen Sie Ihren Besuch am besten in die ruhigere Nebensaison.
**KOSTEN**: Ein Zelt, 2 Erwachsene und 1 Auto kosten pro Tag von € 12 (Nebensaison) bis € 18,30 (Hauptsaison).
**AUSSTATTUNG**: 250 Stellplätze, Swimmingpool, Supermarkt, Minigolf, Bar, Tennisplatz, Fernseh- und Spielraum, Internetzugang, Grillplatz.
**ESSEN UND TRINKEN**: Im Restaurant vor Ort (geöffnet ab 8.30 Uhr) werden leckere regionale Spezialitäten serviert.
**FAMILIENAKTIVITÄTEN**: Auf 2 nahegelegenen Reiterhöfen kann man Unterrichtsstunden nehmen oder Pferde für einen Tagesritt mieten.
**HIGHLIGHTS**: 10 Autominuten entfernt liegt das O Abocanhado (00351 253 352 944, www.abocanhado.com), ein Restaurant mit preisgekrönter Architektur und himmlischen Desserts.
**LAGE**: Am Rande des Nationalparks Peneda-Gerês im Norden Portugals, 40 km nordöstlich von Braga.
**ÖFFENTLICHE VERKEHRSMITTEL**: Von Porto mit dem stündlich verkehrenden Bus nach Braga, ein Anschlussbus hält in der Nähe des Zeltplatzes.
**GEÖFFNET**: Ganzjährig.
**AUSGEBUCHT**: Besuchen Sie den in der gleichen Gegend nördlich von Gerês gelegenen Parque de Campismo do Vidoeiro (Vidoeiro, 4845-081 Gerês, 0351 253 391 289).

**Parque de Cerdeira**, Campo de Gerês, 4840-030 Terras de Bouro, Portugal

t 00351 253 351 005 | w www.parquecerdeira.com

# el burro blanco

Früher einmal war der Namensgeber dieses Zeltplatzes, »der weiße Esel«, Spaniens wichtigstes Transportmittel. Lange bevor es in ländlichen Gebieten Straßen gab, brachte er die Ernte vom Feld und das Wasser vom Brunnen. Er war für die Landwirtschaft unverzichtbar. Um sich ein Bild davon zu machen, wie es in Spanien war, bevor sich an den Costas eine Kneipe an die andere reihte und als man für eine Pesete noch zwei Esel bekam, brauchen Sie nur in die Sierra de Francia zu fahren, in deren unberührter, ursprünglicher Landschaft der Zeltplatz El Burro Blanco liegt.

Die Sierra de Francia, drei Autostunden von Madrid entfernt und zwischen portugiesischer Grenze und Salamanca gelegen, ist nur dünn besiedelt und auch touristisch nicht sonderlich erschlossen. Selbst in der Hauptverkehrszeit begegnet man nicht vielen Autos, was merkwürdig scheinen mag angesichts der vielen Einkehrmöglichkeiten am Straßenrand. Der Weg nach Miranda del Castañar am östlichen Rand des Nationalparks Monfragüe ist erfreulich einfach zu finden. Kurz vor dem Ort weisen Schilder in einen Feldweg, wo rechter Hand der Zeltplatz liegt.

Ihrem Grundprinzip entsprechend, die Natur zu bewahren, haben die drei holländischen Eigner auf ihrem 3,5 Hektar großen Stück Land kaum etwas verändert. Sie haben ein paar Bäume gefällt, um einen schmalen Weg vom Eingangstor ins Tal hinunter zu schaffen. Er mündet in einen natürlichen Pfad, der in den Wald und dann einen anderen grasbewachsenen Hang hinauf zu den besten Stellplätzen (in Zone Z) führt, von wo aus man einen freien Blick auf die majestätischen Festungsmauern von Miranda del Castañar hat.

Hier tut sich nicht viel; am geschäftigsten scheinen die Tiere zu sein: Die Luft ist erfüllt vom Chor der Frösche, dem Gesumm der Wespen und dem Zirpen der Grillen, und kleine Schmetterlinge umschwirren Sträucher und Büsche. Und es gibt genug Bäume, Quellen und Blattwerk, um all die kleinen Geschöpfe Gottes bei Laune zu halten. Wenn Sie wegen der Heerscharen von Ameisen Ihr Zelt nicht oben im Wald aufstellen wollen, suchen Sie sich einen Platz am Fuß des Berges oder mit Blick auf das Dorf.

Rund um den Campingplatz gibt es viele Wanderwege. Einem Ausflug am Vormittag zum Schwimmen im nahegelegenen Fluss kann man einen leichten Mittagsimbiss folgen lassen; viel kann man wegen der Hitze tagsüber ohnehin nicht essen. Weil der Platz ziemlich hoch in den Bergen liegt, ist die Sonne im Sommer sehr intensiv, cremen Sie sich also gut ein. Vor Ort gibt es eine Bar mit Bücherregalen voller verschiedensprachiger Klassiker, in der abends zwei Stunden lang alkoholische Getränke ausgeschenkt werden. Gönnen Sie sich nach dem Aperitif einen Spaziergang durch das Miniaturlabyrinth der Gässchen von Miranda del Castañar. Das späte Abendessen ist, anders als der namengebende Esel, auch heute noch ein wesentlicher Bestandteil der spanischen Kultur. Nichts eignet sich besser, um den Tag zu beschließen, als ein ausgedehntes Mahl aus Tapas und Wein, umgeben von fröhlich lärmenden Menschen.

Solange Sie sich an die fein säuberlich getippte Platzordnung halten, die jedem Neuankömmling in die Hand gedrückt wird, werden Sie mit niemandem aneinandergeraten. Lärm machen ist absolut verpönt: »Wenn Sie Lärm haben wollen, bleiben Sie lieber am Flughafen.« Die drei holländischen Betreiber haben keine hochfliegenden Ambitionen: Sie wollen nicht mehr, als in Frieden in ihren Wohnwagen zu leben und ihr Land zu pflegen und sich daran zu erfreuen. Ihre Haltung könnte ansteckend sein: Probieren Sie es aus.

**PLUSPUNKTE**: Das ländliche Spanien fern der ausgetretenen Touristenpfade.
**MINUSPUNKTE**: Kein Platz für Leute mit Insektenphobie.
**KOSTEN**: Zeltplatz € 8, Erwachsene € 4,80, Kinder unter 6 Jahren € 3 pro Tag. Stromanschluss € 1,50 (2 Ampere) bis 4,80 (10 Ampere).
**AUSSTATTUNG**: 32 Zelt- und 4 Wohnwagenstellplätze, 3 Duschen und Toiletten in einem sauberen Haus mit Glasdach.
**ESSEN UND TRINKEN**: Machen Sie's wie die Einheimischen und schlagen Sie sich im Mirasierra im 15 Autominuten entfernten Moharraz (0034 234 181 44) den Bauch mit *revueltas* (gebratene Schweineschwarte mit Kartoffelbrei und Paprikagemüse) voll.
**FAMILIENAKTIVITÄTEN**: Fahren Sie nach Las Batuecas (eine halbe Stunde auf der SA225) und sehen Sie sich die 4000 Jahre alten Höhlenmalereien an.
**HIGHLIGHTS**: Wenn Sie von Madrid her kommen, gönnen Sie sich eine Nacht im Hotel Relais Châteux Orfila, dem laut *Condé Nast Traveller* märchenhaftesten Hotel Europas. Hier werden Sie sich wie Könige fühlen und angesichts der Preise von bis zu € 1370 pro Nacht für eine Luxussuite vielleicht auch wie ein armer Schlucker! (c. Orfila 6, 28010 Madrid, 0034 917 027 770, www.hotelorfila.com).
**LAGE**: In der Sierra de Francia etwa 70 km südwestlich von Salamanca, bei Miranda del Castañar (Wegbeschreibung in englischer Sprache auf der Homepage).
**ÖFFENTLICHE VERKEHRSMITTEL**: Mit dem Zug bis Salamanca, von hier aus fährt einmal täglich ein Bus nach Miranda del Castañar.
**GEÖFFNET**: April bis Ende September.
**AUSGEBUCHT**: Nach Herzenslust Krach machen können Sie auf dem Campingplatz Jaranda, wo es einen Swimmingpool und Aktivitäten für Kinder gibt (Ctra.C.501, Plasencia-Arenas-Garganta Jaranda, 10450 Jarandilla de la Vera, Cáceres, Extremadura, 0034 927 560 454).

**Camping El Burro Blanco**, Miranda del Castañar, 37660 Salamanca, Spanien

t 0034 923 161 100 w www.elburroblanco.net

# islas cíes

Die Islas Cíes sind eine kleine unbewohnte Inselgruppe vor der spanischen Atlantikküste, 1980 zum Naturschutzgebiet erklärt und nur über einen eingeschränkten Fährverkehr erreichbar. Es gibt keine Straßen und folglich auch keine Autos, Campingbusse oder Wohnwagen. Aber es gibt einen Campingplatz. Interessiert? Das sollten Sie auch sein.

Die Islas Cíes – die Südinsel Monteagudo, die Mittelinsel Del Faro und die Nordinsel San Martiño – liegen vor der Westküste Galiciens, und man kann sie nur von Vigo aus mit der Fähre erreichen, was den Besucherandrang in Grenzen hält. Um zu verhindern, dass eingefleischte Camper sich den ganzen Sommer auf der Insel einnisten, ist der Aufenthalt auf zwei Wochen beschränkt, und man muss sich bei der Campingverwaltung Estación Marítima de Ría im Hafen von Vigo einen Campingausweis besorgen, bevor man übersetzt. Am Anlegeplatz auf der Insel stehen Karren bereit, mit denen man das Gepäck zum Zeltplatz transportieren kann. Und wenn das Zelt steht und die Ausrüstung verstaut ist, kann man sich an die Erkundung der Umgebung machen. Einige Regionen, wie beispielsweise die Klippen, sind nicht öffentlich zugänglich und nur für Möwen und Lummen erreichbar. Ohnehin wird man wahrscheinlich, sobald man das Campinggelände verlassen hat, als Erstes den Strand Playa de Rodas ansteuern, den Einheimische liebevoll als »ihr kleines Stück Karibik« bezeichnen und der 2008 vom *Guardian* zum schönsten Strand der Welt gekürt wurde.

**PLUSPUNKTE**: Keine Autos, Campingbusse und Wohnwagen. Nichts als Berge, Meer und Zelte.
**MINUSPUNKTE**: Der Ausblick wird etwas getrübt durch die hässlichen Tanker, die rund um den Hafen von Vigo vor Anker liegen.
**KOSTEN**: Stellplatz € 7,45, Erwachsene € 7,15, Kinder € 5,65 pro Tag.
**AUSSTATTUNG**: Warmwasserduschen, Behindertentoilette, Gemeinschaftsraum mit Bar, Fernseher und Spielen, Restaurant mit Terrasse, Supermarkt.
**ESSEN UND TRINKEN**: Wenn Sie nicht im Restaurant vor Ort essen wollen, bringen Sie doch einfach Vorräte mit und kochen Sie selbst (es darf allerdings kein offenes Feuer gemacht werden, und Sie müssen bei der Abreise alle Ihre Abfälle wieder mitnehmen).
**FAMILIENAKTIVITÄTEN**: Nehmen Sie ein Fernglas und einen guten Vogelführer mit und erforschen Sie die vielfältige Vogelwelt der Inseln.
**HIGHLIGHTS**: In Baiona, etwa 10 km südlich von Vigo, liegt auf einer Landzunge, auf drei Seiten umgeben vom Meer, ein prachtvoller Parador (0034 986 355 000). Wenn Sie das Geld für eine Übernachtung (Doppelzimmer ab € 198) nicht ausgeben wollen, leisten Sie sich wenigstens ein authentisches galicisches Abendessen im Restaurant.
**LAGE**: Im Südwesten Galiciens vor Vigo, von dort aus Anreise mit einer Fähre der Gesellschaft Mar de Ons (für Fahrpläne und Verbindungen siehe Link auf der Homepage).
**GEÖFFNET**: Anfang Mai bis Ende September sowie in der Osterwoche.
**AUSGEBUCHT**: In Nigrán, 10 km südlich von Vigo, liegt der einigermaßen große Campingplatz Playa América (0034 986 365 404, www.campingplayaamerica.com), auf dem eine lockere und angenehme Atmosphäre herrscht.

**Camping Islas Cíes**, Ría de Vigo, Pontevedra, Spanien

t 0034 986 687 630 | w www.campingislascies.com

# los manzanos

Das erste Mal vergisst man nie, heißt es immer. Sie waren noch ein Kind und es war ein warmer Sommerabend. Die Erwachsenen saßen hinter verschlossenen Türen und zugezogenen Vorhängen im Haus, am Himmel funkelten die Sterne. Und da waren Sie, allein im Garten hinter dem Haus. Ob gerade Schlaghosen oder Röhrenjeans, Mohikaner- oder Ponyfrisuren, Roxette oder Ramones angesagt waren, das erste Mal vergisst man einfach nicht ... Sie zelteten im Garten.

Hier auf der Wiese in Los Manzanos fühlen Sie sich plötzlich zurückversetzt in diese Zeit und können noch einmal dieses unvergleichliche Gartengefühl erleben, weil der Platz genau das ist: ein riesiger Garten mit Bäumen und Sträuchern und einem Teppich aus Gras und Gänseblümchen. Allerdings gibt es hier ein paar Dinge, die man im Garten hinter dem Einfamilienreihenhäuschen eher nicht findet. Steinerne Statuen beispielsweise. Da ist eine, die aussieht wie ein Zwischending zwischen einem Osterinsel-Moai und einem Riesenkamm, und eine Miniaturausgabe eines Dolmen, wie man sie in der Bretagne häufig sieht. Die Galicier lieben ihre Steine. Sie lieben eigentlich alles, was irgendwie magisch und geheimnisvoll scheint. Das liegt wahrscheinlich an der keltischen Herkunft, die sie mit ihren Verwandten in der Bretagne, in Cornwall und in Wales teilen. Galicien ist die westlichste Region Spaniens, und Fisterra ist, anders als seine Namensvettern Finistère in der Bretagne und Land's End in Cornwall tatsächlich das Ende der Erde, zumindest was den europäischen Kontinent betrifft. Es ist der westlichste Punkt Kontinentaleuropas, wo die Römer einstmals zusahen, wie die Sonne im Meer versank, und sich fragten, wohin zum Teufel sie eigentlich verschwand.

Etwas, das dem Besucher in Galicien sicher nicht entgehen wird, sind die Schwärme von Pilgerreisenden, deren Ziel die Kathedrale von Santiago de Compostela südlich von A Coruña ist. Der Legende nach liegen die Gebeine des Apostels Jakobus (ohne Kopf und Hände) unter der Kathedrale begraben. Eine der fehlenden Hände wurde angeblich 1786 mumifiziert in einer alten Eisentruhe im Kloster Reading entdeckt und wird jetzt in einem Glasbehälter in einer Kirche in Marlow, Buckinghamshire, als Reliquie gehütet. Was den Kopf betrifft, so verlor Jakobus diesen anno 44 in Jerusalem. Wenn an Ihnen also so etwas wie ein Dan Brown verloren gegangen sein sollte, wäre Los Manzanos vielleicht der richtige Ort für Sie, sich eine vollkommen wirre, haarsträubende Verschwörungsgeschichte auszudenken, die Sie steinreich machen könnte.

Die meisten Pilger kommen aus dem Osten von Frankreich her, aber es gibt auch einen Jakobsweg, den Camino Inglés, der von Ferrol, der Geburtsstadt Francos, und von

A Coruña nach Santiago de Compostela führt. Wundern Sie sich also nicht, wenn sich haufenweise müde Wanderer in abgelatschten Schuhen neben Ihnen in die Gänseblümchen fallen lassen – sie haben viele Strapazen hinter sich –, aber immerhin werden sie sich ein bisschen wie zu Hause fühlen in der vertrauten Gartenatmosphäre von Los Manzanos.

Jenseits des stillen kleinen Baches, der sich durch das Gelände windet, liegt ein wirklich luxuriöses Restaurant, dessen Adelsausweis die vielen einheimischen Gäste sind. Wie überall in Spanien zieht sich das Mittagessen bis in die späten Nachmittags- oder frühen Abendstunden hin, und das Abendessen kommt frühestens um 10 Uhr auf den Tisch. Die letzten Absackerbrandys werden irgendwann tief in der Nacht gekippt. Aber bis dahin sind Sie, anständiger Tourist, der Sie sind, natürlich längst in Ihren Schlafsack gekrochen und im Land der Träume.

**PLUSPUNKTE**: Herrlicher Gartenpark mit steinernen Wächtern.
**MINUSPUNKTE**: Manchmal kann es laut werden: wenn sich das Restaurant spät in der Nacht leert, wenn die Hundemeute des Platzes zu bellen anfängt und wenn hin und wieder ein Flugzeug zur Landung in A Coruña ansetzt. Ansonsten ist es sehr ruhig.
**KOSTEN**: Zelt € 6,10, Auto € 6,10, Wohnwagen € 6,60, Campingbus € 12,20, Erwachsene € 6,10, Kinder € 5, Stromanschluss € 4,50 pro Tag.
**AUSSTATTUNG**: Die sanitären Anlagen sind in Ordnung, allerdings ziemlich beengt, wenn der Platz voll besetzt ist. WLAN ist vorhanden, aber man muss nah an der Rezeption sein, um ins Netz zu kommen.
**ESSEN UND TRINKEN**: Das Restaurant am Campingplatz (0034 981 627 240), das von den gleichen Leuten betrieben wird, ist sehr empfehlenswert. Das Highlight der reichhaltigen Speisekarte ist ein mit Roquefort gefülltes Steak, das auf der Zunge zergeht. Serviert werden traditionelle spanische Gerichte.
**FAMILIENAKTIVITÄTEN**: Es gibt ein paar schöne Strände in der Umgebung. Der nächste ist Santa Cruz, der idyllischste Santa Cristina. Die meisten Strände sind zu Fuß erreichbar.
**HIGHLIGHTS**: Machen Sie es wie die Jakobspilger und lassen Sie im 50 km entfernten Santiago de Compostela den göttlichen Funken auf sich wirken.
**LAGE**: Im Nordwesten Galiciens, bei Oleiros, 9 km östlich von A Coruña. Der Platz ist in der Avenida de Emilia Pardo Bazán in Oleiros ausgeschildert.
**GEÖFFNET**: Zeltplatz von Ostern bis Ende September, Bungalows ganzjährig.
**AUSGEBUCHT**: Versuchen Sie, im Voraus zu buchen (allerdings ist dies erst einen Tag vor Anreise möglich). Im Grunde gibt es keine wirklich nahegelegene Alternative. Die Beste im Norden ist Camping A Lagoa in Valdovino (0034 981 487 122) oder aber im Süden die um einiges weiter entfernten Islas Cíes (s. S. 57).

**Los Manzanos**, 15179 Santa Cruz, Oleiros, A Coruña, Spanien

**t** 0034 981 614 825 **w** www.campinglosmanzanos.com

# lagos de somiedo

In Europa wird jeder Quadratmeter Land, der nicht landwirtschaftlich genutzt oder zubetoniert ist, gleich als letztes Stück unberührte Natur gerühmt. Im Fall des Parque Natural de Somiedo im Kantabrischen Gebirge in Nordspanien allerdings ist die Bezeichnung zutreffend. Warum? Weil es dort Bären gibt. Keine niedlichen Teddys wie Pu der Bär, sondern die echten – die mit den scharfen Zähnen, denen der Sinn nach etwas Deftigerem steht als nach einem Honigtopf, wenn es Zeit fürs Abendessen wird. Aber keine Angst, sie sind klein, sogar, wenn sie sich aufrichten, also kein Grund zur Sorge. Die Wölfe allerdings …

Die pelzigen Zeitgenossen haben die Gegend nie ganz verlassen, weil es hier in den Bergen, fern der Zivilisation, kaum etwas gibt, das ihre Wege stört. Die Region wurde 1988 zum Naturschutzgebiet erklärt und 2000 als UNESCO-Biosphärenreservat anerkannt. Die Folge ist, dass die Landschaft unberührt geblieben ist und Tieren wie Bären und Wölfen ideale Lebensbedingungen bietet. Sie bietet auch ideale Voraussetzungen für ausgedehnte Wanderungen über grüne Gebirgswiesen, begleitet nur von einem Gandalfstab und einer angebrochenen Packung Hobbit-Keksen.

Zum Campingplatz Lagos de Somiedo geht es über eine so steile, serpentinenreiche Straße, dass sich nur wenige Menschen und noch weniger Wohnwagen hierher verirren. Die Straße scheint sich nur mit Mühe an den steilen Kalksteinwänden der Gletscherschluchten festzuklammern, die gegen Ende der letzten Eiszeit ins Gebirge geschnitten wurden, und man muss immer auf der Hut vor Steinschlägen sein. Meist sind es nur Kiesel, die herunterprasseln, aber es kommt auch vor, dass plötzlich ein melonengroßer Brocken auf der Straße liegt.

Zum Glück lässt man Steine und Geröll hinter sich, wenn man den Zeltplatz bei dem kleinen Dorf Valle de Lago erreicht. Der Platz selbst, an dem ein vom weiter oben gelegenen See kommender Bach vorbeifließt, ist relativ klein, aber da die Gäste ihre Autos auf einem Parkplatz neben der Einfahrt abstellen, ist genügend Raum für jeden, sich nach Belieben auszubreiten und es sich gemütlich zu machen. Am anderen Ufer des Baches gibt es sogar, erreichbar über einen ziemlich behelfsmäßigen hölzernen Steg, ein lauschiges Plätzchen, wo man ganz für sich ist.

Rund um die Ortschaft Pola de Somiedo unten im Tal ragen, wie überall im bauversessenen Spanien, Kräne in den Himmel, aber in Valle de Lago gehen die Uhren anders. Nur die Telefonleitungen, die von Haus zu Haus gespannt sind, erinnern daran, dass wir im Informationszeitalter leben. Nicht nur die Technik, auch die Natur hinkt in Valle de Lago ein wenig hinter der Zeit her, insofern nämlich, als der Frühling hier in den Bergen später eintrifft – die Bäume tragen oft noch im Mai Knospen, und es kann sogar noch das eine oder andere Schneegestöber geben. Ist der Sommer aber erst einmal da, so haben Sie alles, was das Glück eines Hochgebirgstages vollkommen macht: Raubvögel, die am Himmel ihre Kreise ziehen, Kuhglockengeläut, das von den Bergwänden widerhallt, Hunde und Pferde, die faul herumlungern und die Straße versperren. Die Dorfbewohner sind leidenschaftliche Imker, es wimmelt also von kleinen gestreiften Tierchen, die nektartrunken und streitlustig umherschwirren. Und dann sind da natürlich noch die Bären. Und hie und da ein Wolf. Immerhin können Sie sich mit dem Gedanken trösten, dass diese Tiere vermutlich mehr Angst vor Ihnen haben als umgekehrt.

**PLUSPUNKTE**: Zelten in unberührter Natur und bei einem Gebirgsdorf, das so ruhig ist, dass man ohne weiteres auf der Hauptstraße Siesta halten könnte.
**MINUSPUNKTE**: Alle Kühe tragen Glocken und scheinen keine Schlafenszeit zu kennen. Das Gras muss so lecker sein, dass sie die ganze Nacht fressen und dabei unter ständigem Gebimmel um die Zelte schlurfen.
**KOSTEN**: Erwachsene € 5, Kinder (3 bis 10 Jahre) € 4, kleines/großes Zelt € 5/6 pro Tag.
**AUSSTATTUNG**: Die sanitären Anlagen sind einfach, aber ausreichend. Ein paar Toiletten und Warmwasserduschen plus Außenwaschbecken für das Geschirr – das war's.
**ESSEN UND TRINKEN**: Es gibt vor Ort ein kleines Lokal, eine Art Berghütte mit Weinbar, wo man auch einen Imbiss bekommt. Aber wenn Sie sich etwas mehr Luxus gönnen wollen, fahren Sie nach Pola de Somiedo ins Hotel Castillo del Alba (0034 985 763 996). Frische Lebensmittel bekommt man im Supermarkt im Dorf.
**FAMILIENAKTIVITÄTEN**: Wandern Sie mit Ihren Kindern zum 7 km entfernten See – Sie werden sehen, so viel frische Luft wirkt Wunder.
**HIGHLIGHTS**: Wenn Sie es lieber gemütlich angehen lassen, ist ein Ausflug zum See zu Pferde die richtige Wahl. Vor Ort werden Wanderritte von 2–6 Stunden Dauer angeboten (0034 985 763 678, www.casasdelaguna.com). Zum See und zurück sind es 4 Stunden (€ 25 pro Person).
**LAGE**: Im Naturpark Somiedo in Nordspanien, bei Valle de Lago, etwa 40 km südwestlich von Oviedo.
**GEÖFFNET**: Ganzjährig.
**AUSGEBUCHT**: In Pola de Somieda gibt es einen einfachen Campingplatz, der aber wahrscheinlich schon vor dem in Valle de Lago voll ist. Und dann ist da natürlich noch das Hotel Castillo del Alba (s. o., Essen und Trinken).

**Lagos de Somiedo**, Valle de Lago, Somiedo, 33840 Asturias, Spanien

t 0034 985 763 776 w www.campinglagosdesomiedo.com

# la isla picos de europa

Wenn man von den Picos de Europa spricht, darf man den Regen nicht verschweigen, denn dieser fällt hier mit beängstigender Regelmäßigkeit. Aber mit einem soliden Schirm und wasserdichten Stiefeln ist das Problem gelöst, und wenn es aufhört zu regnen und die Wolkenschleier sich auflösen, wird sich Ihnen eine Bergwelt von atemberaubender Schönheit erschließen.

Die imposanten Picos de Europa gehören zu den weniger bekannten unter den europäischen Gebirgen. Als im 18. und 19. Jahrhundert Modemaler zuhauf die beliebteren Gipfel der Alpen und der Pyrenäen porträtierten, blieben diese ärmeren Verwandten relativ unbehelligt. Sie heißen die »Gipfel von Europa«, weil sie den vom Atlantik heimkehrenden Seeleuten signalisierten, dass sie der Heimat nah waren.

Doch obwohl sie so weithin sichtbar sind, galten diese Berge immer als einsam und schwer zugänglich. Hier suchten Spanier in den Hochtälern Zuflucht, als Mauren von 711 n. Chr. an die Iberische Halbinsel zu erobern begannen. Und von hier, genauer gesagt von der Stadt Potes, ging 718 n. Chr. auch die christliche Rebellion gegen die muslimische Herrschaft aus, die zum Ausgangspunkt der Reconquista, der Rückeroberung, wurde. Kolumbus hatte längst Amerika entdeckt, als die Rückeroberung der Iberischen Halbinsel endlich abgeschlossen war, aber bis heute sind die Asturier sehr stolz darauf, dass sie als Erste die Herrschaft über ihr Territorium wiedergewonnen haben, und sie pochen wie viele nordspanische Volksgruppen nachdrücklich auf ihre Autonomie.

Das verwundert nicht, wenn man die Straße von der Küste nach Potes hinauf betrachtet. Sie führt durch eine wild zerklüftete Schlucht, zu beiden Seiten bedrängt von mächtigen Felsplatten, die teilweise drohend über die Straße ragen. Genau genommen ist die Straße nach Potes derartig abweisend, dass man sich fragt, wozu die Stadt den trutzigen Wehrturm aus dem 15. Jahrhundert überhaupt brauchte.

Der Campingplatz La Isla liegt etwa 2 km hinter Potes. Er ist verhältnismäßig klein, an einem Wildbach in einer Talsenke gelegen. Der Platz ist ziemlich dicht mit Bäumen bestanden, aber am Ende des Areals gibt es eine freie Wiesenfläche, auf der man sich breitmachen kann. Direkt am Bachufer steht eine Kneipe mit Fernseher, in dem offenbar rund um die Uhr Stierkämpfe ausgestrahlt werden.

Weiter oben auf dem Berg hat man einen besseren Überblick über die landschaftliche Umgebung. Steigen Sie also zum Kloster hinauf und genießen Sie das herrliche Gebirgspanorama. Noch dramatischer wird die Aussicht weiter oben in Fuente Dé, von wo

aus man auf eine Felswand blickt, die senkrecht aus einer mit Blumen und Kuhfladen übersäten Wiese aufragt.

Mit der Seilbahn gelangt man von Fuente Dé auf den nächstgelegenen Berggipfel. Hier laden etliche Höhenwanderwege zur Erkundung der schönen Bergwelt der Picos ein. Klar kann es mal regnen. Ein bisschen. Aber das ist ein geringer Preis dafür, dass man sich auf den Gipfeln Europas befindet.

**PLUSPUNKTE**: Zelten am Wildbach in einem grünen Gebirgstal.
**MINUSPUNKTE**: Die erwähnte Niederschlagsmenge.
**KOSTEN**: Erwachsene € 3,75 – 4,05 (Neben- und Hauptsaison), Kinder € 3,15 – 3,40, Auto und Zelt € 10,80 in der Hoch-, € 7,15 in der Nebensaison.
**AUSSTATTUNG**: Die sehr sauberen sanitären Anlagen sind in einem Holzhaus am Bachufer untergebracht. Außerdem gibt es einen Swimmingpool mit ziemlich vielen Baderegeln (Badekappenpflicht zum Beispiel).
**ESSEN UND TRINKEN**: Potes ist ein Touristenort, erwarten Sie also keine Wunder. Das stimmungsvolle Café de Picos (0034 942 738 143) an der Plaza Capitán Palacios ist eine interessante Kneipe mit Bronzebuddhas über der Theke und alten Holzskiern an den Wänden. Die Tapas, die hier serviert werden, sind meist undefinierbar, aber durchaus lecker.
**FAMILIENAKTIVITÄTEN**: Die Fahrt mit der Seilbahn von Fuente Dé zur Gipfelstation ist nichts für ängstliche Gemüter. Sie dauert nur dreieinhalb Minuten, aber für einen Menschen mit Höhenangst ist das eine Ewigkeit.
**HIGHLIGHTS**: Gönnen Sie sich eine Nacht im Parador Fuente Dé (0034 942 736 651, www.paradores-spain.com/spain/pfuentede.html), der inmitten blumenübersäter Bergwiesen an der Talstation der Seilbahn liegt (Preise von März bis Oktober für ein einfaches Doppelzimmer von € 127 für 2 Personen aufwärts).
**LAGE**: In den Picos de Europa an der Straße zwischen Potes und Fuente Dé.
**GEÖFFNET**: Ganzjährig.
**AUSGEBUCHT**: Camping La Viorna bei Potes (0034 942 732 021, www.campinglaviorna.com) ist ein sehr gepflegter, terrassenförmig angelegter Platz mit herrlichem Blick auf die Berge. Eine andere Möglichkeit ist El Redondo in Fuente Dé (direkt hinter der Seilbahnstation, 0034 942 736 699, www.elredondopicosdeeuropa.com), ein schöner, mit Birken und Lärchen bestandener Wiesenplatz.

**Camping La Isla Picos de Europa**, 39586 Turieno, Potes, Kantabrien, Spanien

t 0034 942 730 896 | w www.liebanaypicosdeeuropa.com/guia-i/campinglaisla.htm

# cala llevadó

Wer sagt, dass größer nicht unbedingt besser ist? In Cala Llevadó gibt es sehr viel Platz und sehr viele Camper, aber wenn Sie Ihr Zelt in dem Pinienwäldchen oberhalb der Klippen aufstellen, haben Sie das Gefühl, den Blick auf das Mittelmeer ganz für sich allein zu haben.

Dieses Gefühl der Abgeschiedenheit verdankt sich der Lage: ein malerisches, zum Meer hin abfallendes, mit Eichen und Pinien bestandenes Stück Land. Am Küstenstreifen wechseln sich steil aufragende Klippen aus rotem Gestein mit vier Sandstränden ab, die alle sehenswert sind. Diese Buchten oder *calas* sind keineswegs überlaufen, sondern ähneln eher verschwiegenen, zwischen Felsen verborgenen Piratenstränden, die man erst wahrnimmt, wenn man mit den Zehen im feinen Sand wühlt und fast erwartet, auf einen vor langer Zeit hier vergrabenen Silberpeso zu stoßen.

Die Cala Llevadó selbst liegt versteckt am Ende eines gewundenen Pfades, an dem Kinder mit Eimern und Schaufeln zwischen Felsen herumklettern und nach Seeigeln suchen. In der Cala d'en Carlos hat sich ein ganzer Friedhof alter, von den Sommerwellen umspülter Boote angesammelt, und eine kleine Strandbar lädt zu Erfrischungsgetränken ein. Die Cala Figuera ist kleiner und bietet für alle, die gern nackt baden, ein vor Blicken geschütztes Plätzchen. Platges de Llorell wiederum wird Ihnen gefallen, wenn Ihnen der Sinn eher nach sportlichen Aktivitäten wie Tauchen, Surfen und Wasserski steht.

Wenn Sie auf der Suche nach dem schönsten Stellplatz für Ihr Zelt sind, sollten Sie einen mit Strandblick nehmen. Allerdings sind diese Stellplätze auch bei allen anderen Besuchern begehrt. Es lohnt sich also, früh anzukommen. Am schönsten sind die von Pinien überschatteten Plätze A 67–87 oberhalb der Cala Llevadó.

Wenn Sie glücklich einen dieser Plätze ergattert haben, brauchen Sie nur noch ein paar Liegestühle und vielleicht das ein oder andere Bier, und schon sitzen Sie in der ersten Reihe, wenn die Sonne in einem Meer aus blutroten Farben am Horizont untergeht.

Obwohl der Zeltplatz überhaupt kein Ende zu haben scheint, gelingt ihm auf angenehme Weise die Balance zwischen der Pflege seiner natürlichen Vorzüge und einem überreichen Angebot an Aktivitäten aller Art. Wenn Sie einmal genug von Sand und Salzwasser haben, können Sie zwischen Swimmingpool, Spielplatz, Kneipenterrasse oder einer Partie Tennis, Basketball oder Volleyball wählen.

Und wenn Sie Lust haben, einmal etwas anderes zu sehen, fahren Sie ein Stück an der Costa Brava entlang. Was Sie dort antreffen, ist ein Gemisch aus Touristenhochburgen wie Lloret de Mar und ruhigen Fischerstädtch wie Sant Feliu de Guixols. Die kurvenreiche Küstenstraße zieht sich von einem Ort zum nächsten hin und gibt zwischen eichenbestandenen Hängen immer wieder den Blick frei auf das großartige Meerespanorama. Zahlreiche Aussichtspunkte am Wegesrand, an denen man einen besonders schönen Blick hat, laden zum Verweilen ein. Landeinwärts liegt die Stadt Girona, die nicht nur den Zielflughafen für alle Billigflieger in die Region zu bieten hat, sondern auch einen sehenswerten historischen Stadtkern samt überdimensionaler Kathedrale sowie das alte jüdische Viertel am Fluss. Interessant ist auch Figueres, die Geburtsstadt von Salvador Dalí, dem exzentrischen Vater des Surrealismus und Spaniens berühmtestem Exportschlager.

Die Sagrada Familia von Antonio Gaudí in Barcelona, eine Autostunde entfernt, ist ein Beispiel für die ausgefallene Architektur dieses Jugendstilarchitekten, das man gesehen haben muss. Kunsthistoriker behaupten, dass Gaudí sich vor allem von der Natur inspirieren ließ. Wer weiß? Vielleicht hat er auch einmal unter Pinien gezeltet, mit einem grandiosen Blick auf das Mittelmeer ganz für sich allein.

**PLUSPUNKTE**: Vier herrliche Strände in unmittelbarer Nähe.
**MINUSPUNKTE**: Um die 600 Stellplätze.
**KOSTEN**: Erwachsene € 5,80 – 9,75 (je nach Saison), Kinder (4 – 12 Jahre) € 3,35 – 5,20, Auto und Zelt je € 5,80 – 9,75 pro Tag. ADAC- und AvD-Mitglieder erhalten 10 % Rabatt.
**AUSSTATTUNG**: Überreichlich. Swimmingpool, Spielplatz, Spieleecke, Sportplätze, Wäscherei, Friseur, Bade- und Duschräume, Internetcafé sowie eingerichtete Zelte.
**ESSEN UND TRINKEN**: Auf dem Zeltplatz gibt es ein Terrassenlokal und einen Supermarkt. Vor dem Can Vilas Restaurant am Platzeingang werden Grillhähnchen verkauft, die man zu einem Picknick am Strand mitnehmen kann.
**FAMILIENAKTIVITÄTEN**: Am Llorell-Strand wird in der Hauptsaison ein Animationsprogramm für Kinder angeboten. Auch ein Besuch in Tossa de Mar, einer schönen alten Stadt mit noch weitgehend intakten Festungsmauern aus dem 12. Jh., lohnt sich.
**HIGHLIGHTS**: Wenn Sie ein bisschen Bewegung brauchen, bietet sich der ausgeschilderte, 9 km lange Wanderweg von Tossa de Mar nach Lloret de Mar an, zu dessen Sehenswürdigkeiten die iberische Ausgrabungsstätte Puig de Castellet aus dem 3. Jh. v. Chr. gehört.
**LAGE**: An der Costa Brava zwischen Tossa de Mar und Lloret de Mar.
**ÖFFENTLICHE VERKEHRSMITTEL**: Es gibt einen regelmäßigen Buspendelverkehr zwischen Tossa, Lloret, Barcelona und Girona.
**GEÖFFNET**: Anfang Mai bis Ende September.
**AUSGEBUCHT**: An der malerischen Küstenstraße Richtung Sant Feliu de Guixols im Nordosten hat man die Wahl zwischen etlichen Campingplätzen.

**Cala Llevadó**, GI-682 zwischen Tossa und Lloret, km 3, Postfach 34, 17320 Tossa de Mar, Spanien

t 0034 972 340 314 w www.calallevado.com

HERBARIUM

# torre de la mora

*Tiene plaza disponsible?* Auch wenn die Aussprache ungewohnt anmutet, wer es schafft, in der Landessprache nach einem freien Platz zu fragen, kommt garantiert gut an bei den Leuten, die hier arbeiten und sich über jeden radebrechenden ausländischen Touristen freuen. Aber es gibt noch einen anderen Grund, sich mit dem spanischen Abc zumindest ansatzweise vertraut zu machen – die Stellplätze sind mit Buchstaben gekennzeichnet, und es ist gut zu wissen, wie man nach den besten fragt.

Fangen wir mit A und B an. Die etwas höher gelegenen Plätze in diesen Sektoren überblicken den gesamten Strand bis zu der baumbewachsenen Felsenzunge an dessen Ende. Sie sind großzügig bemessen und verfügen über eine Art Bruchsteinterrasse, auf der man es sich gemütlich machen kann. Die Camper in Sektor E haben ebenfalls den Strand vor der Tür. Wenn Sie lieber unter Bäumen nächtigen, empfiehlt sich Sektor K, wo Sie allerdings damit für den Schatten zahlen, dass ständig Pinienzapfen aufs Zeltdach prasseln und Ihnen den Schlaf rauben. Im Übrigen sind die Bäume hier strategisch so günstig am Hang platziert, dass sie den Blick auf eine Ansammlung einstöckiger Häuser verdecken, nicht aber den aufs Meer.

In Torre de la Mora bekommt man Sand und Sonne satt. Der Campingplatz liegt an einem Abschnitt der Costa Dorada, der als Punta de la Mora bekannt ist, einem Naturpark mit Waldstücken, Felsenküste und Bilderbuchstränden. Am ziemlich überlaufenen Hauptstrand bietet sich das übliche Bild eines gut besuchten Strandes: wahre Muskelpakete von Bademeistern, die den Blick über den Horizont schweifen lassen; braungebrannte Girls, die sich lasziv in der Sonne räkeln, Kinder, die knöcheltief im Wasser stehen und Sandburgen bauen, Volleyballspieler, die enthusiastisch dem Ball entgegenhechten. An der Strandpromenade reihen sich Cafés und ein paar angenehm unaufdringliche Bars aneinander. Wenn Letztere es Ihnen angetan haben, denken Sie daran, dass die Strandzugänge zum Zeltplatz um 22 Uhr geschlossen werden. Danach muss man über den Zaun klettern oder um den Platz herum zum Haupteingang laufen.

Angesichts dieses Rummels ist man dankbar für den Strandabschnitt, der sich südwestlich Richtung Tarragona anschließt. Hier findet man das letzte Refugium ursprünglicher Mittelmeerküstenvegetation – ein wahres Paradies für Naturfreunde.

Zu den bestgehüteten Geheimnissen dieses Küstenstreifens gehört die Cala Waikiki, eine stille kleine, von Felsen und Wald umgebene Bucht. Waikiki klingt nach einem Südseeparadies, tatsächlich belegt die Bucht aber unter den schönsten Stränden Spaniens den

8. Platz. Schwer zu sagen, ob dies so ist, weil oder obwohl es ein Nacktbadestrand ist. Jedenfalls brauchen Sie keine Angst zu haben, hier gibt es keine Modewächter; Sie dürfen getrost Ihre Badehose anlassen.

Kulturliebhaber kommen in Tarragona auf ihre Kosten. In der reizvollen Altstadt gibt es jede Menge Straßencafés, in denen die Katalanen essen, trinken und sich prächtig amüsieren. Hier bietet sich Ihnen auch die Gelegenheit, Ihr mittlerweile tolles Spanisch aufzupolieren. Oder wenn Sie es eher mit der humanistischen Bildung halten, begeben Sie sich zum römischen Amphitheater und testen Sie Ihre Lateinkenntnisse. Sollte das alles Ihnen aber zu schwierig klingen, können Sie ja immer noch auf Spanisch buchstabieren.

**PLUSPUNKTE**: Direkt am Strand mit Bademeistern, Volleyball, Bars und allem Drum und Dran.
**MINUSPUNKTE**: Sehr viele Bungalows und eingerichtete Zelte, und man kann keinen Stellplatz reservieren.
**KOSTEN**: Je nach Saison zwischen € 14,80 – 31,65 für einen Erwachsenen, ein Auto und ein Zelt, € 4,60 – 9,30 für jede weitere Person. Kinder (3 – 11 Jahre) € 3,40 – 5,35.
**AUSSTATTUNG**: Luxuriös mit Swimmingpool, Sportangeboten, Bar, Restaurant, Supermarkt und eigenen gepflegten Sanitäranlagen für jeden Sektor. Spielangebote und schöner Spielplatz für Kinder.
**ESSEN UND TRINKEN**: Für einen Snack, eine Erfrischung oder ein Frühstück sind die Bars an der Strandpromenade die ideale Anlaufstelle. Wer etwas Stilvolleres sucht, ist in La Taverna im nahegelegenen Tarragona (Plaça de la Font 31, 0034 977 249 540) richtig.
**FAMILIENAKTIVITÄTEN**: Besuchen Sie das römische Amphitheater im Hafenviertel von Tarragona oder machen Sie einen Tagesausflug nach Barcelona und besichtigen Sie Gaudís berühmte Kathedrale Sagrada Família.
**SONSTIGES**: Gönnen Sie sich einen abendlichen Besuch in Barcelonas beliebtester Tapas-Bar Cal Pep (Plaça de los Olles 8, 0034 933 107 962). Sie erkennen die Kneipe schon von Weitem an den vielen Leuten, die vor der Tür Schlange stehen. Das Warten lohnt sich.
**LAGE**: An der Costa Dorada zwischen Tarragona und Vilanova.
**ÖFFENTLICHE VERKEHRSMITTEL**: Mit der Bahn (RENFE) von Barcelona nach Tarragona, von hier weiter mit dem Bus nach La Mora.
**GEÖFFNET**: März bis Oktober.
**AUSGEBUCHT**: Etwa 2 km weiter Richtung Tarragona und ebenfalls direkt am Strand liegt der Campingplatz Los Palmeras (0034 977 208 081, www.lospalmeras.com).

**Camping Playa Torre de la Mora**, Ctra. N-340, km 1171, 43008 Tarragona, Spanien

t 0034 977 650 277 | w www.torredelamora.com

# la fresneda

Stellen Sie sich vor: Der Himmel ist strahlend blau, eine einsame Wolke schwebt wie ein Pinselstrich über dem fernen Horizont. Ein Vogel zieht mit elegant ausgebreiteten Schwingen seine Kreise über einer mit mattweichem Grün gekrönten Bergkuppe. Im terrassenförmig ansteigenden Tal stehen Oliven- und Mandelbäume wie Soldaten Spalier, in der Ferne steigt aus einer gelblich kargen Landschaft eine rote Felswand auf. Zu schön, um wahr zu sein? Abwarten, es kommt noch besser.

Olivenbäume werfen lange Schatten, die verkünden, dass es später Nachmittag und damit höchste Zeit ist, sich einen Platz unter einem der Sonnenschirme der Terrasse zu suchen. Aus der ziegelgedeckten Bar aus grob behauenen Balken und Natursteinen tritt ein freundlich dreinblickender Mensch mit einem frisch gezapften kalten Bier.

Das holländische Paar, das dieses kleine Paradies geschaffen hat, hat genau begriffen, worum es beim Campen in Spanien geht. Jet Knijn und Joost Leeuwenberg haben das 8 Hektar große Grundstück 2002 gekauft. Für den Bau ihres gemütlichen Wohnhauses nutzten sie Kacheln und Steine aus dem ursprünglichen Gebäude. Wie die Waschräume und die Bar auf dem angrenzenden Campingplatz ist es wärmeisolierend und im Einklang mit der natürlichen Umgebung gebaut.

Während des Bauens haben Jet und Joost in einem Wohnwagen gelebt, ausgestattet lediglich mit einer Solardusche und einer Komposttoilette, eine Erfahrung, die aus den beiden überzeugte Campingpuristen gemacht hat. In La Fresneda gibt es nur 28 Stellplätze und keine festen Bungalows, dafür aber ein eingerichtetes Zelt für maximal 4 Personen; Hunde sind nicht erlaubt. All das trägt dazu bei, dass die ruhige und entspannte Atmosphäre des Platzes nicht gestört wird. In La Fresneda ist man eher auf den Entdeckertyp als auf den sonnen- und badehungrigen Urlauber eingestellt.

Und zu entdecken gibt es hier einiges. Alte Wege führen durch mittelalterliche Ruinensiedlungen und eine Landschaft von wilder Schönheit mit schroffen Felsenschluchten und bergigen Hängen. Etwa eine Stunde entfernt liegt zwischen Felsen und Wasserfällen ein natürliches Schwimmbecken, das bei der hier üblichen Sommerhitze willkommene Erfrischung bietet. Ein Ausflug mit dem Geländewagen ins Naturschutzgebiet Los Puertos de Beceite bietet Gelegenheit, die vielfältige Flora und Fauna der Gegend näher kennen zu lernen, während die Via Verde, eine stillgelegte, zum Radweg umgebaute Eisenbahnstrecke, dazu einlädt, die abwechslungsreiche Landschaft des Matarraña mit dem Mountainbike oder zu Pferd zu erkunden. Jet hat sich die Mühe gemacht, alle Ausflugsziele und -möglichkeiten in einem kleinen Campingplatzführer zusammenzustellen, es hindert Sie also nichts daran, sich stehenden Fußes in ein sportliches Abenteuer zu stürzen.

Auf dem Zeltplatz wiederum ist die Bar La Roca samt dazugehöriger Terrasse der ideale Platz für Frühaufsteher, um sich mit einem Espresso auf Touren zu bringen. Von Donnerstag bis Sonntag steht Joost in der Küche und bereitet Tapas für seine Gäste, dienstags und mittwochs wird pünktlich zum Sonnenuntergang eine Platte mit köstlichem Ziegenkäse und Wurst aus der Region serviert.

Im November, wenn der Zeltplatz geschlossen ist, ernten Jet und Joost ihre Oliven. Die größten Früchte werden gegessen, den Rest bringen sie zur Ölmühle und füllen das Öl in Flaschen ab: ein schönes Mitbringsel für die Gäste der nächsten Campingsaison. Aber auch ohne das geht hier niemand mit leeren Händen, weil jeder zum Abschied eine Tüte Mandeln aus eigener Ernte bekommt. Ein kleines Stück vom Paradies. In einer Nussschale.

**PLUSPUNKTE**: Besser kann man das spanische Lebensgefühl nicht erfahren.
**MINUSPUNKTE**: Irgendwann ist es Zeit, wieder nach Hause zu fahren.
**KOSTEN**: Erwachsene € 4,50, Stellplatz (inkl. Strom) € 12. Kinder unter 9 Jahren € 4, Kinder bis 1 Jahr frei). Ab 7 Tage: € 15 für Stellplatz und 2 Personen (außer Juli und August). Das eingerichtete 4-Personen-Zelt wird für € 365 pro Woche vermietet.
**AUSSTATTUNG**: Gepflegte, geschmackvoll eingerichtete Sanitärräume, Behindertendusche und -toilette, Waschraum mit Waschmaschinen und Spülbecken, Grillplatz, WLAN, Bar mit Terrasse.
**ESSEN UND TRINKEN**: Sie brauchen keinen Schritt weiter zu gehen als bis zur Bar La Roca, wo an 4 Abenden der Woche Tapas und an 2 Abenden eine Wurst- und Käseplatte serviert werden. Es gibt Bier vom Fass, Weine der Region und eine gute Espressomaschine. Und man kann frisches Brot bestellen, das morgens ans Zelt gebracht wird.
**FAMILIENAKTIVITÄTEN**: Joost unternimmt Führungen zu den historischen Gebäuden in La Fresneda, zu denen er die Schlüssel besitzt, unter anderem dem mittelalterlichen Gefängnis, dem der Ort seinen Status als »denkmalgeschützte Stadt« verdankt.
**HIGHLIGHTS**: Wie wäre es mit einem Spanischkurs für Anfänger und Fortgeschrittene bei einem ebenfalls in der Gegend ansässigen holländischen Paar (www.eloquentia.es)?
**LAGE**: Im Nordosten der Provinz Teruel, etwa 130 km östlich von Tarragona, zwischen La Fresneda und Valderrobres.
**GEÖFFNET**: Mitte März bis Mitte Oktober.
**AUSGEBUCHT**: Nur wenige Campingplätze halten dem Vergleich mit La Fresneda stand, aber der etwa eine Autostunde entfernte Campingplatz Lake Caspe (Crta. N-211, Km 286,7, 50700 Caspe, 0034 976 634 174, www.campinglakecaspe.com) ist einen Versuch wert.

**La Fresneda,** Partida Vall Del Pi, 44596 La Fresneda, Teruel, Spanien

t 0034 978 854 085 w www.campinglafresneda.com

# balcón de pitres

Halten Sie die Luft an. Die Straße nach Balcón de Pitres ist so kurvenreich, dass Ihnen wahrscheinlich unterwegs schlecht wird, aber keine Bange: Die spektakuläre Aussicht, die Sie in den Alpujarras, dem Südhang der Sierra Nevada, erwartet, wird Sie für das kurze Unwohlsein entschädigen.

Bei 175 Stellplätzen, oft umgeben von Wiesenblumen und im Schatten dichter Baumkronen gelegen, stehen Ihre Chancen gut, einen Platz mit Blick auf die Berge zu ergattern. Und was für ein Blick das ist – ein 180-Grad-Panorama über das Orgivatal und bis zur Sierra de Contraviesa. Die Südlage des Campingplatzes sorgt dafür, dass Sie die Sonne den ganzen Nachmittag über in vollen Zügen genießen können. Das Städtchen Pitres, das man zu Fuß in nur 10 Minuten erreicht, ist mit seinen weiß getünchten einstöckigen Häusern typisch für die Gegend und passt perfekt zu seiner landschaftlichen Umgebung, die wegen ihrer einzigartigen Vielfalt endemischer Pflanzen zum Naturschutzgebiet, Nationalpark und Biosphärenreservat der UNESCO erklärt wurde.

Wenn Ihnen der Sinn danach steht, erkunden Sie die Gegend auf dem Fußweg von Pitres nach Ferreirola, der über den malerischen Bermejofluss und durch die Dörfer Mecina, Mecinilla und Fondales führt. Auch Wanderritte und Fahrradtouren in die Umgebung bieten sich an. Ansonsten genießen Sie die Ruhe auf dem Campingplatz, wo allenfalls der Swimmingpool und der Biergarten Sie von dem großartigen Bergpanorama ablenken könnten.

**PLUSPUNKTE**: Der Blick und die Ruhe.
**MINUSPUNKTE**: Die Anlage wirkt alles in allem vielleicht ein bisschen abgewirtschaftet.
**KOSTEN**: Erwachsene € 5, Kinder € 3,50, Auto € 4,50, Zelt € 5, zuzüglich MwSt.
**AUSSTATTUNG**: Swimmingpool, Bar/Restaurant, WCs und warme Duschen, Wäscherei und Lebensmittelladen.
**ESSEN UND TRINKEN**: Auf dem Campinglatz gibt es ein Restaurant und einen gemütlichen Biergarten. Wenn Sie in Pitres frühstücken, probieren Sie den megagroßen *Tostado con tomate, aceite y jamón* im La Carretera.
**FAMILIENAKTIVITÄTEN**: In Orgiva findet jeden Donnerstagvormittag ein Wochenmarkt statt.
**HIGHLIGHTS**: Verwöhnen Sie sich mit einem Abendessen im überaus gastfreundlichen Casa Robles in Orgiva (Avda. González Robles 10, 0039 609 364 412), wo man regionale Köstlichkeiten wie weiße Knoblauchgazpacho oder Bacalao serviert.
**LAGE**: In der Sierra Nevada in Andalusien bei Pitres, etwa 80 km südlich von Granada.
**GEÖFFNET**: Mai bis Oktober.
**AUSGEBUCHT**: An der Abzweigung nach Balcón de Pitres an der A348 zwischen Lanjarón und Orgiva liegt der Campingplatz Puerta de la Alpujarra (0034 958 784 450, www.campingpuertadelaalpujarra.com), der zwar nicht so hoch gelegen ist, aber ebenfalls eine sehr schöne Aussicht bietet.

**Balcón de Pitres**, Ctra. Orgiva-Ugijar, km 51, Pitres, La Alpujarra, Granada, Spanien

t 0034 958 766 111 w www.balcondepitres.com

# tipi ronda

Tipi Ronda klingt nach einer Ansammlung von Indianerzelten in einem walisischen Tal, aber in Wirklichkeit liegt es glücklicherweise – was das Wetter betrifft jedenfalls – in Andalusien. Keins von beiden ist die natürliche Umgebung für ein Tipi, aber wen stört das schon?

Die holländische Eigentümerin hat ihre *Finca* in dem Bewusstsein gebaut, dass dies der ideale Ort sein würde für jeden, der das ländliche Spanien wirklich kennen lernen möchte. Und sie hatte recht. Warum man dazu ein Tipi braucht, ist ein Geheimnis, das jeder selbst ergründen kann.

Vermietet werden zwei Tipis in einem kleinen Olivenhain, jedes mit seiner eigenen Terrasse. Diese Terrasse ist der beste Ort, die Flasche hiesigen Rotweins zu köpfen, die jeder Gast zur Begrüßung bekommt. Hier kann man den Blick auf eine Landschaft genießen, wie sie andalusischer nicht sein könnte: sanft gewellte Hügel, getupft mit matt grünen Olivenhainen.

Im Tipi ist alles vorhanden, was man in solch einem kegelförmigen Zelt erwartet – Holzböden, weiche Matratzen, kuschelige Federbetten, saubere Handtücher und Platz, um die Kleider aufzuhängen. Wo die Zeltstangen zusammentreffen, öffnet sich ein Fenster zum Himmel, durch das man nachts die Sterne beobachten kann. Man könnte glatt vergessen, dass man sich hier auf einem Zeltplatz befindet. Denken Sie also daran, die Schuhe anzuziehen, wenn Sie mitten in der Nacht schlaftrunken zum Klo wanken.

Wenn es Sie nach einem erfrischenden Bad gelüstet, ist es vom Tipi nur ein kurzer Weg bis zum Pool – einer aquamarinblauen Oase der Glückseligkeit. Liegestühle am Beckenrand sind wie geschaffen dafür, in die Abenteuerwelt des *Don Quijote* einzutauchen. Allerdings werden Sie ziemlich braungebrannt sein, wenn Sie liegen bleiben, bis Sie durch sind mit dem Buch.

Gerüstet zum Kampf mit ein paar Windmühlen, werden Sie in der Umgebung genügend Ziele für Ihre Erkundungszüge finden. Ganz in der Nähe liegt auf einer der höchsten Erhebungen der Gegend die römische Stadt Acinipo mit ihrem eindrucksvollen Theater, das sich für sein Alter fast so gut gehalten hat wie Jopi Heesters.

Geschichtsträchtig ist auch die Cueva de la Pileta, eine Tropfsteinhöhle, in der man einige der ältesten Höhlenmalereien Andalusiens bei Kerzenlicht bestaunen kann.

Was die eingefleischten Wanderer, Radfahrer und Reiter unter Ihnen betrifft, so finden auch Sie hier mit den Naturparks Serranía de Ronda, Sierra de Grazalema und Sierra de las Nieves direkt vor der Tür ein wahres Paradies. In Letzterem liegt der Torrecilla, der höchste Berg Andalusiens, der mit fast 2000 m ein lohnendes Ziel für Kletterer ist.

Bevor Sie wieder abreisen, müssen Sie mindestens ein Mal in Ronda gewesen sein, einer historischen Stadt, deren markanteste Sehenswürdigkeit die spektakulären Mauerbögen der Brücke Puente Nuevo sind, die den 80 m tiefen Abgrund El Tajo mitten in der Stadt überspannt. Ernest Hemingway, der hier eine Zeitlang gelebt hat, ließ eine Szene in seinem Bürgerkriegsroman *Wem die Stunde schlägt* an dieser Schlucht spielen. Der Krieg ist zum Glück längst vorbei und heute ist die Stadt einfach ein Juwel mit ihren malerischen Orangenbaumalleen, ihren kopfsteingepflasterten Straßen und den unzähligen Tapaskneipen, in denen der Besucher nach ausgiebigem Stadtrundgang seinen Hunger stillen kann.

**PLUSPUNKTE**: Ländliche Ruhe und Behaglichkeit.
**MINUSPUNKTE**: Es sind nur 2 Tipis zu vermieten.
**KOSTEN**: Mai und Juni € 55, Juli bis September € 65 pro Tag für ein Tipi. Mindestaufenthalt 2 Tage. Aufschlag für ein Kinderbett € 12,50 pro Tag.
**AUSSTATTUNG**: Großer Swimmingpool mit Sonnenterrasse, Poolhaus mit Dusche, Toilette und Küche mit Kühlschrank für Selbstversorger, Spielplatz mit Trampolin.
**ESSEN UND TRINKEN**: An der Straße nach Ronda liegt ein empfehlenswertes Café.
**FAMILIENAKTIVITÄTEN**: Teilnahme an einer Führung durch die Stadt Ronda mit ihrer berühmten Stierkampfarena und der spektakulären Schlucht.
**HIGHLIGHTS**: Buchen Sie eine Ballonfahrt über Ronda (€ 160 pro Person für einen einstündigen Flug, www.balloonflightsspain.com) und reservieren Sie für den Abend einen Tisch im Sternerestaurant Tragabuches (0034 952 190 291, www.tragabuches.com).
**LAGE**: Etwa 15 km von Ronda entfernt in der andalusischen Provinz Málaga. Die genaue Wegbeschreibung zum Platz gibt es auf der Homepage.
**GEÖFFNET**: Mai bis Oktober.
**AUSGEBUCHT**: Im Umkreis, etwa eine Autostunde entfernt, gibt es 2 weitere »zeltfreie« *Cool-Camping*-Plätze: das luxuriöse Hoopoe Yurt Hotel (s. S. 91) und die eher rustikalen La Huerta Yurts (s. S. 97).

**Tipi Ronda**, Apartado de Correos 471, 29400 Ronda, Málaga, Spanien

t 0034 951 166 030 | w www.tipironda.com

# hoopoe yurt hotel

Spotten Sie nicht. Dies ist nicht einfach nur Camping für Snobs. Im Hoopoe Yurt Hotel mag es keine Zelte geben, in denen es durchregnet, und auch keine Luftmatratzen, die gegen Morgen platt sind, aber es ist immer noch Camping. Individuelles Luxuscamping eben für Leute, die es zur Abwechslung einmal bequem haben möchten.

Das »Hotel« ist ein Miniaturdorf aus 13 Jurten, großzügig auf einem 3 Hektar großen Areal im andalusischen Bergland verstreut. 5 der Jurten werden von den Besitzern Henrietta und Ed bewohnt.

Den Jurten sieht man von außen nicht an, wie geräumig sie eigentlich sind, und jede hat ihre eigene individuelle Gestaltung. So ist die Mongolische Jurte mit Teppichen in warmen Erdfarben und Orange ausgelegt und mit einem breiten Doppelbett und einem Sammelsurium von Möbeln im traditionellen mongolischen Stil ausgestattet. In der Jaipur-Jurte wiederum, die um ein Scherengitter aus Kastanienholz gespannt ist, fühlt man sich in die Märchenwelt eines Maharadschas zurückversetzt.

In alle Jurten gibt es mit Solarstrom betriebene Decken- und Leselampen sowie Steckdosen zum Aufladen von Mobiltelefonen und Laptops. Aber mal ehrlich: Würden Sie den Laptop nicht lieber zu Hause lassen und Ihrem Chef sagen, Sie hätten Ihr Handy vergessen? Schließlich haben Sie Urlaub.

Zu jeder Jurte gehört eine große Wiese mit Sitzbereich und einer eigenen Hängematte, in der Sie die Seele baumeln lassen können, daneben ein schickes Außenhäuschen mit Solardusche und Komposttoilette. Ein nächtlicher Gang zum Klo unter sternklarem Himmel und Eichenkronen, beäugt von ein paar neugierigen Eulenvögeln, ist das Äußerste an primitivem Leben, das Ihnen in Hoopoe zugemutet wird.

Die meisten Gäste bleiben mindestens eine Woche im Hoopoe Yurt Hotel und das ist kein Wunder. Wenn Sie nicht gerade in einem Liegestuhl am nierenförmigen Pool herumlungern oder sich im Schatten der Eichen eine Massage verpassen lassen, können Sie sich auf der Terrasse in die weichen Polster sinken lassen und ein paar Snacks von der Speisekarte bestellen. Das ist eindeutig besser als Stöckchen aneinander zu reiben und überhaupt: Wer braucht schon ein Lagerfeuer?

Das Campingareal liegt auf einem sanft abfallenden Hang, der übersät ist mit den hier allgegenwärtigen Korkeichen mit dichter Laubkrone und einer dicken rötlichen Rinde, die nachwächst, wenn man sie abschält. Im Frühling ist das Gelände ein wahres Meer aus Gräsern und roten, violetten und gelben Wiesenblumen. Wenn Sie sich überhaupt aufraffen können, sich zu bewegen, bietet sich die unmittelbare Umgebung für gemüt-

liche Spaziergänge und kleinere Wanderungen an.

Vom Campingplatz aus sieht man die Sierra de Grazalema, die zusammen mit der Serranía de Ronda ideale Voraussetzungen für Ausritte, Wanderungen, Radtouren und ornithologische Exkursionen bietet. Sogar Höhlen mit jungsteinzeitlichen Felsmalereien sind zu besichtigen. Für Unternehmungen aller Art kann man einheimische Fremdenführer anheuern, und wenn Sie nett darum bitten, wird man Ihnen in Hoopoe sogar ein superleckeres Lunchpaket für unterwegs schnüren. Verhungern muss hier wirklich keiner.

Im nahegelegenen verschlafenen Städtchen Cortes de la Frontera können Sie sich in privaten Yogakursen fit halten, Spanisch büffeln oder die Tapas der Region verkosten. Sie dürfen nur nicht vergessen, dass man es mit der Siesta hier sehr genau nimmt – punkt zwei Uhr nachmittags kommt das Leben zum Stillstand, und Sie sollten sich anschließen. Und so vollkommen entspannt, wie es in Hoopoe zugeht, werden Sie möglicherweise Mühe haben, anschließend überhaupt wieder in die Gänge zu kommen. Das ist Camping, wie es jeder aushalten kann.

**PLUSPUNKTE**: Luxuscamping in ländlicher Ruhe. Keine Kinder.
**MINUSPUNKTE**: Bei nur 5 Jurten geht es nicht ohne Vorausbuchung. Keine Kinder.
**KOSTEN**: € 136 inkl. Frühstück für eine Jurte und 2 Personen.
**AUSSTATTUNG**: Eigenes Bad und Toilette, Swimmingpool, Pergola zum Speisen im Freien, »Zimmerservice« in den Jurten.
**ESSEN UND TRINKEN**: An 4 Abenden in der Woche wird in Hoopoe ein 3-Gänge-Menü aufgefahren, darüber hinaus gibt es ganztägig Snacks à la Carte. Die Zutaten kommen aus dem eigenen Garten und aus der Region.
**FAMILIENAKTIVITÄTEN**: Da der Platz eine »kinderfreie Zone« ist, stehen Familienaktivitäten nicht wirklich auf dem Plan. Ruhe und Entspannung ist angesagt, was immer Sie hier tun.
**HIGHLIGHTS**: Eine Massage im Schatten einer Eiche; ein Ausflug in die nähere Umgebung, ausgerüstet mit einem Hoopoe-Lunchpaket.
**LAGE**: Im Westen der andalusischen Provinz Málaga, eineinhalb Autostunden östlich von Jerez.
**GEÖFFNET**: Anfang Mai bis Mitte Oktober.
**AUSGEBUCHT**: Tipi Ronda (s. S. 86) oder La Huerta Yurts (s. S. 97), die beiden anderen »zeltfreien« *Cool-Camping*-Plätze in der Region, bieten sich an, sind aber bei Weitem nicht so luxuriös.

**Hoopoe Yurt Hotel**, Apartado de Correos 23, 29380 Cortes de la Frontera, Málaga, Spanien

t 0034 951 168 040 | w www.yurthotel.com

# la huerta yurts

Was haben Marokko und Usbekistan gemein? La Huerta Yurts gibt die Antwort. Hier verbindet sich marokkanischer Geschmack (optisch und kulinarisch) mit usbekischer Jurtenwohnkultur – und zwar auf spanischem Boden. Ziemlich weit hergeholt? Sie werden sich wundern, es funktioniert.

»Huerta« ist das spanische Wort für einen großen Obst- oder Gemüsegarten, und wer immer sich den Namen des Platzes ausgedacht hat, lag nicht falsch. In einem abgelegenen Tal zwischen den Bergen Hacho, Crestillina und Pueblo de Gaucín angesiedelt, ist das Areal der Finca La Huerta mit langen Reihen knorriger Orangen- und Mandarinenbäume bestanden, die so alt aussehen, als wären sie schon immer hier gewesen. Die Bäume tragen so üppig, dass der dumpfe Aufschlag überreifer Früchte im Gras ein ständiges Hintergrundgeräusch bildet. Dazu ist die Luft erfüllt von einem süßen Duft, der an Orangenmarmelade erinnert.

Zwischen Pappeln und Riesenschilf verborgen, schlängelt sich der Rio Genal durch La Huerta. Das Wasser des Flüsschens ist so frisch und klar, dass man die leidlich gepflegten Waschräume vergessen und stattdessen unter freiem Himmel, mit Blick auf die Berge und märchenhaften Eichenwälder rundum, sein Bad nehmen möchte. Kleine Kiesstrände laden zum Sonnenbaden und Schmökern ein, und mit etwas Glück kann man hie und da sogar einen Otter vorbeigleiten sehen.

Mitten in diesem Garten Eden stehen zwei in traditioneller usbekischer Bauweise errichtete Jurten, mit einer Umzäunung vor den Wildschweinen geschützt, die auf der Suche nach einer Orangenmahlzeit hier vorbeikommen könnten. Innen sind die Jurten rustikal ausgestattet mit Holzböden, auf die das Scherengitter der Wände seine flirrenden Schatten wirft und wo sich so viele warme Decken türmen, dass Sie eine vielköpfige Familie oder einen Schwarm von Freunden einen ganzen Winter lang damit warm halten können. Die marokkanische Innenausstattung ist eine Anspielung auf die maurische Vergangenheit Andalusiens, aber auch auf persönliche Erfahrungen, die Penny und Kit Hogg auf ihren Reisen ins nahegelegene Marokko gesammelt haben.

Das britische Paar lebt seit mehr als 10 Jahren in Spanien, und die beiden haben sich die lockere Lebenseinstellung der Einheimischen längst zu eigen gemacht. Der Campingplatz ist so organisiert, dass man das Gefühl hat, nicht als Fremder, sondern bei Freunden zu Gast zu sein: Jeder kann die Küche der beiden benutzen, in der ein ständiges Kommen und Gehen herrscht. Duschen und Toiletten sind in einem Nebengebäude des Hauses untergebracht und Mahlzeiten werden gemeinsam eingenommen. Abends versammeln sich die Gäste um den großen Tisch auf der Terrasse des zweistöckigen Hauses und unterhalten sich nach einer von Penny zubereiteten marokkanischen Tajine oft bis tief in die Nacht. Ein weiteres Highlight ist die holzbefeuerte Sauna, die Kit selbst entworfen und eigenhändig gebaut hat. Als Abkühlung nach dem Schwitzen springt man einfach in den Fluss.

Die Hoggs sagen, dass die meisten Besucher, wenn sie den 4 km langen Feldweg zu ihnen zurückgelegt haben, den Campingplatz erst wieder verlassen, wenn es Zeit ist, nach Hause zu fahren. Was nicht heißen soll, dass es in der Gegend nichts zu sehen gibt. So ist es beispielsweise nur ein Tagesausflug zu den schönen Stränden der Costa del Sol und zum Felsen von Gibraltar.

Nur etwa 20 Autominuten entfernt liegt dagegen das für Andalusien typische weiße Dorf Gaucín, überragt von einer maurischen Festungsruine, von der aus man einen schönen Blick über das Tal von La Huerta hat. Wenn die Festung abends angestrahlt wird, kann man sie von der Terrasse aus sehen, während Penny das Essen aufträgt. Wer immer irgendwann in der Vergangenheit diesen Obstgarten gepflanzt hat, wusste offensichtlich genau, was ein schönes Fleckchen Erde ist.

**PLUSPUNKTE**: Idyllische Ruhe und wunderbare Gastfreundschaft.
**MINUSPUNKTE**: Es gibt nur 2 Jurten, in denen allerdings jeweils 4–5 Personen Platz haben. Das Abendessen ist ein bisschen teuer, vor allem, wenn man mit Kindern unterwegs ist.
**KOSTEN**: € 35 inkl. Frühstück pro Tag pro Person (gilt auch für Kinder). Abendessen € 20 pro Person.
**AUSSTATTUNG**: Küchenbenutzung, Duschen und Toiletten im Anbau, Sauna, Bademöglichkeit im Fluss.
**ESSEN UND TRINKEN**: Pennys Tajine ist Spitzenklasse. Frühstück kann man sich in der Küche selbst bereiten. Im nahegelegenen Gaucín gibt es den Bioladen namens Pura Vida mit Café (Calle Convento 166, 0034 952 151 369). Die Betreiber bieten eine große Auswahl regionaler Lebensmittel an, die sie neben Kaffee, Wein und anderen Getränken auch im Café servieren, und sie sind überdies wirklich nette Leute.
**FAMILIENAKTIVITÄTEN**: Penny und Kit unternehmen mit ihren Gästen kleine Gruppentouren zur Beobachtung der Fauna am Fluss entlang. An dem seichten Gewässer können Kinder stundenlang spielen.
**HIGHLIGHTS**: Wenn Sie es einrichten können, kommen Sie im August, wenn in Gaucín die alljährliche Feria mit Stiertreiben stattfindet.
**LAGE**: In Andalusien, etwa 40 km westlich von Marbella, vom Süden her erreichbar über die AP7 und die A377. Eine genaue Wegbeschreibung erhält man bei Buchung.
**GEÖFFNET**: Mai bis Oktober.
**AUSGEBUCHT**: Tipi Ronda (s. S. 86) oder Hoopoe Yurt Hotel, (s. S. 91), die beiden anderen »zeltfreien« *Cool-Camping*-Plätze in der Region.

**La Huerta**, 29480 Gaucín, Andalusien, Spanien

t 0034 952 117 486 w www.andaluciayurts.com

# tipis indiens

Alle Jungs spielen irgendwann im Leben Cowboy und Indianer und üben im Garten Indianergeheul und indianische Regentänze. Bei manchen reicht die Faszination über die Pubertät hinaus. Spätestens wenn Sie als 16-Jähriger noch jede freie Minute nutzen, um mit Pfeil und Bogen auf Kriegspfad zu gehen, ist klar, dass aus Faszination Besessenheit geworden ist. Wenn Sie aber Jahre später Ihr eigenes Tipidorf eröffnen und sehen, wie viel Freude Ihre Besucher daran haben, wissen Sie, dass die Zeit nicht verschwendet war.

Francis Caussieu ist im Barèges-Tal in den Pyrenäen geboren und aufgewachsen und ein bisschen in der Welt herumgereist, bevor er zwei Scheunen in der Nähe des kleinen Örtchens Gèdre erbte, die er dann restaurierte und als Urlaubsdomizil vermietete. Für sich selbst baute er ein Häuschen im etwas tiefer gelegenen Dorf Esterre, wo er fürderhin saß und das Kommen und Gehen der Jahreszeiten betrachtete. Und während er darüber nachdachte, wie er als Kind tagsüber durch die Bergwälder gestreift war und sich abends Italowestern im Fernsehen angesehen hatte, kam er auf die Idee, dass er, wenn er schon nicht Clint Eastwood oder Burt Lancaster war, doch wenigstens sein eigenes Filmset bauen konnte.

Im Januar 2004 begann er nach einem Handwerker Ausschau zu halten, der ihm beim Bau von Tipis helfen sollte. Im Département Alpes-de-Haute-Provence fand er einen Mann, der seine Leidenschaft teilte. Gemeinsam entschieden sie sich für eine relativ unkomplizierte, aber robuste Bauweise. Nun brauchten sie nur noch einen Holzfäller, der das richtige Holz dafür auswählte. Im Juni 2006, einen Monat, bevor die ersten Gäste erwartet wurden, war Francis schließlich stolzer Besitzer von sechs Tipis.

Jedes Tipi ist mit einem Doppelbett, einem kleinen Schlafsofa, weichen Federdecken, einer schweren Truhe, einem Tisch und sicherheitshalber noch mit etwas indianischer Folklore ausgestattet. Die Tipis sind urgemütlich, zumal das Bett fast den gesamten Raum einnimmt. Es gibt ein behagliches Gemeinschaftshaus, in dem man Sachen aufbewahren, duschen, kochen, am Kaminofen fernsehen oder an großen Tischen essen kann. So hat man das Beste von beiden Welten: Man wohnt wie ein Indianer und speist wie ein König.

Die meisten Gäste verbringen den Abend am liebsten auf dem Campingplatz, mit Blick auf die Berge im Kreis ihrer Freunde am Lagerfeuer sitzend. Der Blick auf den Cirque de Troumouse ist atemberaubend und in der Umgebung tummeln sich Ziegen und Murmeltiere. In Gèdre gibt es eine Schlittschuh- und eine Bobbahn, die beide während der Sommersaison geöffnet sind. Hier kann man auch vorzüglich essen, vor allem im La Brèche de Roland, wo Sie gleich zu Beginn des Urlaubs einen Tisch reservieren sollten, weil Sie das Rinderfilet mit Schafskäsesauce vielleicht verlockt, noch einmal wiederzukommen.

Von Gèdre aus fährt man an einem wirklich spektakulären Panorama vorbei. Da gibt es das Skidorf Luz-Saint-Sauveur im Norden, wo sich am Fluss die Straßencafés unter bunten Wimpelketten reihen, oder den Cirque de Gavarnie, wo die höchsten Wasserfälle Frankreichs zu bestaunen sind. Wenn Sie außerhalb der Hauptsaison hier sind, können Sie oben parken und eines der schönsten natürlichen Amphitheater Europas betreten, und was Sie dann erwartet, ist ganz sicher kein Indianergeheul, sondern eine geradezu ohrenbetäubende Stille.

**PLUSPUNKTE**: Hoch in den Bergen leben wie ein Indianer.
**MINUSPUNKTE**: Man wird von Ziegengemecker geweckt.
**KOSTEN**: Tipi (für 4 Personen) im Juli/August: € 450 pro Woche; Mai, Juni und September: € 350 pro Woche, letzte Juniwoche € 390.
**AUSSTATTUNG**: Gemeinschaftshaus mit TV, Sofas, Küche mit Raclette- und Fonduetopf, Waschmaschine, Bügeleisen, 2 Duschen. Bettwäsche muss mitgebracht werden, man kann sie aber auch vor Ort für € 5 pro Bett ausleihen.
**ESSEN UND TRINKEN**: In der Boutique des Cirques in Gèdre (an der Place de la Fontaine) kann man regionale Produkte aller Art kaufen, das La Brèche de Roland im Ortszentrum (0033 562 924 854) hat die besten Steaks weit und breit.
**FAMILIENAKTIVITÄTEN**: Kinder können gar nicht genug kriegen von den Ziegen, die eigens für die Touristen angeschafft wurden. Im 5 Autominuten entfernten Gèdre gibt es ein Freibad, eine Schlittschuhbahn (geöffnet Juli und August) und eine Bobbahn (geöffnet Juli bis September).
**HIGHLIGHTS**: Ein Besuch des Cirque de Gavarnie bei Sonnenaufgang. Sie werden garantiert sprachlos sein. Oder nehmen Sie für eine Nacht ein Zimmer mit Bergblick im Hotel Vignemale in Gavarnie (0033 562 924 000, www.hotel-vignemale.com). Wenn Sie morgens auf den Balkon treten, haben Sie den gleichen Effekt.
**LAGE**: Im Département Hautes-Pyrénées im Nationalpark Pyrenäen bei Gèdre, etwa 30 km südlich von Lourdes
**ÖFFENTLICHE VERKEHRSMITTEL**: Bis Lourdes mit dem Zug, weiter mit dem Bus nach Luz-Saint-Sauveur. Dort können Sie bei Caussieu (Francis' Bruder) ein Taxi bestellen (0033 562 929 756).
**GEÖFFNET**: Mai bis September.
**AUSGEBUCHT**: In der Nähe liegt der *Cool-Camping*-Platz Les Tilleuls (s. S. 105).

**Tipis Indiens**, 8, Rue des Carolins, 65120 Luz-Saint-Sauveur, Frankreich

t 0033 615 413 329 | w www.tipis-indiens.com

HIGH COLORADO

# les tilleuls

Die Mitglieder der Familie Millet sind meist so sehr ins Gespräch vertieft, dass sie kaum den Kopf heben, wenn ein neuer Gast in der Einfahrt auftaucht und sich ihrer Terrasse nähert. Wenn sie ihn schließlich doch bemerken, begrüßen sie ihn mit einem überaus liebenswerten Lächeln. Kann es sein, dass sie sich so sehr an die spektakuläre Landschaftskulisse gewöhnt haben, die vor ihnen liegt, dass ihr Blick den Horizont kaum noch zu streifen scheint? An so etwas kann man sich doch sicher niemals satt sehen.

Die Postkartenlandschaft, die sich zu Füßen des Anwesens ausbreitet, umfasst Campbielh, Coumély und den Cirque de Gavarnie. Die hie und da verstreuten Häuschen sehen aus wie aus Legosteinen gebaut. Weil die Millets der Meinung sind, dass man eine so bevorzugte Lage mit anderen teilen muss, um sie wirklich genießen zu können, erlauben sie Campern seit vielen Jahren, von ihrem 1100 m über dem Meeresspiegel gelegenen Grundstück aus das Bergpanorama zu bestaunen. Und die Gäste müssen sich nicht einmal um einen Platz in der ersten Reihe streiten, da das Gelände terrassenförmig ansteigt, sodass man überall freie Sicht hat. Im Hochsommer tut man dagegen gut daran, sein Zelt zum Schutz vor der Sonne unter einem der wenigen Bäume aufzustellen.

Hier oben in luftiger Höhe fühlt man sich wie ein Raubvogel, der die Landschaft unter sich beäugt – und Les Tilleuls ist der ideale Ort, um sich ein Nest zu bauen.

**PLUSPUNKTE**: Ein unglaublicher Blick.
**MINUSPUNKTE**: Autos dürfen neben den Zelten geparkt werden, was die wunderschöne Landschaft ein bisschen verschandelt.
**KOSTEN**: Es gibt 25 Stellplätze, die jeweils € 12 pro Tag kosten (inkl. Zelt, Pkw und 2 Personen).
**AUSSTATTUNG**: Moderne, gepflegte sanitäre Anlagen mit 4 Duschen, Wasch- und Spülbecken und 5 Toiletten. Haustiere dürfen mitgebracht werden.
**ESSEN UND TRINKEN**: Im Kunstgewerbeladen an der Straße zwischen Gèdre und Luz-Saint-Sauveur (La Tannière, Pragnères, 65120 Gèdre, 0033 562 924 911) bekommt man für € 12 einen sherryartigen Aperitif namens Fleur d'Amour, den man trinkt, um »verliebt zu bleiben«.
**FAMILIENAKTIVITÄTEN**: Siehe *Cool-Camping*-Platz Tipis Indiens (S. 101).
**HIGHLIGHTS**: Buchen Sie einen Hubschrauberflug bei Pyrénées Copt'Air (Jean-Philippe Duprat, 64230 Poey-de-Lescar, 0033 559 686 519). Ein Rundflug von 15–20 Minuten kostet € 120 für 2 Personen.
**LAGE**: Im Département Hautes-Pyrénées im Nationalpark Pyrenäen zwischen Gèdre und Sausssa, etwa 55 km südlich von Lourdes.
**GEÖFFNET**: Mitte Mai bis Mitte September.
**AUSGEBUCHT**: In der Nähe liegt der *Cool-Camping*-Platz Tipis Indiens (s. S. 101). Wenn alle Stricke reißen, können Sie auf dem kleinen Grundstück der Nachbarsfamilie gegenüber von Les Tilleuls sehr einfach, dafür aber auch billig campen.

**Camping Les Tilleuls**, Saussa, 65120 Gèdre, Frankreich

t 0033 562 924 89 | w www.lestoys.com/immobilier/camping-gedre-millet.html

# belrepayre trailer park

Mit seiner Knubbelnase, der lebendigen Mimik und der typischen Halbglatze sieht Perry aus wie ein Clown. Es wird Ihnen also nicht vollkommen abwegig erscheinen zu hören, dass er früher einmal im Zirkus gearbeitet hat, und zwar bei Gerry Cottle, einem der bekanntesten Zirkusdirektoren Großbritanniens. Er ist der Sohn eines bekannten Schauspielers, er ist ungeheuer schlagfertig und er besitzt eine gigantische Sammlung von Memorabilien zur Geschichte des Londoner Nahverkehrs. Und er hat zusammen mit seiner Frau einen Traum wahr gemacht – den ersten Airstream-Wohnwagen-Park Europas.

Wie tritt man als Sohn in die Fußstapfen eines Multitalents wie Michael Balfour, der sich als Schauspieler, Maler und Bildhauer und als Clown einen Namen machte? Ganz einfach. Schon als Kind wurde Perry Mitglied in der Clowntruppe des Vaters – den Hazzards. Zusammen mit seinem Vater und seinem Bruder tingelte er, wann immer Michael eine Pause zwischen den Dreharbeiten hatte, in einem 90 Jahre alten Wohnwagen durchs Land. Später, als er seine eigene Familie hatte, legte er sich einen Doppeldecker zu. Die Kindheit zwischen illustren Schauspielerkreisen und Zirkusromantik hat Perrys Leben geprägt.

Ebenso nachhaltig haben ihn die 70er Jahre beeinflusst. Den Rat seines Vaters im Ohr, der Zeit entweder einen Schritt voraus zu sein oder ein paar Schritte hinterherzuhinken, wurde er mit seiner Frau Coline sesshaft und begann, ein idyllisches Fleckchen Erde im Département Ariège am Fuße der Pyrenäen in einen Nostalgietrailerpark zu verwandeln – eine echte Pioniertat.

In den vergangenen zwei Jahrzehnten haben Perry und Coline nach und nach 15 Airstream-Wohnwagen aufgetrieben, liebevoll restauriert und authentisch mit Flohmarktfunden ausgestattet. Abgesehen von dem Airstream-Imbisswagen, den sie am Fuß des Eiffelturms entdeckt und zur Appollo-Lounge gemacht haben, stammen alle Trailer aus den Vereinigten Staaten: ein 1972er Sovereign von einem Nudistencamp in Florida, ein 1970er Tradewind aus New Mexico und ein sehr seltener 1950er Silver Streak Clipper aus Arizona beispielsweise.

Das Innere eines Airstream-Trailers vergleicht Perry gern mit dem Mutterleib: Man fühlt sich darin sicher und geborgen wie in einem Kokon. Und es ist so retro, wie es nur sein könnte: Spiralmuster, Häkelkissen und 70er-Jahre-Design, wohin man auch blickt. Jeder Wagen verfügt über ein eigenes kleines Bad, eine Einbauküche und Kleiderschränke, einen antiquierten Schwarzweißfernseher, ein Achtspur-Tonbandgerät, einen Videorekorder (in unserem war *The Avengers* eingelegt) und ein Gärt-

CAFE
Airstream

chen mit Fransensonnenschirm und Liegestühlen vor der Tür.

Atmosphärisch passend zum Thema flattern überall auf dem Platz nostalgische bunte Wimpel im Wind. Manche Gäste bringen sogar 70er-Jahre-Klamotten mit. Hawaii-Hemden, knielange Hüftröcke und Schlaghosen sind hier der Renner. Perry wirft sich in Schale, wenn er sich in DJ Bobby Lotion verwandelt und in der Appollo-Lounge auflegt. Er behauptet, dass die Leute hier schlagartig 35 Jahre jünger werden – ein wahrhaft berauschendes Gefühl.

**PLUSPUNKTE**: Eine nostalgische Zeitreise in die 70er Jahre. Echt cool, Mann.
**MINUSPUNKTE**: Wenn man mit irgendeiner alten Schrottkarre aufkreuzt, fühlt man sich wie ein peinlicher Schandfleck neben all den glänzenden Trailern.
**KOSTEN**: Nebensaison € 19, Hauptsaison € 28 für einen Stellplatz und 2 Personen (Retrozelte und -wohnwagen bevorzugt). Airstream-Trailer € 475–580 pro Woche in der Neben-, € 580–685 in der Hauptsaison. Für Bettwäsche, Handtücher und Reinigung werden zusätzlich Gebühren erhoben. Wer im eigenen Oldtimer kommt, zahlt 10 % weniger.
**AUSSTATTUNG**: Sauna, Yogaraum, Tischtennis, Badminton, Radwege, Kinoleinwand im Freien, Bar und Disco mit DJ, Abendessen (nur in der Hauptsaison), ein kleiner Laden mit regionalen Erzeugnissen, Hot Tub, Gemeinschaftsduschen. Und vielleicht führt Perrys Sohn ein paar Zaubertricks vor.
**ESSEN UND TRINKEN**: In Mirepoix findet jeden Montag auf der Place du Maréchal Leclerc ein Wochenmarkt statt. Wer es etwas gediegener haben möchte, sollte das legendäre Restaurant Le Comptoir Gourmand (Cours du Maréchal de Mirepoix, 0033 561 681 919) besuchen, wo man in einer ehemaligen Scheune köstlich tafeln und sich anschließend im hauseigenen Laden mit Delikatessen aus der Region eindecken kann.
**FAMILIENAKTIVITÄTEN**: Belrepayre ist eigentlich ein Spielplatz für Erwachsene, aber Perry ist, wie er sagt, jeder Besucher recht, solange er nett ist. Überschüssige Energie kann man bei Wanderungen durch den nahegelegenen Bélène-Wald oder auf der Kartbahn im 40 km entfernten Carcassonne (0033 468 256 707, www.winkart.fr) loswerden.
**HIGHLIGHTS**: Gönnen Sie sich ein Bad im Freien zu zweit mit Blick auf die schneebedeckten Berge, anschließend eine Massage und als krönenden Abschluss eine Flasche Champagner unter dem Sternenhimmel (Hot Tub für 2 Personen € 30, Massage € 60).
**LAGE**: Bei Mirepoix am Fuß der Pyrenäen, etwa 40 km westlich von Carcassonne (genaue Wegbeschreibung erhält man bei Buchung).
**GEÖFFNET**: Mai bis September.
**AUSGEBUCHT**: An der D625 zwischen Mirepoix und Bénaix liegt hinter einem Bauernhaus der Campingplatz Le Mathibot (0033 561 018 636), mit 6 Stellplätzen sehr familiär und einfach.

**BelRepayre Airstream & Retro Camping**, 09500 Manses, Midi-Pyrénées, Frankreich

t 0033 561 681 199 | w www. airstreameurope.com

# mas de la fargassa

Besitzer eines bäuerlichen Betriebes, die vom Verkauf ihrer Bioerzeugnisse – Pflaumen, Äpfel, Erdbeeren, Stachelbeeren, Himbeeren und 120 Kilo Brot pro Woche – leben wollen, benötigen Hilfe, und die britisch-holländischen Eigner bekommen sie, indem sie Menschen jeglichen Alters Arbeit gegen Kost und Logis anbieten. So wird das Land bestellt, die Esel werden bewegt, gestriegelt und gefüttert, der Teig für das Brot, das man samstags in Céret auf dem Markt verkauft, wird freitags geknetet, und abends wird das Feuer angezündet.

Das bunte Gemisch von Leuten aus aller Welt, die hier so gut gelaunt und entspannt zusammen arbeiten und ihre Freizeit verbringen, verleiht dem Ort eine coole Globetrotteratmosphäre. Aber selbst weit gereiste Besucher werden beeindruckt sein von der Strecke, auf der man zu dem Anwesen gelangt. Die einen werden die Ausblicke auf die Mondony-Schlucht als den Höhepunkt ihrer Reise bezeichnen, andere wiederum werden bereuen, je in ihre Tiefen hinuntergeschaut zu haben. Positiver ausgedrückt: Je kleiner Ihr Auto, umso weniger Höhenangst werden Sie haben (für Wohnwagen ist die Straße definitiv nicht geeignet).

Jeroen und Madhu sind zwei Jahre lang herumgefahren, bevor sie ihr Traumhaus gefunden haben. Eines Tages im Jahr 1998 entdeckten sie dann Rauch, der von einem Schornstein zwischen Bäumen aufstieg. Das dazugehörige Haus war nicht zu verkaufen, aber daneben stand eine ehemalige Schmiede, die seit den 1930er Jahren nicht mehr in Betrieb war. Die beiden kauften das Gebäude samt den 260 Hektar Land, die dazugehörten, und machten sich daran, eine Ruine in vollwertige, moderne Wohnunterkünfte zu verwandeln. Inzwischen vermieten sie ein Chalet, eine Ferienwohnung und ein Häuschen, das an das Haupthaus angebaut ist. Insgesamt bieten die Unterkünfte Platz für 18 Personen.

Vier Jahre später kauften die beiden 6 Albatros-Zelte der holländischen Marke De Waard, bauten sie am Fluss oder etwas weiter oben mit Blick über den Garten auf, richteten sie ein, benannten sie nach den Bäumen, die ihnen am nächsten standen (Stechpalme, Pflaume usw.) und nahmen den Campingbetrieb auf. Sie richteten einen überdachten Essbereich im Freien ein, wo sich schon bis zu 50 Personen zum vegetarischen Abendessen an langen Tischen versammelt haben. Man kann im Fluss baden, Staudämme bauen oder einfach faulenzen und Marshmallows über dem Feuer rösten.

Es ist ein abenteuerliches Gefühl, mitten im Wald der spanischen Grenze so nah zu sein, ein kleiner Fußmarsch, und man ist in einem anderen Land. Geführte Wand von 2 oder 5 Stunden werden angeboten, und wenn man mit dem Geländewagen gekommen ist, kann man über holprige Wege zur Grenze fahren und unterwegs vielleicht sogar dem einen oder anderen Wildschwein begegnen. Madhu organisiert regelmäßig Gruppenwanderungen, die mit einem Abendessen in einem spanischen Restaurant enden. Danach wird man zum Glück mit dem Auto zurückkutschiert. Diese Unternehmungen finden großen Anklang, weil es gut ist, sich von Zeit zu Zeit die Füße zu vertreten, ohne dass man befürchten muss, sich im Wald zu verlaufen.

Derzeit leitet Madhu den Bau eines zweiten kleinen Gästehäuschens, während Jeroen an einem Baumhauskomplex mit Blick über die spanische Grenze werkelt. Die beiden haben von Amsterdam, wo sie früher einen gut gehenden Teeladen betrieben, einen weiten Weg zurückgelegt. Doch es wäre von überall her ein weiter Weg gewesen. Es ist ihnen mit Geduld, Geschick und harter Arbeit gelungen, sich in diesem entlegenen, außergewöhnlichen Grenzbereich eine Existenzgrundlage zu schaffen und ihren Traum von Autarkie zu leben.

**PLUSPUNKTE**: Nachhaltiges Leben und Baden im Fluss.
**MINUSPUNKTE**: Die schmale Gebirgsstraße verläuft entlang einer tiefen Schlucht und ist nichts für ängstliche Gemüter.
**KOSTEN**: Eingerichtete Zelte (4–5 Personen) € 450, Chalet (5–6 Personen) € 550, Häuschen (2 Personen) € 350 und Ferienwohnung (8–10 Personen) € 1025 pro Woche. Camper mit eigenem Zelt zahlen € 9 pro Person pro Tag, Familien € 25.
**AUSSTATTUNG**: Es gibt Warmwasserduschen, einen Spiel- und einen Grillplatz. Tiere dürfen nicht mitgebracht werden, aber es gibt hier Katzen, Hunde, Hühner, Esel und Pferde.
**ESSEN UND TRINKEN**: Selbstgebackenes Brot, Marmelade, Biogemüse und -obst finden Sie direkt vor Ihrer Nase. Im Laden vor Ort werden Dinge wie Brot, Milch und Kaffee verkauft.
**FAMILIENAKTIVITÄTEN**: Von Madhu geführte Ausritte mit den hauseigenen Eseln und Pferden.
**HIGHLIGHTS**: Fahren Sie zu einer der katalanischen Fiestas mit fröhlich bunten Umzügen und viel Tanz und Gesang, die im Sommer im näheren Umkreis stattfinden.
**LAGE**: Bei Amélie-les-Bains an der französisch-spanischen Grenze, etwa 50 km südwestlich von Perpignan (genaue Wegbeschreibung in Deutsch auf der Homepage).
**GEÖFFNET**: Zeltplatz Mitte März bis Ende Oktober, die anderen Unterkünfte ganzjährig (Reservierung wird empfohlen). Der Mai ist wegen der Kirschblüte in Céret besonders schön.
**AUSGEBUCHT**: In der näheren Umgebung gibt es keinen anderen Zeltplatz, aber direkt am Meer zwischen Collioure und Argelès-sur-Mer liegt Les Criques de Porteils (0033 468 803 553, www.lescriques.com).

**Mas de la Fargassa**, Montalba, 66110 Amélie-les-Bains, Frankreich

t 0033 468 390 115 | w www.fargassa.com

# les ormes

Sie schaffen es dieses Jahr nicht nach Afrika? Dann nehmen Sie doch ersatzweise Les Ormes. 2003 machten zwei holländische Paare eine Marktlücke aus, schmissen ihre Bürojobs hin und importierten Wüstenzelte aus Südafrika für ihr soeben erworbenes Grundstück im Département Lot-et-Garonne in Aquitanien. Nach dem Vorbild eines Luxuszelthotels, das sie in Tansania gesehen hatten, wollten sie ein authentisches Campingerlebnis für Besserverdienende schaffen, die Zelturlaube noch aus der Kindheit kennen und diese Erfahrung nun mit ihren eigenen Kindern wiederholen möchten, ohne auf Luxus und Bequemlichkeit verzichten zu müssen.

In einem Ulmenwald (*Orme* ist das französische Wort für Ulme), der mit etwas Fantasie einem kongolesischen Dschungel gleicht, haben sie 25 Zelte großzügig verteilt. Es gibt 4 verschiedene Modelle: das Modell »Gibson« hat eine große überdachte Veranda und in einigen Fällen ein zusätzliches Baumhaus für Kinder; »Takla Makan« ist ein Zelt für 2 Personen mit getrenntem Schlaf- und Wohnbereich; von den »Mojave«-Zelten wiederum hat man einen herrlichen Talblick. Alle Zelte sind ausgesprochen stilvoll eingerichtet, die bequemen Betten sind immer frisch bezogen. Sie sehen sehr edel aus, aber wenn Sie zu Hause wirklich etwas zu erzählen haben wollen, mieten Sie sich im »Tournesol« ein, einer zeltförmigen Holzhütte, die auf einem Ring mit Rädern ruht, sodass sie sich um 360° drehen lässt. So kann man morgens der Sonne entgegenblicken und später, wenn es einem zu viel wird, die Fensterfront in den Schatten drehen. Und wenn Sie glauben, dass das nicht mehr zu toppen ist, wird Sie das nächste Projekt der Eigner – schwimmende Häuser auf einem künstlichen See – eines Besseren belehren. Da kann man nur hoffen, dass die Gäste nicht seekrank werden!

Für die genügsameren Camper stehen 90 großzügig bemessene, teils auf flachem Feld, teils auf hügeligem Gelände verteilte Zeltplätze zur Verfügung. Es empfiehlt sich, einen Platz zu suchen, der möglichst nah am Pool und dem flaschengrünen, zum Angeln und Bootfahren einladenden See liegt, aber weit genug von den Gemeinschafts- und Sanitärräumen entfernt ist. Wie auf vielen französischen Campingplätzen bilden sie eine Art Verkehrsknotenpunkt, von dem aus die Gäste in alle Richtungen streben, sodass es frühmorgens ziemlich laut werden kann.

Zu Bergerac, etwa eine halbe Autostunde von Les Ormes entfernt, gehören 12 Anbaugebiete, in denen Rot-, Weiß- und Roséweine gekeltert werden, die ebenso gut und nicht annähernd so teuer sind wie die Weine aus dem benachbarten Bordeaux. Bei einer Fahrt entlang der Weinroute können Sie auf idyllisch gelegenen Weingütern vor der Kulisse von Burgen, Papiermühlen und befestigten Dörfern ihren Lieblingswein herausfinden. Klar, das könnte einige Zeit in Anspruch nehmen, aber wer hat es hier schon eilig?

Das nächstgelegene Dorf Saint-Étienne-de-Villeréal ist nicht so malerisch wie viele Kleinode, die man etwas weiter nördlich in der Dordogne findet. Das hat allerdings den Vorteil, dass es nicht ganz so mit Reisebussen verstopft und eher ein unverfälschtes Stückchen Frankreich ist. In vielen der umliegenden Ortschaften gibt es Wochenmärkte, auf denen regionale Köstlichkeiten angeboten werden, die man in seinem Wüstenzelt zubereiten kann. Vielleicht entdecken Sie irgendwo südafrikanische Kakaobohnen und verwöhnen sich mit einer cremig-süßen französisch-afrikanischen heißen Schokolade.

In der lockeren Atmosphäre von Les Ormes können Sie tun und lassen, was Ihnen gefällt. Es hat vielleicht nicht das exotische Safari-Flair eines echten afrikanischen Camps, aber es ist himmelweit entfernt von den großen kommerziellen Campingplätzen, die sich ansonsten um die Wasserlöcher Frankreichs scharen.

**PLUSPUNKTE**: Angenehmes Zelten mit Safari-Flair.
**MINUSPUNKTE**: Der Campingplatz ist so groß (24 Hektar), dass man eine Stunde braucht, um ihn zu umrunden.
**KOSTEN**: Stellplatz und Pkw € 10, Personen ab 8 Jahren € 8, Kinder unter 8 Jahren € 4. Sonderangebote in der Nebensaison: Stellplatz, Pkw, 2 Personen über 50 Jahre € 14, Familien (maximal 5 Personen) € 21 inkl. Platz und Pkw. Ein einfach ausgestattetes Zelt und das Tournesol kosten von € 335 – 550, die Safarizelte je nach Modell zwischen € 420 – 925.
**AUSSTATTUNG**: Es gibt alles, was man braucht: Restaurant, Rezeption, Tennisplatz, Tischtennisplatten, Boulebahn, See mit Angelmöglichkeit, Streichelzoo, Pool mit Liegeterrasse und Poolbar und in der Nähe einen 18-Loch-Golfplatz.
**ESSEN UND TRINKEN**: Fahren Sie nach Mouleydier 5 km westlich von Bergerac zum 8-Gänge-Menü im Restaurant Château Les Merles oder zu einem bescheideneren Abendessen im gleichnamigen Bistro (0033 553 631 342, www.lesmerles.com). In einer Gegend, die für ihre süßen Dessertweine berühmt ist, bietet sich das Château de Monbazillac südlich von Bergerac (Route de Mont-de-Marsan, 24240 Monbazillac, www.chateau-monbazillac.com) als gute Adresse für eine Weinprobe an.
**FAMILIENAKTIVITÄTEN**: Toben Sie sich richtig aus im westlich von Saint-Étienne-de-Villeréal gelegenen Freizeitpark Parc en Ciel (0033 553 718 458, www.parc-en-ciel.com). Der Eintritt kostet für Erwachsene € 20, für Kinder € 17 (ab 6 Jahren) und 12,50 (unter 6 Jahren).
**HIGHLIGHTS**: Ein Dinner im Vieux Logis in Trémolat (0033 553 228 006, www.vieux-logis.com), dessen Chefkoch Vincent Arnould mit einem Michelinstern ausgezeichnet wurde.
**LAGE**: Im Département Lot-et-Garonne, etwa 40 km südwestlich von Bergerac bei Saint-Étienne-de-Villeréal (von dort aus ist der Zeltplatz ausgeschildert).
**GEÖFFNET**: Ende April bis Mitte September.
**AUSGEBUCHT**: An der gleichen Straße bei Monpazier liegt der Campingplatz Le Moulin de David mit Swimmingpool, Wasserfällen und -rutschen (0033 825 002 030, www.pays-de-bergerac.com/english/accommodation/moulin-david/index.asp).

**Camping Les Ormes**, 47210 Saint-Étienne-de-Villeréal, Frankreich

t 0033 553 366 026 w www.campinglesormes.com

# les romarins

Stellen Sie sich vor, Sie wachen morgens auf, machen das Zelt auf und blicken auf das blau in der Sonne funkelnde Mittelmeer. Stellen Sie sich dann noch vor, Sie schlürfen Ihren Kaffee und beobachten, wie die Reichen dieser Welt mit ihren Yachten im Hafen von Cap Ferrat ein- und ausfahren. Willkommen auf dem Campingplatz Les Romarins, dem eindeutigen Sieger in der Kategorie »schönster Meeresblick« der Cool-Camping-Plätze.

Unvergleichlich malerisch auf einer Anhöhe zwischen Nizza und Monaco gelegen, bietet Les Romarins von jedem der 41 Stellplätze aus ein atemberaubendes Mittelmeerpanorama. Aber nicht nur der Blick, auch die Atmosphäre des Platzes ist etwas Besonderes – ohne Pool, ohne Kinderanimation und ohne lärmende Freizeitbeschäftigungen ist dies der perfekte Ort zum Chillen.

Allerdings braucht man ein Auto, nicht nur, um den Platz selbst und die Sehenswürdigkeiten der Umgebung zu erreichen, sondern auch, um auf den drei Corniches, den berühmten Panoramastraßen an den Klippen der Côte d'Azur, dahinzubrausen. Die Corniche Inférieure schlängelt sich unten durch die Küstenstädte, die Grande Corniche verläuft in geraderer Linie oben über die Bergrücken. Aber es ist die Corniche Moyenne, die den Ruf genießt, die romantischste Route der Welt zu sein. Legen Sie die richtige Musik ein und geben Sie Gas; das ist das Szenenbild von Autowerbespots und wilden Verfolgungsjagden im Kino, mit Serpentinen, atemberaubenden Steilklippen und einem neuen Meerpanorama nach jeder Kurve.

Auf der Corniche Moyenne gelangen Sie in die mittelalterliche Ortschaft Èze, abenteuerlich auf einem Felsplateau in 430 m Höhe gelegen. Die Trutzburg wurde im 18. Jahrhundert zerstört; in den Ruinen ist heute der Botanische Garten untergebracht, mit exotischen Pflanzen und Kakteen und wiederum einem überwältigenden Blick auf die Steilküste und das Mittelmeer. Neben Èze gibt es eine ganze Reihe sehenswerter Städtchen in diesem Küstenabschnitt, beispielsweise Villefranche-sur-Mer mit seinem historischen Charme und einer der schönsten Buchten der Gegend. Hier kann man ohne weiteres einen ganzen Tag damit verbringen, am Strand herumzuhängen, die Zitadelle aus dem 16. Jahrhundert samt Museum zu besichtigen oder einfach nur im Hafen Kaffee zu trinken und die am Anlegeplatz schaukelnden Fischerboote zu betrachten.

Natürlich kann man in dieser Gegend nicht Urlaub machen, ohne die beiden Schmuckstücke der Côte d'Azur, Nizza und Monaco, gesehen zu haben, die beide nur eine kurze Autofahrt vom Campingplatz entfernt sind. Das winzige Monaco ist mondän, teuer und elegant, während Nizza mit seiner charaktervollen Altstadt eher das Gefühl von Ruhe und

Beständigkeit vermittelt und mit seinen schmalen Sträßchen zu Erkundungsgängen einlädt. Hier kann man auf einem der vielen Plätze regionale Fisch- und Meeresfrüchtespezialitäten kosten, ohne dass man gleich arm wird. In Nizza gibt es außerdem einen schönen Kiesstrand mit Sonnenliegen, die man mieten, und mit Kellnern, von denen man sich Getränke an die Liege bringen lassen kann. Aber es genügt eine gute Karte der Region und ein bisschen Mühe, um eine der kleineren und ruhigeren Sandstrände in den Felsenbuchten zwischen Nizza und Monaco ausfindig zu machen. Wenn man genug hat vom Glitzer und Glamour der großen Welt, ist Les Romarins ein Zuhause, in das man in freudiger Erwartung zurückkehrt. Die Anhöhe, auf der der Zeltplatz liegt, ist mit Rosmarin überzogen, und man findet unter Olivenbäumen ausreichenden Schutz vor der sengenden Sonne. Die Besitzer leben vor Ort und achten darauf, dass ihre Gäste die ruhige Atmosphäre des Platzes respektieren. Die Anlage ist einfach ausgestattet, aber es gibt ein Bistro mit Terrasse und Meerblick und einen Ruheraum; die sanitären Anlagen sind frisch renoviert. Man kann sogar ein Bügeleisen leihen, um sein gestärktes weißes Hemd zu bügeln, wenn man einen Besuch im Casino von Monaco oder gar bei den Filmfestspielen in Cannes plant.

**PLUSPUNKTE**: Besser chillen als auf diesem Platz mit Meeresblick geht einfach nicht.
**MINUSPUNKTE**: Der Platz eignet sich mit seinen kleinen Stellplätzen und seiner ruhigen Atmosphäre nicht wirklich für Familien mit Kindern.
**KOSTEN**: Je nach Größe des Zelts, Lage und Saison € 15 – 36,50 pro Tag für 1 Zelt und 1 Person. Jede weitere Person € 7 – 7,50, Kinder unter 5 Jahren € 4.
**AUSSTATTUNG**: Bistro mit Panoramaterrasse, moderne sanitäre Anlagen, Waschmaschine, öffentliches Telefon.
**ESSEN UND TRINKEN**: Auf dem Platz gibt es nur Frühstück und Snacks, aber in der nahegelegenen Ortschaft Èze findet man jede Menge Bistros und Restaurants, darunter das 5-Sterne-Hotel Château Eza (Rue de la Pise, 0033 493 411 224, www.chateaueza.com) oder, wenn man etwas weniger tief in die Tasche greifen möchte, das Le Troubadour, in dessen gemütlichen historischen Räumen man vorzüglich isst und Robert Mitchum schon einmal zu Gast war.
**FAMILIENAKTIVITÄTEN**: Abgesehen von den nahegelegenen Stränden gibt es in Nizza das Kunst- und Keramikzentrum Les Artistes du Soleil (16-18, Bvd. de la République, 0033 493 525 589). Hier werden mittwochs und in den Schulferien Mal- und Töpferkurse für Kinder angeboten. Das Mini Center in der Altstadt von Nizza (4, rue Rancher, 0033 618 210 620) organisiert Ferienaktivitäten für Kinder.
**HIGHLIGHTS**: Ein Besuch an den Roulettetischen des berühmten Casinos in Monaco (www.casino-monte-carlo.com). Wenn das Ihr Urlaubsbudget sprengt (oder Sie gerade keine Krawatte zur Hand haben), wäre ein Tauchgang vor Nizza vielleicht eine schöne Erinnerung an die Côte d'Azur (0033 493 894 244, www.nicediving.com).
**LAGE**: An der Côte d'Azur zwischen Nizza und Monaco, an der Grande Corniche bei Èze.
**GEÖFFNET**: Mitte Juni bis Ende September.
**AUSGEBUCHT**: Es gibt nichts annähernd Vergleichbares in der Gegend. Verschieben Sie also Ihren Urlaub und reservieren Sie im Voraus.

**Camping Les Romarins**, Grande Corniche, 250, Av. des Diables Bleus, 06360 Èze, Frankreich.

t 0033 493 018 164 | w www.campingromarins.com

Outwell

# camping des gorges du verdon

Um Ihnen mühevolle Recherchen zu ersparen: Die Verdonschlucht, Frankreichs größtes Naturschauspiel und einer der größten Canyons der Welt, ist 21 km lang und an manchen Stellen bis zu 700 m tief, und sie wurde von den unbändigen Wassern des smaragdgrünen Verdon in den Fels geschnitten.

Der Campingplatz Gorges du Verdon liegt im Herzen des Naturschutzgebietes Parc Naturel Régional du Verdon in 660 m Höhe direkt am Fluss. Das 7 Hektar große, baumbestandene Gelände weist alle Merkmale eines liebevoll im Familienbetrieb geführten Campingplatzes auf. Tatsächlich hat der Platz im Jahr 2008 sein 50-jähriges Bestehen gefeiert und war in dieser Zeit immer im Besitz derselben Familie – wenn diese Leute also eines haben, dann ist es Erfahrung!

Die 100 teils schattig, teils halbschattig gelegenen Stellplätze sind eben, geräumig und mit dem Auto leicht zu erreichen. Man kann auch kleine Ferienhäuschen mieten, diese befinden sich aber auf einem separaten Areal.

Der Fluss bietet eine Fülle von Möglichkeiten, sich die Zeit zu vertreiben. Ohne den Platz verlassen zu müssen, kann man an einem der Strände faulenzen und baden, sich im Fliegenfischen versuchen, an Wildwassertouren, Kanu- und Schlauchbootfahrten teilnehmen oder sich mit Gehen im Wasser fit halten. Und wenn Ihnen das Wasser im Fluss zu kalt ist (die Temperaturen können vor allem in der Nebensaison ziemlich ungemütlich werden), bietet sich vor Ort eine Alternative in Form eines beheizten Swimmingpools an, der im Juli und August sogar von einem Bademeister überwacht wird.

Die sportlichen Angebote auf dem Campinggelände umfassen außerdem Boule, Bowling und Volleyball, und es gibt einen Gemeinschaftsraum mit Bibliothek, Fernseher und Video. Wandertouren können kostenlos vom Campingplatz aus organisiert werden, und für Kletterer sind die Kalksteinwände der Schlucht bestens geeignet. Bis zu 1500 Strecken von 20 bis 400 m bieten sich hier an.

Für Kinder wird auf dem Campingplatz von der klassischen Animation mit Clowns und Zauberern (in französischer Sprache allerdings) bis zu Musikabenden, Spielenachmittagen und Poolspielen alles angeboten. Ein gutes Restaurant, in dem man Eis, Pizza und andere Gerichte zum Mitnehmen bekommt, entbindet die Eltern von lästigen Kochpflichten, und wenn sie einmal den Grill anwerfen wollen, finden sie frische regionale Erzeugnisse im Supermarkt.

Ganz in der Nähe liegt das schöne mittelalterliche Städtchen Castellane. Man erkennt es sofort an dem mächtigen Felsen, der steil aus dem Tal aufragt. Abgesehen von der Kirche aus dem 18. Jahrhundert, die auf dem

Felsen thront, hat Castellane keine Touristenattraktionen zu bieten, ist aber für sich ein malerischer Ort, in dem man nicht nur gemütlich einen Café au Lait trinken, sondern auch alle möglichen Ausflüge und andere Aktivitäten organisieren kann. Der Naturschutzpark umfasst insgesamt über 20 000 Hektar und 43 Städte und Gemeinden. Wenn Sie also keine Lust mehr haben, am Fluss herumzuhängen, finden Sie im näheren und weiteren Umkreis jede Menge Möglichkeiten, sich die Zeit zu vertreiben.

Die Côte d'Azur ist nur eineinhalb Autostunden entfernt, aber vielleicht steht Ihnen gar nicht der Sinn danach, diesem Ort, der so etwas wie Europas größter natürlicher Spielplatz ist, den Rücken zu kehren.

**PLUSPUNKTE**: Ein familienbetriebener, familienfreundlicher Campingplatz, direkt am Fluss in einem Naturschutzgebiet gelegen.
**MINUSPUNKTE**: Wer einen ruhigeren, touristisch weniger erschlossenen Platz sucht, schaut sich vielleicht lieber anderswo um.
**KOSTEN**: Je nach Saison € 12,50–14,50 pro Tag für 1 Zelt, 2 Personen und einen Pkw. Jede weitere Person € 4,50–5,70, Kinder unter 4 Jahren € 1,40–2,40.
**AUSSTATTUNG**: Eine Vielzahl von Angeboten wie Supermarkt, Pizzeria, Eisladen, Restaurant, Internetanschluss und Poolbar sorgt dafür, dass der Platz auch für längere Aufenthalte bestens geeignet ist.
**ESSEN UND TRINKEN**: In Castellane ist jeden Mittwoch und Sonntag Wochenmarkt, auf dem regionale Erzeugnisse angeboten werden. Einen fantastischen Blick hat man im Le Mur d'Abeilles in Rougon (0033 492 837 633) an der D952 südwestlich von Castellane, dessen Spezialität Crêpes in allen Variationen sind.
**FAMILIENAKTIVITÄTEN**: Eine eineinhalbstündige Wildwasserfahrt mit Kindern über 6 Jahren kann man bei Base Sport & Nature (0033 493 054 118, www.basesportnature.com) buchen. Und wenn Sie beim Schwimmen einmal einen Szenenwechsel haben wollen, so gibt es ein öffentliches Schwimmbad.
**HIGHLIGHTS**: Genießen Sie den Blick in die Schlucht kopfüber beim Bungee-Jumping an der nahegelegenen Pont de l'Arnby (nähere Informationen an der Rezeption).
**LAGE**: In der Provence bei Castellane oberhalb der Verdonschlucht, etwa 80 km nordwestlich von Cannes.
**GEÖFFNET**: Mai bis Mitte September.
**AUSGEBUCHT**: Der ebenfalls familienbetriebene und ähnlich am Fluss Verdon gelegene Platz Domaine Chasteuil-Provence (0033 492 836 121, www.chasteuil-provence.com) ist eine gute Alternative.

**Camping des Gorges du Verdon**, Clos d'Aremus, Chasteuil, 04120 Castellane, Frankreich

t 0033 492 836 364 w www.camping-gorgesduverdon.com

# le grand champ

Am Fuße des legendären Mont Blanc, überragt vom mächtigen Gipfel des Aiguille du Midi, findet man den Campingplatz Le Grand Champ – eine Entdeckung, die es wirklich in sich hat! Der von Françoise Dudas und ihrer Familie untadelig geführte Platz liegt in 1000 m Höhe und ist rundum von Bergen umgeben.

Wenn man die zerklüfteten, meist schneebedeckten Gipfel betrachtet, die den Horizont beherrschen, wähnt man sich in Shangri-La: einem sagenumwobenen, von der Welt abgeschiedenen glücklichen Tal. Und obwohl das schroffe Gipfelpanorama viel zum Zauber des Orts beiträgt, ist es bei Weitem nicht der einzige Grund, warum Le Grand Champ zu den schönsten Campingplätzen der Alpen zählt.

Auf dem terrassenförmig ansteigenden grasbewachsenen Gelände sind die Stellplätze durch Bäume, Hecken und Sträucher auf natürliche Weise voneinander abgegrenzt. Das erzeugt ein solches Gefühl von Privatsphäre, dass man vergisst, wie groß das Areal mit seinen fast 100 Stellplätzen für Zelte und Wohnwagen tatsächlich ist. Und dadurch, dass es für größere Gruppen einen eigenen abgetrennten Bereich gibt, wird dieses Gefühl ungestörter Ruhe noch verstärkt.

Françoise und ihre Leute sorgen unermüdlich dafür, dass alles reibungslos funktioniert. Die sanitären Anlagen (3 Häuser mit Duschen, Waschbecken und Behindertentoiletten sowie Waschmaschine und Stromanschlüssen) sind sauber und gepflegt, und für den Fall, dass das Wetter einmal ungemütlich wird, gibt es einen einfachen, aber gemütlichen kleinen Gemeinschaftsraum. An der Rezeption kann man Lebensmittel und andere elementare Dinge kaufen, wenn die Vorräte knapp werden, und rechtzeitig zum Frühstück wird allmorgendlich frisches Brot angeliefert.

Der nächste Supermarkt findet sich im wenige Kilometer entfernten Les Houches, einer aus mehreren kleinen Dörfern bestehenden Gemeinde mit alpinem Charme, einem hervorragenden Skigebiet, einem See sowie einer Burgruine und anderen historischen Sehenswürdigkeiten. Hier ist der Ausgangspunkt für die klassische Wanderroute Tour du Mont Blanc und Kletterbegeisterte können in der Kletterhalle verschiedene Schwierigkeitsgrade üben.

Chamonix ist mit seinen zahllosen Kneipen, Läden, Freizeitangeboten und Touristenattraktionen weit entfernt von der ruhigen und familiären Atmosphäre des Campingplatzes. Zwar ist die Stadt bestens als Ausgangspunkt geeignet, wenn man die Umgebung kennen lernen möchte, aber bei 40 000 Besuchern, die in der Hauptsaison täglich in das Tal strömen, leidet der majestätische Zauber der Gebirgslandschaft doch erheblich.

METEO

Zwar ist die Gegend vor allem als Skigebiet bekannt, aber sie hat auch für andere Sportbegeisterte vieles zu bieten. Tatsächlich wäre es leichter aufzulisten, was es hier nicht gibt: Man kann wandern, radfahren, wildwasserfahren, kartfahren, golfen, klettern, drachenfliegen, schwimmen, snowboarden – und das ist nur das Entrée. Als Hauptspeise könnten folgen: ein Flug mit dem Heißluftballon, eine Geländetour mit dem Mountainbike, eine Runde Paintball. Und wie wäre es zum Abschluss des Menüs mit einem gemütlichen Helikopterrundflug, einem Wanderritt oder einer Partie Boule? Und wenn Sie sich nach all den Anstrengungen nach einer Erholungspause sehnen, bieten sich in Chamonix auch hierfür jede Menge Möglichkeiten. Sicher gibt es nicht viele Campingplätze, die in einer Landschaft von so atemberaubender Schönheit und trotzdem auch in der Nähe von Kinos, Spielcasinos, Schönheitssalons und Läden aller Art liegen.

Werfen Sie am Ende eines ausgefüllten Tages noch einen Blick auf das schwindelerregende Gipfelpanorama, schließen Sie die Zeltklappe, kuscheln Sie sich in Ihren Schlafsack und werden Sie Mitglied in der Gand-Champ-Variante des Mile High Club – indem Sie in dieser frischesten aller frischen Bergbrisen glücklich einschlummern.

**PLUSPUNKTE**: Umwerfend schöner Campingplatz am Fuße des Mont Blanc.
**MINUSPUNKTE**: Selbstversorgung ist hier angesagt. Und auf manchen Stellplätzen hört man die nahegelegene Autobahn.
**KOSTEN**: Stellplatz € 4,50, 1 Person € 4,30, Kinder unter 7 Jahren € 2,20.
**AUSSTATTUNG**: Einfache, aber gepflegte sanitäre Anlagen und ein kleiner Laden.
**ESSEN UND TRINKEN**: Man findet hier alles von den bekannten savoyardischen Spezialitäten wie Raclette, Fondue und Tartiflette bis zur internationalen Küche. Solide französische Küche und eine schöne Aussichtsterrasse hat das Hotelrestaurant Les Gorges de la Diosaz in Servoz (0033 450 472 097, www.hoteldesgorges.com) zu bieten. Gediegener geht es im Les Granges d'en Haut oberhalb von Les Houches (0033 450 546 536, www.grangesdenhaut.com) zu, wo klassische italienische Gerichte in raffinierten Abwandlungen und ein vorzüglicher Brunch angeboten werden.
**FAMILIENAKTIVITÄTEN**: Hier gibt es so viele Angebote für Familien, dass man gar nicht alles schaffen kann. Dazu gehören der Klettergarten Les Gaillands bei Chamonix (in Chamonix ausgeschildert und gut sichtbar gegenüber dem See an der Straße gelegen), der für Kinder und Anfänger sehr gut geeignet ist, und der Forêt du Mont Blanc, ein Abenteuerpark bei Les Houches (0033 662 672 851, www.indianaventures.com).
**HIGHLIGHTS**: Ein romatisches Dinner im Zwei-Sterne-Restaurant Hameau Albert 1er (38, Route du Bouchet, 74400 Chamonix-Mont-Blanc, 0033 450 530 509, www.hameaualbert.fr).
**LAGE**: Bei Chamonix am Fuße des Mont Blanc unweit der E25 (von Les Bossons aus beschildert).
**GEÖFFNET**: Mai bis Mitte Oktober.
**AUSGEBUCHT**: Ein landschaftlich fast ebenso schöner Campingplatz bei Chamonix ist Camping du Glacier d'Argentière (161, Chemin des Chosalets, 74400 Argentière, 0033 450 541 736, www.campingchamonix.com).

**Camping Le Grand Champ**, 167, Chemin du Glacier de Taconnaz, Les Bossons, 74400 Chamonix-Mont-Blanc, Frankreich

t 0033 450 530 483 | w www.chamonix.net/english/generic/1085

# les roulottes de la serve

Roulottes – die hölzernen Wohnwagen, mit denen früher Roma durch die Lande fuhren – erfreuen sich heute auf französischen Campingplätzen großer Beliebtheit. Manche Betreiber begnügen sich damit, ein paar serienmäßig gefertigte Wagen auf die Wiese zu stellen und zu einem bestimmten Preis pro Tag zu vermieten, andere bieten etwas Außergewöhnlicheres an.

Pascale und Pascaline gehören zu Letzteren: Drei Roulottes stehen auf ihrem idyllisch gelegenen bäuerlichen Anwesen fernab von allem hektischen Treiben. Aber drehen wir die Zeit um 20 Jahre zurück. Damals hatten die beiden ein paar Pferde, für die sie eine Weide brauchten. Sie fanden ein verfallenes Bauernhaus aus dem 19. Jahrhundert und machten es sich zur Lebensaufgabe, es zu restaurieren. Die Pferde hatten Glück – sie bekamen eine viel größere Weide, als sie sich jemals erträumt hatten.

Die erste Roulotte wurde den beiden von einem Karussellbesitzer aus der Gegend angeboten. Sie stellten sie auf eine Wiese und waren so begeistert davon, dass sie mehr solcher Wagen haben wollten. 15 Jahre und cincn 8 monatigen Trip durch Afrika und Indien später hatten sie drei Roulottes und ein paar wirklich gute Einrichtungsideen. Et voilà! Les Roulottes de la Serve war geboren.

Der Platz liegt wohltuend abseits ausgetretener Pfade. Nach einer Wanderung durch die Hügellandschaft um Les Ardillats im Haut-Beaujolais kommt man zu einer schmalen Landstraße und einem mit Bäumen und anderen Gewächsen zugewucherten Garten. Unter einem Baum steht ein randvoll mit Äpfeln gefüllter Karren. Ein mächtiger Bernhardiner liegt faul in der Sonne. Pferde zupfen mit weichen Lippen am grünen Gras. Es ist eine Szene wie gemalt.

Hinter dem Garten stehen die drei in leuchtenden Farben gestrichenen Roulottes und das inzwischen fast vollständig restaurierte Bauernhaus. Je nach Geschmack kann man wählen zwischen: der *Roulotte des Amoureux* mit 50er-Jahre-Flair, der *Roulotte des Manèges*, die eher die 20er Jahre in Erinnerung ruft, und der *Roulotte des Étoiles* voll orientalischem Zauber.

Für welchen der Wagen Sie sich auch entscheiden, Sie können sicher sein, erholsamen Schlaf in heimeligem und geschmackvollem Ambiente zu finden. Das Frühstück wird normalerweise im rustikal eingerichteten Esszimmer des Hauses eingenommen, kann aber auch gegen einen geringen Aufpreis gebracht werden.

Das Beaujolais ist eine von Weinbau und Landwirtschaft geprägte Region, was bedeutet, dass man hier Käse, Fleisch und Wein in hervorragender Qualität direkt vom Erzeuger beziehen kann – ein guter Grund,

Ausflüge in die Umgebung zu machen und die Waren zu probieren. Zum Glück kann man die angefressenen Pfunde auf vielen Routen in der Gegend zu Fuß oder mit dem Fahrrad leicht wieder abarbeiten.

Les Roulottes de la Serve liegt direkt am Jakobsweg, und es fehlt nicht an interessanten Punkten, an denen man auf seinen Ausflügen Halt machen kann. Freunde von Bioweinen werden sich auf der Domaine du Crêt de Ruyère (www.cretderuyere.com) wohlfühlen, einem kleinen, aber sehr schönen Weingut oberhalb von Villiér-Morgon.

Auch einige der Städte in der Umgebung sind einen Besuch wert. In Avenas beispielsweise gibt es eine hübsche kleine Kirche (und ein Spitzenrestaurant, s. u.). Im 10 km entfernten Beaujeu, der Hauptstadt des Beaujolais kann man Angeltouren buchen (nähere Informationen an der Rezeption). Etwa 30 km entfernt liegt die Stadt Cluny mit ihrem weltberühmten Benediktinerkloster.

Versäumen Sie auf keinen Fall, einen Blick in Pascals Werkstatt zu werfen. Von Haus aus Schreiner und Restaurator baut er jetzt nach Kundenwünschen gefertigte Roulottes, die er in ganz Frankreich verkauft. Zusammen mit seiner Frau hat er es geschafft, in Les Roulottes de la Serve ein authentisches Gefühl von »Zigeunerfreiheit und ländlichem Leben« entstehen zu lassen.

**PLUSPUNKTE**: Einzigartiges Zigeunerleben-auf-dem-Bauernhof-Gefühl.
**MINUSPUNKTE**: Es ist schwer zu finden, man muss die Hinweisschilder mit Argusaugen suchen – und mit öffentlichen Verkehrsmitteln gelangt man nicht direkt vor Ort.
**KOSTEN**: 2 Personen € 60 pro Tag (Frühstück inbegriffen).
**AUSSTATTUNG**: Im Haupthaus, in dem auch das Frühstück serviert wird, stehen den Gästen Toiletten, Duschen und eine Küche zur Verfügung.
**ESSEN UND TRINKEN**: Das beliebteste Restaurant der Gegend ist das Fût d'Avenas (69430 Avenas, 0033 474 699 076). Hier bereiten Émile und Julien, ein hippes junges Paar, auf der Grundlage frischer regionaler und saisonaler Erzeugnisse täglich wechselnde Menüs zu. Außerdem gibt es Wochenmärkte in Cluny (Samstag), Villefranche (Montag) und Belleville (Dienstag).
**FAMILIENAKTIVITÄTEN**: Für Kinder gibt es in der Umgebung mehrere Baumkletterschulen und ein gut ausgebautes Radwegenetz. Die Association de Rollers Clunisois (0033 385 502 996) bietet Inlineskatekurse für Anfänger und Fortgeschrittene an.
**HIGHLIGHTS**: Eine Heißluftballonfahrt über dem Beaujolais, buchbar in Cluny bei Montgolfière Air Escargot (0033 385 871 230).
**LAGE**: Bei Ouroux im Süden der Bourgogne, 20 km südwestlich von Mâcon
**ÖFFENTLICHE VERKEHRSMITTEL**: Mit Bahn oder Bus bis Belleville, von hier kann man im Voraus einen Abholtermin vereinbaren.
**GEÖFFNET**: April bis Oktober.
**AUSGEBUCHT**: Es gibt eine ganze Reihe von Campingplätzen in der Gegend, aber besonders empfehlenswert ist die kleine Frühstückspension Ferme du Planet in Ouroux (0033 474 046 489). Der Besitzer, der Tierarzt der Stadt, hat das Haus aus Stein und Holz eigenhändig gebaut und betreibt die Pension zusammen mit seiner Familie. Der Preis für die unglaublich behaglichen Zimmer liegt bei € 50 – 60.

**Les Roulottes de la Serve**, 69860 Ouroux, Frankreich

t 0033 474 047 640 w www.lesroulottes.com

# tipis in folbeix

Können Sie ein Geheimnis für sich behalten? Es gibt zwei Arten von Campingplätzen: solche, von denen man jedem erzählen möchte, und solche, von denen man niemandem erzählen will, weil man sie am liebsten für sich alleine hätte. Nigel und Sheila Hardings Tipis in Folbeix in den verzauberten Wäldern des Départements Creuse gehören eindeutig zur zweiten Kategorie. Also – können Sie ein Geheimnis für sich behalten? Schön, dann wollen wir mal loslegen.

Dieser Campingplatz ist der Inbegriff einer umweltbewussten Lebensweise, und darin liegt sein größter Reiz. Im Schutz von Bäumen und Unterholz stehen sechs schneeweiße Tipis auf Podesten, deren Holz aus nachhaltiger Forstwirtschaft stammt, abends beleuchtet von Kerzenlaternen und Solarlampen. Und weil Nachhaltigkeit und Autarkie hier ganz groß geschrieben werden, liegen für die Gäste Kurbeltaschenlampen zum Gebrauch bereit.

Das Département Creuse gehört zum Limousin, das auch als das grüne Herz Frankreichs bekannt ist. Die historische Sprache der Region ist Okzitanisch, die galloromanische Sprache, in der die Troubadoure des Mittelalters von verlorener Liebe und düsteren Spelunken sangen. Obwohl die Sprache heute kaum noch gesprochen wird, finden sich Reste davon in dem schweren Dialekt der Region, der voller rauer, kehliger Vokale ist, wie sie typisch sind für das Grenzgebiet zwischen der Langue d'Oc des Südens und der Langue d'Oil des Nordens. Aber keine Angst, Sie werden sich, so fremd der Dialekt in Ihren Ohren anfangs auch klingen mag, bald daran gewöhnen und ihn als Französisch identifizieren. Dass sich der Dialekt hier so lange gehalten hat, ist vor allem ein Zeichen dafür, dass diese Ecke Frankreichs über Jahrhunderte hinweg sich selbst überlassen war.

Während überall in Frankreich das Straßennetz ausgebaut wurde, machten Franzosen wie ausländische Touristen einen Bogen um das Limousin. So blieb das galloromanische Erbe erhalten, der Dialekt setzte sich fest und die Wälder gediehen prächtig. Heute ist daraus ein wahres Abenteuerland geworden, wie geschaffen zum Reiten, Angeln, Radfahren und Wandern. Wenn Sie mit dem Auto gekommen sind (und es Ihre $CO_2$-Bilanz erlaubt), dann fahren Sie von Bourg-d'Hem nach Beausoleil durch das Gebiet, das als Pays de Trois Lacs (Drei-Seen-Land) bezeichnet wird. Hier führt die Straße steil bergab zu einem der drei Seen, in dessen stillem Wasser sich die umliegenden Wälder spiegeln.

Durch den besseren Ausbau der Straßen hat sich die Region inzwischen dem Tourismus stärker erschlossen. Ein Grund mehr, das Geheimnis für sich zu behalten und den Campingplatz zu besuchen, bevor sich die Kunde davon herumspricht. So könnten Sie, während andere Reisende den Geruch billigen Kerosins und an Bord verteilter Alkopops einatmen, Ihre Lunge mit erdig duftender Waldluft füllen.

Jedes Tipi steht auf seiner eigenen kleinen Waldlichtung, sodass ein Maximum an Privatsphäre gewährleistet ist. Es gibt Leute, die gleich nach der Ankunft zwischen den Bäumen verschwinden und erst wieder gesehen werden, wenn ihr Urlaub zu Ende geht. Vermutlich beobachten und belauschen sie die Tiere, die im Gehölz rumoren, oder sie baden in dem Schlammloch im Wald, wo sich Hirsche und Rehe gern tummeln. Allerdings lohnt es sich, von Zeit zu Zeit einen Abstecher zum Haus der Hardings zu machen. Erstens bekommt man dort gratis frische Gartenkräuter, um aufzupeppen, was immer auch über dem Lagerfeuer köchelt. Und zweitens sollte man sich auf keinen Fall die Ergebnisse von Sheilas produktivem Eifer entgehen lassen, als da wären Marmeladen und Chutneys aller Art sowie alkoholische und nichtalkoholische Getränke in verschiedensten Variationen, ein idealer Begleiter für das Leben in den grünen, schweigenden Wäldern von Folbeix.

**PLUSPUNKTE**: Naturnähe, Abgeschiedenheit und nachhaltige Lebensweise in einer wunderschönen Waldlandschaft.
**MINUSPUNKTE**: Bei nur 6 Tipis ist es unbedingt erforderlich, im Voraus zu buchen.
**KOSTEN**: Pro Tipi (bis zu 4 Personen) je nach Saison € 150–200 für 3 Tage, € 300–400 für 1 Woche (Frühstück mit Marmelade und frischem Brot aus dem Dorf inbegriffen).
**AUSSTATTUNG**: Gemeinschafts- und Frühstücksraum, Duschen und Toiletten sowie eine voll eingerichtete Küche sind in einem Neubau untergebracht.
**ESSEN UND TRINKEN**: Hier ist vor allem Selbstversorgung mit regionalen Produkten angesagt. Was man dafür braucht, bekommt man auf dem Wochenmarkt, der freitags in Châtelus-Malvaleix stattfindet, wo es auch einen Metzger und einen Bäcker gibt. Zum Ausgehen empfiehlt sich La Bonne Auberge in Nouzerines (s. u. »Highlights«).
**FAMILIENAKTIVITÄTEN**: Flusspferd am Schlammloch spielen.
**HIGHLIGHTS**: Ein Abendessen im Restaurant La Bonne Auberge (1, Rue des Lilas, 23600 Nouzerines, 0033 555 820 118). Sie bieten dort eine herrliche Auswahl an Rohmilchkäsesorten der Region – *délicieux*.
**LAGE**: Im Limousin, 100 km nordöstlich von Limoges, an der D990 bei Folbeix zwischen Châtelus-Malvaleix und Ladapeyre.
**ÖFFENTLICHE VERKEHRSMITTEL**: Mit dem Zug bis Guéret, von dort werden Sie nach Vereinbarung abgeholt.
**GEÖFFNET**: 1. Mai bis 31. August.
**AUSGEBUCHT**: Einen sehr schönen, ganzjährig geöffneten Platz, Camping Les Boueix, gibt es in Fleurat auf halbem Weg zwischen Guéret und La Souterraine (23320 Fleurat, 0033 555 418 681, www.campinglesboueix.com).

**Vacances de Tipi en France**, Folbeix, 23270 Ladapeyre, Frankreich

t 0033 555 809 026 | w www.vacanesdetipienfrance.com

# la vendette

La Vendette, ein Zeltplatz in bester Strandlage auf der kleinen Insel Noirmoutier unterhalb der Rhônemündung, gehört zu den Indigo-Plätzen der Huttopia-Kette. Es ist wie ein kleines Stück vom Mittelmeer, obwohl man hier schon fast in der Bretagne ist. Kein Wunder also, dass Renoir 1890 auf die Insel kam, um die schimmernden Grün- und Violetttöne im Schatten der Pinien einzufangen.

Alles hier – von den weiß getünchten Häusern mit Ziegeldächern und blau gestrichenen Fensterläden bis zum Blau des Meeres und den vielen Bäumen – erweckt den Eindruck, als sei man einige hundert Kilometer weiter im Süden. Wenn es das Wetter erlaubt, kann man gemütlich vor dem Zelt sitzen und zusehen, wie die Kinder im ruhigen Meer herumtollen, während in der geschützten kleinen Bucht die vor Anker liegenden Fischerboote auf dem Wasser schaukeln. In solchen Augenblicken wird man das Mittelmeer ganz sicher nicht vermissen. Es ist fast zu schön, um wahr zu sein.

Der Zeltplatz liegt zugegebenermaßen ein gutes Stück außerhalb der Stadt, wenn man über die Fahrstraßen läuft. Aber es gibt eine Abkürzung durch ein Naturschutzgebiet, die für den Autoverkehr geschlossen ist. Die Stadt selbst wirkt ein wenig verschlafen mit ihren weiß getünchten Häusern, der mittelalterlichen Burg und der romanischen ehemaligen Klosterkirche. Natürlich gibt es in der Stadt Touristen und auch Souvenirläden fehlen nicht, aber irgendwie hat sie sich ihren heimeligen Charme erhalten.

In Renoirs Tagen konnte man die Insel nur mit dem Schiff oder über eine backsteingepflasterte Verbindungsstraße namens Passage du Gois erreichen, die bei Flut gänzlich unter Wasser lag. Heute ist die Südspitze der Insel zwar durch eine Brücke mit dem Festland verbunden, aber wenn man den richtigen Zeitpunkt erwischt, macht es immer noch mehr Spaß, die alte Straße zu nehmen. Immerhin sorgt die abgeschiedene Lage und die etwas beschwerliche Zufahrt dafür, dass die Insel nicht überrollt wird vom Tourismus.

In der Stadt gibt es ein schönes Café mit Terrasse, unter deren gelber Markise man sitzen, seinen Milchkaffee schlürfen und genüsslich ein Schokoladencroissant essen kann, während man zusieht, wie die Welt vorbeizieht. So gestärkt hat man vielleicht Lust, zu den Salzgärten hinauszuschlendern, die heute noch so angelegt werden wie vor 1500 Jahren und der Hauptpfeiler der Wirtschaft dieser Gegend sind. Zur Salzgewinnung werden flache Gruben, so genannte Beete, gegraben, die sich mit Meerwasser füllen, das durch die Sonneneinwirkung allmählich verdunstet, sodass das Salz zurückbleibt. Das so gewonnene Fleur de Sel kann man neben dem frischen Fang der Inselfischer in der Stadt kaufen und anschließend auf dem Zeltplatz eine wirklich gesalzene Mahlzeit zubereiten.

Suchen Sie sich einen Platz an vorderster Front am Strand oder ein Stück weiter weg im Schatten der Pinien – hier gibt es garantiert keinen gepflegten Rasen mit zischenden Sprinklern. Kicken Sie einfach ein paar Pinienzapfen zur Seite und bauen Sie Ihr Zelt zwischen den Bäumen auf (*Pinus pinaster*, falls Sie arboretisch interessiert sind – sie wurden im 19. Jahrhundert gepflanzt, um dem sandigen Boden Halt zu geben, der in der Tat ein bisschen instabil ist – besonders für Zeltheringe).

Der Bois de la Chaize, wie das Gebiet heißt, ist eine urwüchsige, von unzähligen Vögeln belebte Waldlandschaft. Wenn Sie Ihren Fisch verspeist haben und sich vom Campingplatz aus nach links wenden, gelangen Sie auf dem Weg zwischen Pinien, Mimosen und Stechpalmen zu einer Marschwiese und einer kleinen Bucht. Und wenn Sie Glück haben, sehen Sie vor dem Hintergrund der soeben untergehenden Sonne wie auf einer Postkarte die Silhouette der Stadt samt Burggemäuer und Kirche.

**PLUSPUNKTE**: Fantastischer Campingplatz in allerbester ruhiger Strandlage – näher am Meer geht es nicht.

**MINUSPUNKTE**: Die Plätze ganz vorne am Strand sind im Sommer schnell belegt, man sollte also rechtzeitig im Voraus buchen.

**KOSTEN**: Je nach Saison € 12,90–19,20 pro Tag für einen Stellplatz (2 Personen, 1 Pkw und 1 Zelt), Stellplatz am Meer € 14,90–23,10. Jede weitere Person € 3,20–4,60, Kinder von 2–7 Jahren € 1,50–2,50. Stromanschluss € 5,40.

**AUSSTATTUNG**: Nicht ganz das Niveau des Huttopia-Platzes in Versailles (s. S. 147), aber vollkommen ausreichend. Viele Duschen, Toiletten und Waschgelegenheiten. Waschmaschinen und Trockner, die mit an der Rezeption erhältlichen Chips betrieben werden.

**ESSEN UND TRINKEN**: Jeden Morgen kommt ein Bäcker mit Brot und Gebäck auf den Platz, den Sie am besten vor der Rezeption abfangen. Königlich speisen kann man im Le Grand Four an der Ecke oberhalb der Burg (0033 251 396 197, www.legrandfour.com).

**FAMILIENAKTIVITÄTEN**: Planen Sie Ihre Anreise so, dass Sie bei Ebbe ankommen, und nehmen Sie die berühmten Passage du Gois, die 4,5 km lange Verbindungsstraße zwischen Insel und Festland, die bei Flut unbefahrbar ist.

**HIGHLIGHTS**: Noirmoutier ist ein Zentrum der Salzgewinnung und des Salzhandels und es gibt einen hübschen kleinen Laden namens Château de Sel gegenüber der Burg, wo man allerlei Produkte rund ums Salz kaufen kann.

**LAGE**: Auf der Île de Noirmoutier, 80 km südwestlich von Nantes.

**GEÖFFNET**: Anfang April bis Anfang Oktober.

**AUSGEBUCHT**: Gleich nebenan, aber ohne direkten Zugang zum Strand, liegt das Camping Municipal Le Clair Matin (0033 251 390 556), eine schöne Anlage mit einigen Schattenplätzen und und einigen Stellplätzen auf einer gerodeten Wiesenfläche an der Straße.

**Camping Indigo La Vendette**, Bois de la Chaize, 23, Allée des Sableaux, 85330 Noirmoutier-en-l'Île, Frankreich

t 0033 251 390 624 | w www.camping-indigo.com/de/kontaktinformationen-camping-Noirmoutier-frankreich.html

# les roulottes

Das Loiretal, eine der meistbesuchten Touristenattraktionen Frankreichs, ist unerfreulicherweise übersät mit gigantischen Wohnwagenparks, die ihren Schildern zufolge Partnerschaften mit so ziemlich jedem Caravanclub Europas pflegen. Sie werden sich also glücklich schätzen, wenn Sie Monsieur Arnaud Séné ganz in der Nähe des Örtchens Huisseau-sur-Cosson bei Blois ausfindig machen.

Dass Les Roulottes, ein Ensemble altmodischer Zigeunerwagen in einem stillen Winkel der Region, so schwer zu finden ist, ist durchaus Absicht. Arnaud, der wortkarge, aber sehr entgegenkommende Eigentümer des Platzes, macht keine Werbung und stellt auch keine Hinweisschilder auf. Das würde nur Neugierige und Gaffer anlocken, meint er. Nein, nur wer sich die Mühe macht, den Ort aufzuspüren, hat es verdient, hier zu Gast zu sein. Warum? Weil Arnaud seine 3 Wohnwagen, die alle authentisch sind, ausgesprochen ernst nimmt.

Die 3 Wagen – ein malvenfarben und olivgrün gestrichener aus den 1970er Jahren für 2 Personen, ein rot und grün gestrichener aus den 1930er Jahren für 3 Personen und ein als Küchen- und Badwagen ausgebautes, ebenfalls rot und grün gestrichenes 1950er Modell – werden als Ensemble vermietet. Zusätzlich hat Arnaud 2009 einen spektakulären Wohnwagen mit Holzrädern aus dem 19. Jahrhundert restauriert – als trautes Ferienheim für zwei mit Doppelbett und eigenem Bad. Paare mit Kindern können einen offenbar für Winzlinge entworfenen Miniwohnwagen aus den 1980er Jahren dazumieten.

In einer kleinen, von Bäumen umstandenen Senke unweit einer Brücke gelegen, schmiegt sich der Platz an die Uferböschung eines Flüsschens, das so träge dahinfließt, dass es aussieht wie ein langgezogener Teich. Hier ist es so einsam, wie man es sich nur wünschen kann, und so still wie eine Pantomime von Marcel Marceau.

Die Wohnwagen sind um einen Grasstreifen mit offener Feuerstelle arrangiert. Wenn man abends hier sitzt und vor der untergehenden Sonne sein Nachtmahl bereitet, während sich um einen herum immer tiefere Stille ausbreitet, glaubt man fast, aus der Ferne die klagenden Weisen von Zigeunergeigen zu hören. Wenn Sie (wieder einmal) mit Kochen dran sind, erzählen Sie den anderen doch die Geschichte des berühmten Sohnes der Region, Denis Papin, der im 17. Jahrhundert den Dampfkochtopf erfunden hat.

Am Morgen nach einer wahrscheinlich zum ersten Mal seit Jahren durchschlafenen Nacht haben Sie sicher keinen anderen Wunsch, als am Fluss zu sitzen und zuzusehen, wie die Angelrute von Zeit zu Zeit zuckt,

oder sich in die zwischen Bäume gespannte Hängematte zu legen, auf einem Grashalm zu kauen und den Hut über die Augen zu ziehen. Aber trödeln Sie nicht zu lange herum, denn es gibt jede Menge zu tun. Schließlich befinden Sie sich im Loiretal, nicht weit entfernt von Blois, einer der schönsten Städte am ganzen Fluss.

Machen Sie, bevor Sie nach Blois hineinfahren, am Südufer Halt und bewundern Sie den Blick auf das berühmte Schloss gegenüber. Überhaupt kommen architekturbegeisterte Besucher voll auf ihre Kosten: Von Gotik über Renaissance bis Klassizismus ist hier alles vertreten. Versuchen Sie, sich nicht in den verwinkelten Gässchen der Altstadt zu verlaufen, und lassen Sie sich auf keinen Fall einen Besuch der Tour Beauvoir aus dem 11. Jahrhundert entgehen. Hier hat die Geschichte der Stadt begonnen, und nirgendwo erfährt man so hautnah wie hier, dass Blois in den 900 Jahren, die seither vergangen sind, mehr Mord und Totschlag, Ränke und Intrigen erlebt hat als unsereiner an einem verregneten Wochenende beim Cluedospielen mit den Schwiegereltern. Eine schillernde Vergangenheit, ohne Zweifel, aber nichts gegen das Heute – in Form der fröhlich gestrichenen Hütten auf vier Rädern, die Sie zurück an Ihrem Ausgangspunkt wieder erwarten.

**PLUSPUNKTE**: Die Art von »Zigeunerfreiheit«, von der man träumt.
**MINUSPUNKTE**: Man muss sein eigenes Bettzeug mitbringen, und bei nur 3 Wagen ist rechtzeitiges Vorausbuchen ein Muss.
**KOSTEN**: Das Ensemble der 3 Wohnwagen (maximal 5 Personen) kostet pro Woche in der Hauptsaison/Nebensaison € 450/310, Montag bis Freitag € 380/250, für ein Wochenende € 200/150.
**AUSSTATTUNG**: Dusche und Toilette in nur einem der 3 Wagen, die allerdings sind tadellos sauber und gepflegt. Fahrräder und Kanus werden für die Dauer des Aufenthalts zur Verfügung gestellt.
**ESSEN UND TRINKEN**: Kochen Sie sich selbst etwas auf dem offenen Feuer. Einer der Wagen ist zwar mit Kochplatte und Mikrowelle ausgestattet, aber Sie wären schön blöd, wenn Sie auf das authentische Erlebnis verzichten. Ansonsten gibt es in Blois das bei den Einheimischen beliebte Restaurant Au Bouchon Lyonnais (25, Rue des Violettes, 41000 Blois, 0033 254 741 287, www.aubouchonlyonnais.com), wo man in anheimelnd altmodischem Ambiente eine Mischung aus traditioneller regionaler Küche und Gerichten aus der Gourmetstadt Lyon serviert.
**FAMILIENAKTIVITÄTEN**: Besuchen Sie mit Ihren Kindern die Zirkusschule École de Cirque Micheletty im nahegelegenen St-Jean-de-Braye (0033 238 551 398), wo sie sich als Jongleure, Akrobaten und Clowns betätigen können.
**HIGHLIGHTS**: Ein Ausflug zum berühmten Château de Chambord, dem größten und meistbesuchten Schloss an der Loire, mit seinen riesigen Parkanlagen. Es ist nur eine kurze Autofahrt dorthin, aber es lohnt sich, einen ganzen Tag einzuplanen und bis zum Einbruch der Dunkelheit zu warten, wenn das Schloss im Schein bunter Lichter erstrahlt.
**LAGE**: Im Loiretal bei Huisseau-sur-Cosson auf halbem Weg zwischen Orléans und Tours (genaue Wegbeschreibung auf Französisch auf der Homepage).
**GEÖFFNET**: Ende März bis Weihnachten.
**AUSGEBUCHT**: Direkt in Huisseau-sur-Cosson, gleich hinter dem Friedhof, liegt der sehr angenehme Platz Camping de Chatillon (6, Rue de Chatillon, 41350 Huisseau-sur-Cosson, 0033 254 203 526).

**Les Roulottes**, Les Marais, 41350 Huisseau-sur-Cosson, Frankreich

t 0033 667 749 493 w www.lesroulottes.net

# huttopia versailles

*Utopia*, Thomas Morus' 1516 veröffentlichter Entwurf einer idealen Gesellschaft, ist vielleicht nicht das, was man sich als philosophische Grundlage einer Campingplatzkette vorstellt. Aber genau das nimmt die Unternehmensleitung dieser Kette für sich in Anspruch: Ihre Plätze mit Zelten, Zigeunerwagen und Ferienhäuschen sollen eine Art Hütten-Utopia sein, eben Huttopia. Na ja, irgendwie klingt es auf Französisch einfach viel besser.

Die Philosophie des Unternehmens ist eine Rückbesinnung auf Zeiten, als die Menschen noch einfacher und im Einklang mit der Natur lebten. Natürlich werden heute nur wenige das Werk Thomas Morus' kennen, aber stellen Sie sich Al Gore in Strumpfhosen und Wams vor, dann haben Sie schon das richtige Bild.

Ziel bei der Anlage des Platzes war es, eine natürliche, von menschlichen Einflüssen möglichst wenig veränderte Umgebung zu erhalten. Es wurden also weder Bäume gefällt noch Bodenflächen geebnet oder landschaftsgestalterische Eingriffe unternommen. So hat man nun ein Stück Land auf einer Anhöhe am Rand des Waldes von Viroflay im Südwesten von Paris.

Auf den Huttopia-Plätzen werden drei Arten von Unterkünften vermietet: Holzhütten, in denen bis zu 6 Personen Platz haben, Zigeunerwagen, die mit einem Doppelbett und 2 Stockbetten für 4 Personen ausgestattet sind, und Zeltbungalows für 5 Personen für diejenigen, die ohne das Geflatter von Zeltplanen einfach nicht schlafen können.

Selbstverständlich kann man auch sein eigenes Zelt mitbringen. Dem Huttopia-Konzept entsprechend nehmen Hütten und Wohnwagen maximal 30 Prozent der verfügbaren Fläche ein.

So löblich das Konzept auch sein mag, jeder weiß, dass auch eine ideale Gesellschaft nicht vollkommen ist. Selbst in Thomas Morus' *Utopia* durfte jeder Haushalt ein paar Sklaven beschäftigen (die es hier nicht gibt) und abgesehen davon hat Heinrich VIII. den armen Mann am Ende ohnehin einen Kopf kürzer gemacht. Auch in Versailles wurden bei der Utopie ein paar Abstriche gemacht.

Zum einen gibt es da einen wenig umweltfreundlichen Swimmingpool. Allerdings muss man schon ein Puritaner unter den Naturschützern sein, um in der Hitze eines Pariser Sommers auf diesen Luxus zu verzichten. Zum anderen spürt man auf dem Platz einen gewissen konfektionierten Unternehmensgeist. Man ist sich bewusst, dass die sehr freundlichen und hilfsbereiten jungen Menschen, die hier arbeiten, den Platz nicht in eigener Regie führen, sondern bei einem Großunternehmen angestellt sind.

Wenn man aber von diesen unwesentlicheren Bedenken absieht, funktioniert das

Konzept erstaunlich gut und der Platz ist fantastisch. Als Ausgangsbasis für ein Wochenende in Paris ist er unschlagbar. In 20 Minuten ist man mit dem Regionalzug im Stadtzentrum, und zum Versailler Schloss, das sicher einen Besuch wert ist, sind es 20 Minuten zu Fuß. Hier könnte sich Ihr leiser Unmut über die Wasserverschwendung für den Swimmingpool in glühende Entrüstung verwandeln angesichts der zahllosen Springbrunnen, künstlichen Seen und Rasensprenger in den Parkanlagen. Eine solche Schönheit ist nicht natürlich, sagen Sie vielleicht. Klar – aber sehen Sie sich doch nur einmal um. Dies ist die vielleicht schönste Parkanlage der Welt. Und irgendwo zwischen der Naturbelassenheit von Huttopia und der künstlich geschaffenen Vollkommenheit von Versailles liegt der Kompromiss, in dem sich die meisten von uns ganz behaglich eingerichtet haben.

**PLUSPUNKTE**: Ein ernsthafter Versuch, in urbaner Umgebung Naturnähe zu erhalten und Umweltbewusstsein zu fördern.
**MINUSPUNKTE**: Die Nähe zu Paris hat zur Folge, dass hier nicht wenige biertrinkende, grillbegeisterte Teutonen und Britannier aufkreuzen, die eine preiswerte Alternative zu den Billigabsteigen in der Metropole suchen. Dadurch kann es spätabends und nachts sehr laut werden.
**KOSTEN**: Je nach Saison € 22,90 – 32,90 pro Tag und Stellplatz (2 Personen, 1 Zelt, 1 Pkw), jede weitere Person € 6,20 – 8,70, Kinder von 2 – 7 Jahren € 3 – 4,50. Stromanschluss € 4,95.
**AUSSTATTUNG**: Pool, Grillplatz, 3 große und sehr gepflegte Sanitärhäuser mit Duschen, Urinalen, Toiletten und Spülbecken, Rezeption mit kostenlosem Internetzugang.
**ESSEN UND TRINKEN**: In der Poolbar vor Ort bekommt man Pizza, Steak, Salat und Bier, alles zwar leidlich gut, aber nichts Besonderes. Doch hier ist man schließlich in Paris (oder zumindest nahe dran) und die Welt der gastronomischen Genüsse ist nur eine kurze Zugfahrt entfernt.
**FAMILIENAKTIVITÄTEN**: Der Besuch des Schlossparks von Versailles ist kostenlos, aber es lohnt sich, den Eintrittspreis von € 13,50 (€ 10 nach 15 Uhr) für die Schlossbesichtigung zu bezahlen und sogar noch ein paar Euro draufzulegen, um in den Genuss der Grandes Eaux Musicales zu kommen, zu klassischer Musik choreografierte Wasserspiele, die allerdings nur an den Wochenenden stattfinden und abends am schönsten anzusehen sind.
**HIGHLIGHTS**: Sie sind am perfekten Ort, um *Utopia* von Thomas Morus zu lesen.
**LAGE**: Am südöstlichen Rand von Versailles, 10 km westlich von Paris.
**ÖFFENTLICHE VERKEHRSMITTEL**: Die Station Porchefontaine der Regionallinie RER C, die regelmäßig zwischen Paris Mitte und Versailles verkehrt, ist nur wenige Gehminuten vom Campingplatz entfernt.
**GEÖFFNET**: Mitte März bis Anfang November.
**AUSGEBUCHT**: Etwa 25 km weiter westlich in Rambouillet liegt ein weiterer Huttopia-Platz (Route du Château d'Eau, 78120 Rambouillet, 0033 130 410 734).

**Huttopia Versailles**, 31, Rue Berthelot, 78000 Versailles, Frankreich

t 0033 139 512 361 | w www.huttopia.com

# le brévedent

Dies ist zweifellos einer der nobelsten Zeltplätze in ganz Frankreich. Er liegt im Park eines ehemaligen Jagdschlosses aus der Zeit Ludwigs XVI. und die großzügigen Stellplätze verteilen sich am Ufer eines kleinen Sees, im Obstgarten unter Apfelbäumen und am Rand eines Wäldchens. Das Anwesen befindet sich seit 400 Jahren im Besitz der gleichen Familie und wird seit vier Generationen als Campingplatz betrieben. Raphaël Guerrey, der die Leitung des Platzes erst kürzlich von seiner Mutter übernommen hat, wird von seiner Frau und seinem Sohn (der fünften Generation) unterstützt.

Dass Le Brévedent ein Campingplatz geworden ist, ist zum Teil eine Folge des Zweiten Weltkrieges. Das von den Deutschen beschlagnahmte Schloss war schwer beschädigt worden, als ein alliierter Flieger vor seiner Bruchlandung im Wald versehentlich noch seine Bombenladung darauf fallen ließ. Um die Kosten für die Reparaturarbeiten aufbringen zu können, beschloss der Marquis de Chabannes La Palice – Raphaëls Urgroßvater –, Apfelbäume zur Vermarktung der Früchte zu pflanzen, Kalk aus seinen Wäldern an die Bauern der Region zu verkaufen und Teile seines Grundstücks an Camper zu vermieten.

Auftrieb erhielt sein Unternehmen 1957, als Georges Pilliet zur Unterstützung französischer Schlossherren beim Erhalt ihres Erbsitzes den Verband Les Castels gründete. Le Brévedent wurde 1965 Mitglied der Gruppe.

Die Idee, Schlösser und Adelshäuser für Camper zu öffnen, erwies sich zur Überraschung aller Beteiligten als durchschlagender Erfolg, führte aber auch zu allerlei Missverständnissen bei Gästen, die sich plötzlich der Illusion aristokratischer Abgehobenheit hingaben. So war ein früher Besucher ziemlich konsterniert, als er feststellen musste, dass als förmliche Abendgarderobe beim Dinner mit dem Marquis kein Smoking vorgeschrieben war.

Seien Sie unbesorgt, es gibt hier keine Kleidervorschriften, und Sie werden feststellen, dass der Umgang der Familie Guerrey mit ihren Gästen ausgesprochen herzlich und locker ist. Die Guerreys sind eine unterhaltsame Gesellschaft, wenn man einen Abend in der Bar im Herrenhaus, die um 21 Uhr geöffnet wird, mit ihnen verbringt. Ob es die Geschichte des Schlosses oder der Familie ist – deren Stammbaum 1000 Jahre zurückreicht –, die französische Politik oder die Unzulänglichkeiten der Briten in der Landwirtschaft, es gibt kein Thema, über das sie nicht angeregt mit ihren Gästen debattieren würden. Einige dieser Gäste waren inzwischen schon so oft da, dass sie Le Brévedent praktisch als zweite Heimat betrachten. Raphaël ist im Übrigen auch ein begeisterter

Musiker und jederzeit zu einer Jamsession bereit, wenn zufällig jemand mit einer Gitarre des Weges kommt. Er veranstaltet sogar Musikabende auf der Terrasse des Hauses, an denen sich jeder, der Lust hat, beteiligen kann. Sie werden allerdings nicht bis tief in die Nacht ausgedehnt, und es ist wahrscheinlicher, dass Sie von einem Apfel geweckt werden, der neben Ihrem Zelt ins Gras fällt, als von irgendetwas anderem.

Es könnte aber auch der Lieferwagen des Bäckers sein, der die erste Ladung frisch gebackenen Brotes bringt. Wenn das Motorgeräusch Sie nicht weckt, dann ganz sicher der Geruch. Versuchen Sie mal, im Schlafsack zu bleiben, während Ihnen der Duft von Schokoladencroissants, die gerade erst weich und warm aus dem Backofen geholt wurden, in die Nase steigt. Da sind Sie schneller in den Culotten, als der Herr Marquis »Parbleu!« rufen kann.

Doch das wird die einzige Gelegenheit sein, bei der Sie in Le Brévedent eine solche Hast an den Tag legen. Sie passt einfach nicht zu diesem Ort.

**PLUSPUNKTE**: Eine ungewöhnliche Familie, ein wundervolles Haus, ein See und ein Garten voller Apfelbäume.
**MINUSPUNKTE**: Da fällt uns einfach nichts ein.
**KOSTEN**: Je nach Saison pro Tag € 7–9 für 1 Zelt oder 1 Wohnwagen, € 5,20–6,70 für 1 Erwachsenen. Kinder bis 6 Jahre € 2,20–3,50, von 7–12 Jahren € 3,35–4,50. Stromanschluss € 2,45–3,20.
**AUSSTATTUNG**: Tipptopp. Die Sanitäreinrichtungen könnten als Beispiel gelungener Innenarchitektur in *Schöner Wohnen* abgebildet sein.
**ESSEN UND TRINKEN**: Bäckerei und Konditorei findet man in Blangy-le-Château. In der kleinen Bar in Le Brévedent wird Cidre ausgeschenkt (der Erzeuger ist ein Bauer aus der Gegend namens Edward Maclean, ein gebürtiger Schotte). Spezialität des Hauses ist ein superleckerer Aperitif aus Cidre, Cassis und Calvados. Es gibt vor Ort auch ein Restaurant, aber wenn Sie sich etwas wirklich Besonderes gönnen wollen, ist das Les Gourmandises (s. u., »Highlights«) zu empfehlen.
**FAMILIENAKTIVITÄTEN**: Im Park gibt es zwei Spielplätze mit Schaukeln, Klettergerüst und Karussell. Ein mächtiger Baum im Garten eignet sich hervorragend zum Klettern. Und wenn das nicht genug ist: Im Kinderclub werden nachmittags regelmäßig Spiele veranstaltet.
**HIGHLIGHTS**: Ein Dinner mit allen Schikanen bekommen Sie beim Sternekoch Bernard Vaxelaire, der im nahegelegenen Cormeilles ein fantastisches Restaurant namens Les Gourmandises (29, Rue de l'Abbeye, 0033 232 421 096) eröffnet hat, nachdem er genug hatte von der Pariser Schickeria.
**LAGE**: In der Normandie bei Blangy-le-Château, etwa 50 km südlich von Le Havre.
**GEÖFFNET**: Ende April bis September.
**AUSGEBUCHT**: Ein größerer, aber nach einem ähnlichen Konzept geführter Schloss-Campingplatz ist Château Le Colombier (14590 Moyaux, 0033 231 636 308, www.camping-lecolombier.com), 10 km weiter südwestlich, mit Swimmingpool und pittoreskem Taubenturm.

**Camping le Brévedent**, Route du Brévedent, 14130 Blangy-le-Château, Frankreich

t 0033 231 647 288 | w www.campinglebrevedent.com

# val d'or

Auf den ersten Blick ist Luxemburg eines dieser wenig bekannten kleinen Länder, die nicht einmal mit einem berühmten Sportler oder den Skandalen eines Promis von sich reden machen. Oder damit, dass sie im Eurovision Song Contest regelmäßig peinlich schlecht abschneiden. Luxemburg hat den Wettbewerb immerhin fünf Mal gewonnen. Am interessantesten ist vielleicht noch die Tatsache, dass es eine Fläche von nur 2586 km$^2$ hat. Doch in der ländlichen Region der Ardennen versteckt sich zwischen Bäumen im Tal der Clerve ein sehr schöner Teil dieser 2586 km$^2$ – das kleine Goldstück Val d'Or in Enscherange. Fred und Karin van Donk, das freundliche holländische Ehepaar, das den Platz seit 1991 führt, haben hier eine grüne Oase geschaffen, die mit dem mitten hindurchführenden Fluss der ideale Ferienort für Kinder ist. Die 110 Stellplätze liegen teils direkt am Fluss, teils weiter abseits hinter hohen Hecken verborgen für diejenigen, die etwas mehr Ruhe und Platz haben möchten.

Nicht, dass hier normalerweise der Bär los wäre. Enscherange hat 140 Einwohner, und die einzige Kneipe im Dorf, das Bistro »Beim Renée«, ist so klein, dass man das Gefühl hat, in jemandes Wohnzimmer geraten zu sein. Aber es ist genau der richtige Ort, um das Lied zu schmettern, mit dem Corinne Hermès 1983 den Eurovison Song Contest für Luxemburg gewonnen hat: »Si la vie est cadeau« – Wenn das Leben ein Geschenk ist.

**PLUSPUNKTE**: Zelten am Fluss im grünen Herzen des Großherzogtums.
**MINUSPUNKTE**: Der Zeltplatz liegt direkt an einer Bahnstrecke, auf der allerdings tagsüber nur wenige und nachts gar keine Züge verkehren. Der Lärm hält sich also in Grenzen, aber ein Nachteil ist es trotzdem.
**KOSTEN**: Pro Tag € 10 für 1 Stellplatz, € 5 für 1 Erwachsenen, Kinder bis 15 Jahre € 2.
**AUSSTATTUNG**: Ziemlich gut – allerdings braucht man einen digitalen Chip (für den man an der Rezeption ein Pfand von € 25 hinterlegen muss), um in den Genuss von warmem Wasser zu kommen. Man lädt ihn mit Bargeld auf und kann dann zusehen, wie der Betrag im 10-Sekunden-Takt um 3 Cent abnimmt.
**ESSEN UND TRINKEN**: Außer dem winzigen Bistro Beim Renée gibt es in Enscherange kein Lokal. Der nächstgelegene Supermarkt ist Aldi im etwa 10 km entfernten Marnach. Dort deckt man sich am besten mit Lebensmitteln ein und versorgt sich selbst.
**FAMILIENAKTIVITÄTEN**: Alles, was Sie brauchen, gibt es vor Ort: einen Fluss mit flachem Kieselstrand, Schaukeln, Rutschen und Klettergerüste aller Art und – last not least – einen Wasserspielplatz.
**HIGHLIGHTS**: Die brauchen Sie nicht. Halten Sie es mit Pu dem Bären, der sagt: »Manchmal sitze ich da und denke. Und manchmal sitze ich einfach nur da.«
**LAGE**: Bei Enscherange im Norden Luxemburgs, zwischen Eifel und Ardennen.
**ÖFFENTLICHE VERKEHRSMITTEL**: Enscherange liegt an der Bahnstrecke von Luxemburg (Stadt) nach Lüttich. Züge verkehren stündlich, der Bahnhof ist weniger als 1,5 km vom Zeltplatz entfernt. Sie werden dort abgeholt, wenn Sie dies im Voraus vereinbaren.
**GEÖFFNET**: April bis Anfang November.
**AUSGEBUCHT**: Einen 4-Sterne-Platz mit Schwimmbad findet man in der historischen Stadt Clervaux direkt am Ufer der Clerve (Camping Officiel de Clervaux, 33, Klatzewee, 9714 Clervaux, 00352 920 042, www.camping-clervaux.lu).

**Camping Val d'Or**, Um Gärtchen 2, 9747 Enscherange, Luxemburg

t 00352 920 691 | w www.valdor.lu

# campspirit

Wenn Sie einen Campingplatz nur per Schiff erreichen können, dann kann nur etwas Gutes auf Sie warten. Es verspricht nicht nur einen autolosen, sondern auch einen sorglosen Urlaub. Denn Sie lassen beides zurück, wenn Sie die 15-Minuten-Fahrt antreten und über das ruhige Veluwemeer gemütlich zu dem schilfumsäumten Refugium mit dem wunderbaren Namen CampSpirit hinüberschippern. Der auf der Insel De Kluut gelegene Campingplatz besteht aus einem Sammelsurium von Zeltbehausungen aus aller Welt. Sie haben die Wahl zwischen 6 Indianertipis (ein siebtes dient als Gemeinschaftszelt), einem schwedischen Tipi, 4 Saharazelten, einer mongolischen und einer sehr speziellen kirgisischen Jurte. Ein aus Pakistan stammendes Hochzeitszelt bietet den idealen Rahmen für die Entspannungsworkshops, die das ganze Jahr über angeboten werden.

Janneke und Doron haben dieses kleine Paradies, das im Sommer 2007 seine Pforten geöffnet hat, mit viel Liebe und Aufwand geschaffen. Sie haben nicht nur die Zelte eines nach dem anderen herbeigeschafft und wieder aufgebaut, sondern auch jedes Möbelstück eigenhändig gefertigt. Nachdem sie auf ihren Reisen durch Afrika viele Eindrücke gesammelt hatten, wollten sie hier etwas aufbauen, das sich von den üblichen holländischen Campingplätzen unterscheidet. Und das ist ihnen in der Tat gelungen. CampSpirit ist ein behaglicher Rückzugsort, an dem man sich weder um den Aufbau des Zeltes noch um die richtige Campingausrüstung zu kümmern braucht. Außer der notwendigen Kleidung, ein paar persönlichen Dingen und frischen Lebensmitteln muss man überhaupt nicht viel mitbringen. Vielleicht noch Thoreaus *Walden* als Urlaubslektüre. Alles andere steht für Ihren Gebrauch zur Verfügung. Also lehnen Sie sich zurück und entspannen Sie sich.

Die Zelte sind über eine Hälfte der kleinen Insel verteilt, die andere Hälfte ist unberührte Natur, Teil eines Vogelschutzgebietes. Die Tipis werden für 2 bis 6 Personen vermietet, in den Jurten haben 4 Personen reichlich Platz. Alle Zelte sind mit richtigen Betten mit bequemen Matratzen und bunten folkloristischen Überwürfen ausgestattet – Sie werden also schlafen wie ein Stein. Außerdem gibt es einen Herd und so ziemlich alles an Küchengeschirr und -geräten, was Sie sich vorstellen können, plus einen kleinen Speiseschrank mit Vorräten. In bequemer Nähe liegt der Gemüse- und Kräutergarten, von dem Sie sich jederzeit bedienen können. Wenn Sie also des Nachts der Hunger plagt, brauchen Sie nur hinauszuschlüpfen und ein Radieschen zu pflücken.

Die Saharazelte sind bestens für Alleinreisende geeignet. Ein gemeinsames Küchenzelt und ein Picknicktisch mit herrlichem Blick sollen den Gemeinschaftssinn auch hier fördern. Aber vielleicht ist Ihnen das alles zu aufdringlich, vielleicht sind Sie vollkommen glücklich, einmal ganz für sich allein zu sein – warum auch nicht? Wenn Ihnen danach ist, vom Rest der Welt in Ruhe gelassen zu werden, ist das in Ordnung, und wenn Sie sich gern unter Menschen mischen möchten, ist das Gemeinschaftszelt genau der richtige Ort für ein freundschaftliches Powwow am Lagerfeuer. Das ist CampSpirit.

Es ist weniger ein Zeltplatz als ein Refugium zum Zurücklehnen und Genießen. Auf der Insel mit ihrem Schutzwall aus schwankenden Schilfgräsern herrscht eine besondere Atmosphäre, die sich augenblicklich beruhigend auf die Seele auswirkt. Hier dürfen sich nicht mehr als 50 Besucher gleichzeitig aufhalten. Am Ende Ihres Urlaubs würden Sie wahrscheinlich die meisten von ihnen am liebsten mit nach Hause nehmen. Wer hier an einem der zahllosen schönen Fleckchen im Schatten der Bäume in der Hängematte liegt und auf den malerischen kleinen Hafen blickt, fühlt sich unweigerlich bis in die tiefste Tiefe entspannt. Cooler als in CampSpirit kann Zelten nicht sein.

Es ist also kein Wunder, dass man manchmal ziemlich traurige Gesichter sieht, wenn die Fähre mit denjenigen ablegt, die zum Festland zurückfahren und dort ihre Autos und hoffentlich nicht zu viele ihrer Sorgen wieder abholen müssen.

**PLUSPUNKTE**: Luxuscampen in einem Inselrefugium, mit echtem Feuer in den Zelten.
**MINUSPUNKTE**: Wie bei vielen dieser besonders schönen Plätze ist es hier nicht billig und die Fähre verkehrt nur vier Mal am Tag zwischen Insel und Festland.
**KOSTEN**: Informieren Sie sich am besten auf der CampSpirit-Website, da die Preise je nach Tipi- oder Jurtenmodell und saisonabhängig stark variieren. Bettwäsche muss extra bezahlt werden (€ 6 pro Person).
**AUSSTATTUNG**: Vier gepflegte Bungalows mit Duschen und Toiletten, Geschirrwaschbecken, Wäschetrockenplatz und ein kleiner Laden, in dem man Trockenfutter und Konserven kaufen kann. Die Tipis und Jurten sind mit einem Herd, Töpfen und Geschirr ausgestattet, die Bewohner der Saharazelte teilen sich ein Küchenzelt.
**ESSEN UND TRINKEN**: Das Sternerestaurant Basiliek in Harderwijk (Vischmarkt 57a, 0031 341 415 290) steht derzeit auf Platz 17 der Liste der 100 besten holländischen Restaurants. Das Gebäude, in dem die kulinarischen Köstlichkeiten serviert werden, war früher einmal eine Kirche.
**FAMILIENAKTIVITÄTEN**: Im Molecatenpark Flevostrand (s. u. »Ausgebucht«) werden Segelkurse angeboten. Und adrenalinsüchtige Achterbahnfreaks besuchen am besten den Abenteuerpark Walibi World in Biddinghuizen (www.walibiworld.nl).
**HIGHLIGHTS**: Zum Platz gehören ein großes Gemeinschaftszelt und ein pakistanisches Hochzeitszelt, in dem Workshops und Kurse (Malen, Mosaikkunst, Yoga, Reiki, Meditation u. a.) für alle interessierten Gäste angeboten werden. Kurse und Workshops finden regelmäßig, aber nicht täglich statt.
**LAGE**: Auf der Insel De Kluut im Veluwemeer zwischen den holländischen Provinzen Flevoland und Gelderland.
**ÖFFENTLICHE VERKEHRSMITTEL**: Mit dem Zug nach Harderwijk, dann mit dem Bus (Nr. 147) zum Flevostrand, von hier aus mit der Fähre zur Insel (Fahrplan auf der Homepage).
**GEÖFFNET**: Mai bis September.
**AUSGEBUCHT**: Wenn Sie nicht im Voraus gebucht haben, finden Sie gegenüber der Insel direkt am Strand einen Campingplatz der Molecatenkette (Camping Flevostrand, 0031 320 288 480, www.molecaten.nl/de/flevostrand).

**CampSpirit**, Strandweg 1, 8256 RZ Biddinghuizen, Holland

t 0031 630 364 723 | w www.campspirit.nl

# camping de roos

Wer im Camping de Roos seinen Urlaub verbringt, in dessen Gepäck darf eines nicht fehlen: Badehose oder Badeanzug, am besten in doppelter Ausführung. Denn das ist Voraussetzung für den erfrischenden Sprung in die Fluten der Vecht, die sich durch diesen weitläufigen Zeltplatz schlängelt.

Der Campingplatz, zwischen Ommen und Beerze in einem Gebiet von großer landschaftlicher Schönheit gelegen, besteht aus vielen von dicht wachsenden Bäumen umgebenen Wiesenhängen und erfreut sich der angenehmen Nachbarschaft von Waldbewohnern wie Rehen, Nachtigallen und Spechten.

Das Gelände ist so aufgeteilt, dass man trotz der 276 hauptsächlich von Wohnwagen eingenommenen Stellplätze selten das unangenehme Gefühl von Enge hat. Die einzelnen Plätze sind ausgesprochen geräumig, und durch die hügelige, mit Bäumen und Büschen bestandene und von gewundenen Pfaden durchzogene Landschaft entsteht der Eindruck eines viel größeren Areals, das jedem genug Bewegungsfreiheit bietet. Für Gäste, die mit dem Fahrrad oder zu Fuß unterwegs sind und vor allem die Ruhe und den Frieden der Natur genießen wollen, stehen zwei eigene Plätze zur Verfügung. Das Gefühl der Naturnähe wird aber auch dadurch gefördert, dass der gesamte Platz nur zum Be- und Entladen mit Autos befahren werden darf.

Der schonende Umgang mit der Natur gehört schon deshalb zu den Prinzipien des Unternehmens, weil es eine sehr seltene Ehre ist, einen Campingplatz in einem Naturschutzgebiet eröffnen zu dürfen. Duschen mit Zeitschalter, Abfallrecycling und die freundliche Aufforderung, keine Blumen zu pflücken, sorgen dafür, dass der Platz so wenig Einfluss auf die Natur nimmt wie nur möglich. Im Laden vor Ort kann man sich mit gesunden Lebensmitteln und umweltfreundlichen Wasch- und Putzmitteln eindecken und man bekommt das Regionalste aller regionalen Produkte, nämlich Eis, das auf einem nahegelegenen Bauernhof hergestellt wird und einen zweiten, dritten und vierten Besuch wert ist.

Auf diesem Campingplatz, dessen Betreiber das Wort »kinderfreundlich« auf eine neue Stufe heben, bildet fröhliches Kinderlachen eine ständige Geräuschkulisse. Das übliche »Mir ist so laaangweilig« werden Sie hier, wo es Volleyball- und Fußballplatz, eine Wiese zum Drachen-steigen-Lassen, eine Boulebahn und Gummiboote zum Fahren auf dem Seitenarm des Flusses gibt, garantiert nicht hören. Für gute Laune sorgt auch der Kiosk mit seiner verlockenden Palette an Süßigkeiten für die lieben Kleinen (und die Naschkatzen unter ihren Eltern). Darüber hinaus gibt es ein breites Freizeitangebot für Kinder für verregnete Tage. Die Hauptattraktion aber ist und bleibt der Fluss mit seinen vielen Möglichkeiten. Der Seitenarm ist flach genug zum Planschen, hat einen eigenen kleinen Sandstand und einen hölzernen Steg, von dem die Kinder sich nach Herzenslust mit Köpper oder Arschbombe ins Wasser stürzen können.

Die Flussdünenlandschaft der Umgebung, die sich irgendwann während der letzten Eiszeit geformt hat, ist durchzogen von Radwegen. Fahrräder kann man vor Ort ausleihen und man muss nur kurz in die Pedalen treten, um sich mitten in einer wunderbar stillen Waldlandschaft wiederzufinden. Und wenn Sie in diesem Urlaub auf alles verzichten wollen, was Räder hat, so führt der 72 km lange Vechttal-Wanderweg direkt durch das Campingareal.

Die außergewöhnliche landschaftliche Lage hat zur Folge, dass der Platz trotz aller Freizeitangebote und Kinderbelustigungen, die man hier findet, eine Ruhe und Gelassenheit ausstrahlt wie kaum ein anderer in Europa. Und wenn es Ihnen schwerfällt, sich auf die besondere Atmosphäre des Ortes einzustellen, lassen Sie sich einfach auf dem Fluss treiben und genießen Sie Mutter Natur, wie sie schöner nicht sein könnte.

**PLUSPUNKTE**: Idyllisch gelegener Waldcampingplatz mit sehr lockerer und entspannter Atmosphäre am Ufer der Vecht.
**MINUSPUNKTE**: Bei 276 Stellplätzen kann es einigermaßen wuselig werden. Der Platz ist eher für Familien mit Kindern geeignet und darum für Paare, die sich nach romantischer Zweisamkeit sehnen, vielleicht nicht das richtige Urlaubsziel.
**KOSTEN**: Je nach Saison € 14–18 für 2 Erwachsene, 1 Zelt/Wohnwagen/Campingbus und 1 Pkw. Jede zusätzliche Person ab 3 Jahren € 2,90–3,60. Kinder bis 3 Jahre kostenlos. Es werden auch Paketpreise angeboten.
**AUSSTATTUNG**: Auf dem Campingplatz gibt es einen Naturkostladen, in dem man nicht nur regionale Produkte, sondern auch warme Pizza und vegetarische Pasteten kaufen kann, außerdem ein Teehaus mit Kiosk am Seitenarm der Vecht. Die Münzwäscherei ist mit einer Bügelstation ausgestattet und man kann sich Kühlelemente ausleihen. Münztelefon und kostenloser Internetzugang werden ebenfalls angeboten. Die Sanitärhäuser sind geheizt, Warmwasser gibt es kostenlos, Hunde dürfen nicht mitgebracht werden.
**ESSEN UND TRINKEN**: Superleckere Pfannkuchen gibt es im Boerderij Restaurant De Gloepe in Diffelen (Rheezerweg 84a, 0031 523 251 231, www.degloepe.nl).
**FAMILIENAKTIVITÄTEN**: Machen Sie mit Ihren Kindern die Wolfspfad-Abenteuerwanderung durch den Wald mit. Auf der 2,5 km langen Strecke werden Spiele veranstaltet und die Kinder bekommen einen Rucksack mit Spielbeschreibungen, Aufgaben und einem Zauberkeks, der sie offensichtlich in Wölfe verwandelt. Infos und Rucksack (€ 5,95) gibt es bei der Touristeninformation in Ommen (Kruisstraat 6, 0031 090 011 223 75, www.vvvommen.nl).
**HIGHLIGHTS**: Bei einer Kanufahrt auf der Vecht das malerische Flusstal kennen lernen. Ein Bus bringt Sie an den Startpunkt, von dem aus Sie, ganz Ihrem eigenen Tempo folgend, mit dem Kanu zum Zeltplatz zurückkehren.
**LAGE**: Zwischen der Vecht und einem Seitenarm des Flusses in der Provinz Overijssel, etwa 6 km östlich von Ommen (genaue Wegbeschreibung, auch auf Deutsch, auf der Homepage).
**GEÖFFNET**: Mitte April bis Anfang Oktober.
**AUSGEBUCHT**: An der gleichen Straße in Richtung Ommen liegt der Campingplatz De Vogelsangh (0031 546 673 080, www.devogelsangh.nl).

**Camping de Roos**, Beerzerweg 10, 7736 PJ Beerze-Ommen, Holland

t 0031 523 251 234 | w www.camping-de-roos.nl

EXPLORER

# thyencamp

Paul und Marjo Tienkamps Sohn macht keinen Hehl daraus, dass er seine Eltern für Hippies hält. Selbst eingefleischter Stadtmensch und Anwalt, hat er erlebt, wie seine Eltern Anzug und Kostüm gegen Perlenschmuck, Bart, Shorts und Sandalen getauscht, sich einem Kreis von Umweltgruppen angeschlossen und im flachen Grasland von Drente einen Campingplatz mit Kunstgalerie eröffnet haben.

In Thyencamp sind 30 Stellplätze auf einer froschgrünen Wiese zwischen Obstbäumen, schattenspendenden Eichen und reich tragenden Beerensträuchern verteilt. Es ist der einzige klimaneutrale Campingplatz in Holland und die Eigner betreiben ihn um der Nachhaltigkeit willen sogar mit Verlust, so wichtig ist ihnen der Umweltschutz. Zum Glück gehen sie aber nicht so weit, ihren Gästen lehrreiche Vorträge zu halten oder ihnen vorzurechnen, welchen $CO_2$-Fußabdruck sie hinterlassen. Sie zeigen lieber durch ihr eigenes Beispiel, wie wir unseren Planeten mit einfachen kleinen Schritten schützen können, die uns nicht viel kosten – und diese Herangehensweise passt wunderbar zu der stillen, unverfälschten Natur dieses Campingplatzes.

Abgesehen davon, dass Strom hier mit Windrädern und Solarzellen gewonnen wird, benutzen die Tienkamps geldbeutelfreundliche LED-Leuchten, von denen die erste vor 25 Jahren gekauft und seither noch nie ausgetauscht wurde. Und sie haben auf der Schafweide und im Garten je drei Walnussbäume gepflanzt, die als Inbegriff der Nachhaltigkeit gelten können: Sie haben eine Lebensdauer von 250 Jahren, speichern Unmengen an Kohlendioxid, liefern nahrhafte und wohlschmeckende Nüsse und wertvolles Möbelholz.

Was Paul heute macht, ist sicher Lichtjahre entfernt von seinem früheren Leben als Versicherungsagent, aber er hat hier seine Bestimmung gefunden, und viele zufriedene Gäste kommen Jahr für Jahr wieder, weil die Ruhe und Gelassenheit, das Prinzip der Nachhaltigkeit und die schlichte Schönheit des Platzes und seiner Umgebung es ihnen angetan haben.

Wenn die Sonne herauskommt, sonnen sich die Camper auf der mit Klee übersäten Wiese oder sie halten ein Nachmittagsschläfchen unter schattenspendenden Zweigen. Auf der benachbarten Weide grasen träge Friesenrinder und in einem Graben schnattern Enten. Wenn Sie kein anderes Geräusch weit und breit hören als den Wind in den Zweigen der Bäume und hie und da einen stotternden Traktormotor, dann können Sie spüren, wie der Großstadtstress schneller verfliegt als der Tau mit Sonnenaufgang.

Ein kleiner Spielplatz hält die Kinder bei Laune, wenn sie nicht gerade unterwegs zum

Obstpflücken, auf einer Fahrradtour oder auf einer Wanderung sind. Und für alle, die ohne einen Abstecher in die Cyberwelt nicht leben können, steht ein Computer zur Verfügung.

Auch Kunstbeflissene kommen auf ihre Kosten. Ob abstrakte Skulpturen auf den Picknicktischen oder Vogelfiguren im Garten, überall stößt man auf Kunst in irgendeiner Form. Im Haupthaus zieren wunderbare Bilder die Flure, im Gemeinschaftssaal und im Obergeschoss werden regelmäßig Sonderausstellungen organisiert. Ein Ort wie geschaffen, um sich bei einem Glas Biobier vor der abendlichen Kühle zu schützen. Und am Morgen ist die Luft erfüllt vom Duft frisch gebackenen Brotes vom örtlichen Bäcker. Sie brauchen lediglich abends Ihre Bestellung aufzugeben, dann holt Paul am Morgen die kostbare Teigfracht mit seinem alten, flüssiggasbetriebenen Auto ab.

Umgeben vom gemächlichen Landleben der Provinz Drente, wo es mehr Radler als Autofahrer gibt, spiegelt der Campingplatz Thyencamp die lockere, umweltbewusste und liebenswerte Einstellung der Holländer, die dieses Land zu einem so reizvollen und zutiefst erholsamen Urlaubsziel macht.

**PLUSPUNKTE**: Idyllisches, friedliches, klimaneutrales Campen und liebenswerte Platzbetreiber obendrein.
**MINUSPUNKTE**: Die Abreise.
**KOSTEN**: Je nach Saison Wohnwagen € 4,05 – 4,50, Wohnmobil € 4,95 – 5,50, Zelt € 3,60 – 4, Kleinzelt € 2,50 – 3, pro Person € 3,15 – 3,50, Kinder bis 3 Jahre kostenlos. Es werden auch $CO_2$-neutrale Wohnwagen für € 20 pro Tag (Mindestaufenthalt 3 Tage) vermietet. Wer mit dem Fahrrad kommt, erhält einen 10-prozentigen Preisnachlass.
**AUSSTATTUNG**: Tipptopp gepflegte Sanitäranlagen mit je 2 Duschen und 2 Toiletten für Männer und Frauen. Waschmaschine (€ 3) und Wäschetrockner (€ 2) sind vorhanden, Biogetränke und Eiscreme aus fairem Handel bekommt man an der Rezeption. Für Kinder gibt es einen kleinen Spielplatz.
**ESSEN UND TRINKEN**: Was wären die Camper in Thyencamp ohne die Bäckerei Fledderus in Hooghalen? Hier können Sie sich mit Brot, Brötchen, Gebäck und Kuchen versorgen oder auf der Sonnenterrasse Eis in allen Geschmacksrichtungen genießen.
**FAMILIENAKTIVITÄTEN**: Mieten Sie Fahrräder oder schnüren Sie Ihre Wanderstiefel für einen Ausflug in die flache, malerische Landschaft von Drente. Das nahegelegene eisenzeitliche Grabhügelfeld Hijkerveld bietet sich zur Erkundung an. Die Wanderrouten sind 5 – 15 km lang.
**HIGHLIGHTS**: Schlagen Sie sich den Bauch mit frisch vom Baum gepflücktem Obst voll. Der Bauernhof der Familie Sturing an der Straße Richtung Hooghalen ist die richtige Adresse für Marmelade, Wein und Käse aus eigener Herstellung und für Obst aus dem eigenen Garten. Dort bekommt man auch Eier und frisches Brot, ideal für ein Frühstück vor dem Zelt.
**LAGE**: In der Provinz Drente im Nordosten Hollands, etwa 10 km südwestlich von Assen.
**ÖFFENTLICHE VERKEHRSMITTEL**: Mit dem Zug bis Assen, dort werden Sie netterweise nach Vereinbarung von Paul oder Marjo abgeholt.
**GEÖFFNET**: Mitte April bis Oktober.
**AUSGEBUCHT**: An der Straße, die von Thyencamp nach Hooghalen führt, liegt ein Minicampingplatz namens De Vogelpoel (0031 593 592 945, www.devogelpoel.nl) mit maximal 15 Stellplätzen auf dem Grundstück des Betreibers.

**Camping en Galerie Thyencamp**, Laaghalerveen 23, 9414 VH Hooghalen, Holland
t 0031 593 592 330 w www.thyencamp.nl

# lauwerszee

Anders als in dem meisten europäischen Ländern haben radfahrende Holländer Vorfahrt vor allen anderen Verkehrsteilnehmern. Ob Kind oder Greis, das bevorzugte Transportmittel ist in jedem Fall das Fahrrad.

Eine der besten Gegenden, um in die Pedale zu treten, ist der Nationalpark Lauwersmeer. Hobbyornithologen werden begeistert sein zu hören, dass hier 140 Vogelarten beheimatet sind, die sie im Flug oder auf dem Wasser schwimmend beobachten können.

Mit dem Rad ist man im Nu in dem winzigen Dorf Vierhuizen, über das, weithin sichtbar, eine große hölzerne Windmühle wacht. Der Campingplatz Lauwerszee liegt auf der anderen Seit des Dorfes, versteckt hinter dem gemütlichen Restaurant des Eigners, in dem die einheimischen Gäste (zum Glück nur die männlichen) ihre imposanten Schnurrbärte zur Schau stellen.

Der Campingplatz ähnelt einem Landschaftspark. Blühende Hecken und Baumgruppen sorgen für Schutz und Privatsphäre auf den Stellplätzen, über den mit Blumen gesprenkelten Wiesenflächen tummeln sich Schmetterlinge. Es ist genau die richtige Atmosphäre, um sich nach einem erlebnisreichen Fahrradtag entspannt zurückzulehnen.

**PLUSPUNKTE**: Ruhiger großzügiger Campingplatz in der Nähe eines Binnenmeers, das mit dem Fahrrad leicht zu erreichen ist.
**MINUSPUNKTE**: Dies ist das platte Land, erwarten Sie also nicht zu viel, was Kultur und Unterhaltung betrifft.
**KOSTEN**: Erwachsene € 3, Kinder bis 12 Jahre € 2 (bis 2 Jahre frei), Stellplatz € 3, Auto € 2, Stromanschluss € 3, Umweltabgabe € 1 pro Tag. Mindestgebühr € 9.
**AUSSTATTUNG**: Neu gebaute Sanitäranlagen mit Duschen und Toiletten, Kinderspielplatz, Fahrradverleih.
**ESSEN UND TRINKEN**: Das Restaurant Herberg auf dem Campingplatz ist in der Gegend bekannt für seine gute Küche. Die Speisekarte gibt es nur auf Holländisch, seien Sie also mutig und nehmen Sie etwas, das Sie partout nicht übersetzen können.
**FAMILIENAKTIVITÄTEN**: Besuchen Sie im nahegelegenen Anjum das winzige Senfmuseum und die Kerzenfabrik (in der Sie Ihre eigenen Kerzen ziehen können).
**HIGHLIGHTS**: Nehmen Sie an der schön gruseligen Vollmondwanderung durch das Marschland rund um das Lauwersmeer teil, die um 23 Uhr beginnt und um 2 Uhr morgens endet.
**LAGE**: Am Lauwersmeer in der Provinz Groningen im Norden Hollands, etwa 30 km nordwestlich der Stadt Groningen.
**ÖFFENTLICHE VERKEHRSMITTEL**: Mit dem Zug bis Groningen, von dort aus mit dem Bus Arriva 65 Richtung Zoutkamp (1,5 Stunden) bis Vierhuizen, die Haltestelle ist vor der Dorfkirche.
**GEÖFFNET**: Anfang April bis Ende Oktober.
**AUSGEBUCHT**: Das hat es nach Aussage der Betreiber noch nie gegeben, aber um ganz sicher zu gehen: Knapp 3 km weiter südlich in Zoutkamp am Lauwersmeer liegt der Campingplatz De Rousant (0031 595 447 150, www.rousant.nl).

**Camping Lauwerszee**, Hoofdstraat 49, 9975 VR Vierhuizen, Holland

t 0031 595 401 657 w www.camping-lauwerszee.nl

# uhlenköper

Wenn im August und September die Lüneburger Heide blüht, erstreckt sich ein Meer von Violett, so weit das Auge reicht. Die Landschaft ist so einzigartig, dass sie von Dichtern besungen wurde und Touristen in Scharen anzieht. Sie wird mit Heideblütenfesten gefeiert und alljährlich werden Heideköniginnen gekrönt.

Mitten in diesem Rausch aus Violett, im winzigen Westerweyhe bei Uelzen, liegt der beschauliche Öko-Campingplatz Uhlenköper. Die Betreiber Gertrud und Thomas Körding haben den Platz aufgeteilt in Bereiche für Dauercamper, für Wohnwagen, für Familienzelte und Autos und für Camper, die zu Fuß oder mit dem Rad unterwegs sind. Dazwischen verstreut liegen die Service- und Gemeinschaftseinrichtungen: eine mit Solarstrom ausgestattete Rezeption mit Sanitärblock, Restaurant und Bioladen, ein kleiner Spielplatz und – als Krönung des Ganzen – ein nagelneues Freibad mit Becken für Schwimmer und Nichtschwimmer.

Außerhalb des Campingplatzes bieten sich Kanufahrten auf der Ilmenau, Radtouren in die Umgebung oder auch ein Ausflug zum Naturpark Südheide an, wo man die schwarzweißen Heidschnucken beobachten kann – eine Abwechslung im violetten Einerlei.

**PLUSPUNKTE**: Ökologisch geführter Campingplatz mit Swimmingpool, günstig gelegen als Ausgangsort für Streifzüge durch die Lüneburger Heide.
**MINUSPUNKTE**: Das Campingareal ist eher klein und der Pool ist zu bestimmten Zeiten öffentlich zugänglich.
**KOSTEN**: Pro Tag € 19 für 2 Erwachsene, 1 Zelt und 1 Pkw (ohne Pkw € 17), Kinder € 2.
**AUSSTATTUNG**: Uhlenköper wurde für seine nachhaltige Betriebsführung mit dem EU-Umweltzeichen ausgezeichnet, was sich überall auf dem Platz bemerkbar macht – keine Chemikalien im Pool, im Laden Bioprodukte, ein Kräutergarten, aus dem sich jeder bedienen kann, und Solarstrom, soweit dies möglich ist. Die Sanitäranlagen sind modern und sauber. Das Restaurant bietet eine ansehnliche Auswahl an Gerichten.
**ESSEN UND TRINKEN**: Abgesehen vom platzeigenen Restaurant mit Sonnenterrasse liegt 2 Gehminuten entfernt der Dorfkrug, in dem man ein deftiges Schnitzel bekommt (nehmen Sie Ihre Tanzschuhe mit, sonntagabends ist Squaredance!). Ansonsten müssen Sie mindestens bis nach Uelzen fahren, wenn Sie auswärts essen wollen. Regionale Erzeugnisse von Eiern und Mehl bis Wurst und Käse können Sie im Hofladen des Bauckhofs in Klein Süstedt kaufen (0049 581 901 60, www.bauckhof.de).
**FAMILIENAKTIVITÄTEN**: Der große Pool hat einen abgetrennten flachen Bereich, in dem kleinere Kinder gefahrlos planschen können. Die Betreiber des Campingplatzes sind zertifizierte Kanuführer und bieten regelmäßig geführte Kanutouren auf der Ilmenau an. Man kann vor Ort auch Kanus und Fahrräder mieten und sich seine eigenen Wege suchen.
**HIGHLIGHTS**: Setzen Sie das i-Tüpfelchen auf Ihren Ökourlaub! Eine raffinierte Vollwertküche, totale Entspannung bei Shiatsumassagen sowie Pool und Sauna finden Sie im Biohotel Kenners LandLust in Dübbekold (0049 5855 979 300, www.kenners-landlust.de).
**LAGE**: In der Lüneburger Heide bei Uelzen, Ortsteil Westerweyhe, etwa 35 km südlich von Lüneburg.
**ÖFFENTLICHE VERKEHRSMITTEL**: Mit dem Zug nach Uelzen, von dort mit der Buslinie Weinbergstraße/Ebstorf bis zum Bahnhof Westerweyhe, von dort sind es noch 500 m Fußweg bis zum Campingplatz.
**GEÖFFNET**: Ganzjährig.
**AUSGEBUCHT**: Der Campingplatz Rote Schleuse (0049 4131 791 500, www.camproteschleuse.de), bei Lüneburg an der Ilmenau gelegen, ist eine gute Alternative. Die Atmosphäre ist angenehm locker, es gibt einen natürlichen Badesee, und an der Ilmenau entlang führt ein schöner Radweg nach Lüneburg hinein.

**Uhlenköper-Camp**, Festplatzweg 11, 29525 Uelzen, Deutschland

t 0049 581 730 44 · w www.uhlenköper-camp.de

# tentstation

Selbst wenn Ihnen die Vorstellung, Ihr Zelt mitten in der Stadt aufzubauen, gegen den Strich geht – schließlich geht es doch beim Campen darum, all das einmal hinter sich zu lassen –, werden Sie vielleicht die Möglichkeit begrüßen, in einer der lebendigsten Hauptstädte Europas eine preiswerte und unkonventionelle Unterkunft zu finden. Die Berliner Tentstation bietet das Beste aus zwei gegensätzlichen Welten: Es ist eine grüne Oase in einem Betondschungel, die Bequemlichkeit und Originalität miteinander verbindet. Allein die Tatsache, dass das Herzstück des Campingplatzes ein riesiges wasserloses Schwimmbecken ist, sorgt für ein gewisses Maß an Originalität – aber die Tentstation-Betreiber gehen noch weiter: Sie haben im größten Becken Badminton- und Volleyballnetze aufgebaut und veranstalten darin Filmabende, Livekonzerte und Performances, das kleinere Becken wurde in einen Sandkasten für die Jüngsten und ein Beachvolleyballfeld für ältere Kinder und Jugendliche verwandelt.

Der Campingplatz ist ein stillgelegtes Freibad, dessen Gebäude und Einrichtungen ähnlich den noch erhaltenen Resten der Berliner Mauer über und über mit Graffiti besprüht sind, was zur Folge hat, dass alles ein bisschen heruntergekommen wirkt. Aber Sie werden bald feststellen, dass der Platz trotz Graffiti und bröckelndem Zement gut gepflegt ist.

Die Philosophie des Betreiberteams, engagierte Wahlberliner zwischen 20 und 40, lautet: »Nichts ist unmöglich« – ganz wie es sich für Berlin gehört. Auf dem 8000 m² großen Areal haben 125 Zelte Platz, die auf den ehemaligen Liegewiesen um die Schwimmbecken herum aufgestellt werden können.

Auf der überdachten Tribüne wird im Sommer eine Bar betrieben, die bei Konzerten und an DJ-Abenden brechend voll ist. Das rechteckige Sanitärgebäude diente in alten Tagen den Badegästen als Umkleide- und Duschraum. Hier fühlt man sich wie in einer kommunalen Einrichtung, einem öffentlichen Schwimmbad eben, aber es hat den Vorteil, dass es auch dann, wenn der Platz voll besetzt sein sollte, noch groß genug für alle ist. In der Bar bekommt man ein Frühstück und kleine Snacks, und an der Rezeption kann man sich einen Grill ausleihen und Grillkohle kaufen.

Aber das Allerbeste an diesem Campingplatz – abgesehen davon, dass er autofrei und nur für Zelte offen ist – ist seine Nähe zu den Highlights der Großstadt. Von der Tentstation ist man in 5 Minuten am Hauptbahnhof und hier liegt Ihnen Berlin zu Füßen: Zum Brandenburger Tor und zum Reichstag sind es schlappe 15 Minuten, Sie können auf dem

Ku'Damm shoppen bis zum Umfallen (für wertvollere Käufe stehen auf dem Campingplatz jede Menge Schließfächer zur Verfügung), in den In-Kneipen von Berlin-Mitte abhängen, sich den Prenzlauer Berg mit seinen vielen denkmalgeschützten Altbauten ansehen oder dem Szeneleben in Kreuzberg nachspüren.

In der Nacht erwacht Berlin wirklich zum Leben mit seinen unzähligen Cocktailbars, Clubs, Live-Events und einer Technoszene, die zu den besten der Welt zählt. Im Berghain, das 2009 auf Platz 1 der 100 besten Technoclubs der Welt gewählt wurde, geht es vor 7 Uhr morgens gar nicht erst los, das heißt, man kann wählen zwischen Tee und Techno zum Frühstück. Besser kann urbanes Campen nicht sein.

**PLUSPUNKTE**: Urbanes Campen mitten in einer der angesagtesten Metropolen Europas.
**MINUSPUNKTE**: Der Platz wirkt ein bisschen heruntergekommen und die Sanitäranlagen sind, vorsichtig ausgedrückt, eher ungewöhnlich.
**KOSTEN**: Pro Person € 11, Kinder von 5–9 Jahren € 5, Jugendliche von 10–17 Jahren € 8.
**AUSSTATTUNG**: Badminton- und Volleyballplatz im Schwimmbecken, Tischtennisplatten, Bar auf der Tribüne. Im Sommer gibt es Open-Air-Kino, Kunstperformances und Veranstaltungen mit Live-Bands und DJs.
**ESSEN UND TRINKEN**: In der Bar vor Ort bekommt man ein Frühstück und Snacks, ein preiswerter Italiener, Mediterrano, ist etwa 7 Gehminuten entfernt. Wer Kunst und Kulinarik verbinden möchte, ist im Museum für Gegenwart im Hamburger Bahnhof richtig, wo im Restaurant der Starköchin Sarah Wiener frische internationale und österreichische Küche serviert wird (0049 30 707 136 50, www.sarahwiener.de).
**FAMILIENAKTIVITÄTEN**: Das mit Sand gefüllte kleinere Schwimmbecken lädt große und kleine Kinder zum Spielen ein. Im Hauptbecken sind Badminton- und Volleyballfelder angelegt, und überall auf dem Gelände verstreut stehen Tischtennisplatten. In der Stadt selbst bieten sich viele Möglichkeiten: geführte Radtouren (0049 30 437 399 99, www.berlinonbike.de), Schiffsfahrten in die City, auf Landwehrkanal, Havel und Spree (0049 30 536 36 00, www.sternundkreis.de), Besuch im Kindermuseum (0049 30 800 931 150, www.labyrinth-kindermuseum.de). Flohmärkte finden im Mauerpark (Sonntag), auf dem Boxhagener Platz (Sonntag) und in der Straße des 17. Juni (Samstag und Sonntag) statt.
**HIGHLIGHTS**: Sehen Sie sich Berlin doch einmal aus der Vogelperspektive an. Air Service Berlin bietet Rundflüge mit Ballon, Hubschrauber, Wasserflugzeug und dem historischen Rosinenbomber an (0049 30 532 153 21, www.air-service-berlin.de).
**LAGE**: Auf dem Gelände eines stillgelegten Freibads in Berlin-Mitte, 5 Gehminuten vom Hauptbahnhof entfernt.
**ÖFFENTLICHE VERKEHRSMITTEL**: Mit dem Zug bis Berlin Hauptbahnhof (Wegbeschreibung von dort auf der Homepage).
**GEÖFFNET**: Ende April bis Anfang Oktober.
**AUSGEBUCHT**: Etwas außerhalb, aber landschaftlich schön am Krossinsee im Berliner Stadtforst liegt der Campingplatz Krossinsee (0049 30 675 86 87, www.dccberlin.de/campingplatzkrossinsee.htm) mit Badestrand und eigenem Bootssteg.

**Tentstation**, Seydlitzstraße 6, 10557 Berlin Tiergarten-Moabit, Deutschland

t 0049 30 394 046 51 | w www.tentstation.de

...der Natur ein Sückchen
Familie
Schandauer
01855
Tel. 03 59 74

# thorwaldblick

Mit Erzgebirge, Lausitzer Bergland und den Felsformationen des Elbsandsteingebirges gehört die Sächsische Schweiz zu den gebirgigsten Landschaften Deutschlands. Den Namen trägt die Gegend wegen ihrer Ähnlichkeit mit der zerklüfteten Schweizer Berglandschaft. Sie wird von Bergsteigern und Kletterern mit ihren mehr als 1000 Klettergipfeln als wahres Mekka angesehen. Aber auch Wanderer, Radfahrer, Kanuten und sonstige Outdoor-Sportler kommen hier auf ihre Kosten.

Am Rande dieses natürlichen Abenteuerreviers liegt der Campingplatz Thorwaldblick. Behaglich und familiär wären die richtigen Worte, um diesen winzigen Campingplatz zu beschreiben, der seit 1996 unter der Leitung der eher bodenständigen Familie Peh besteht. Auf einem schönen gartenartigen, von Obstbäumen umsäumten Areal ist Platz für etwa 20 Zelte, auf dem an die Rezeption angrenzenden Gelände können Wohnwagen abgestellt werden.

Der Campingplatz verfügt nur über das unbedingt Notwendige (Rezeption, Toiletten und Waschgelegenheiten), aber nach Hermsdorf, das 2001 zum »schönsten Dorf Deutschlands« gekürt wurde, sind es nur ein paar Schritte. Obwohl es so klein ist, war es seit jeher ein Touristenmagnet, auch wegen der vielen einzigartigen noch erhaltenen Umgebindehäuser, die heute zum größten Teil unter Denkmalschutz stehen. Ansonsten gibt es dort das Übliche: Bäcker, Metzger, Lebensmittelladen und Gasthäuser.

Der 93 km$^2$ große Nationalpark Sächsische Schweiz umfasst zwei räumlich getrennte Gebiete und besteht vorwiegend aus Mischwäldern mit Buchen- und Nadelholzbeständen. Und wenn Sie nicht einfach kreuz und quer durch die schöne Natur wandern oder radeln wollen, können Sie auch ohne Umwege eine der vielen Sehenswürdigkeiten ansteuern: etwa die Festung Königstein aus dem 13. Jahrhundert (eine halbstündige Autofahrt) oder die ebenso beeindruckende Burg Stolpen (45 Min. Fahrt) oder die Bastei (ebenfalls 45 Min. Fahrt) mit ihren einzigartigen Felsformationen und der schwindelerregenden Brücke mit dem überwältigenden Blick.

Wer sich nach städtischem Leben sehnt, fährt am besten nach Dresden (eine Stunde Fahrt), das nicht nur wegen seiner Kunstsammlungen, sondern auch wegen seiner barocken und mediterranen Architektur in landschaftlich reizvoller Flusslage den Beinamen Elbflorenz trägt. Es ist ein reizvoller Tagesausflug, und da Dresden als eine der grünsten Städte Europas gilt, ist er auch für Familien mit Kindern bestens geeignet.

Wenn Ihnen das nicht exotisch genug ist, fahren Sie in entgegengesetzter Richtung über die tschechische Grenze in den Nationalpark

Böhmische Schweiz. Und in zwei Stunden sind Sie mit dem Auto in der Goldenen Stadt Prag.

Aber so weit müssen Sie nicht fahren, um etwas zu erleben. In der Umgebung des Zeltplatzes finden Sie Rad- und Wanderwege in Hülle und Fülle, im 20 km entfernten Neustadt gibt es ein Erlebnisbad, im 10 km entfernten Sebnitz ein Kräutervitalbad und einen Abenteuer- und Kletterpark. Sie können eine Kanutour auf der Elbe machen oder auf den 480 m hohen Weifberg wandern, von dem aus Sie einen herrlichen Blick über das Erzbegirge und an klaren Tagen bis zum tschechischen Riesengebirge haben.

Und wenn Sie Ihre Besichtigungstour beendet haben, kehren Sie zufrieden in Ihr Campinggärtchen zurück, kochen sich ein Abendessen und machen es sich gemütlich.

**PLUSPUNKTE**: Gemütlicher Campingplatz, günstig gelegen für Ausflüge in den Nationalpark Sächsische Schweiz und nach Tschechien.
**MINUSPUNKTE**: Es haben nur 20 Zelte Platz und die Ausstattung ist auf das Wesentliche beschränkt.
**KOSTEN**: Pro Person € 3,50, Kinder bis 7 Jahre € 2,50, Zelt und Auto € 5,10–5,60 (je nach Größe des Zelts).
**AUSSTATTUNG**: Einfach, aber angemessen – ein kleiner Spielplatz, ein Grillplatz, ein Aufenthaltsraum mit Spülen, Kochgelegenheit, Kühlschrank, Waschmaschine und Trockner.
**ESSEN UND TRINKEN**: Brot und Brötchen werden morgens vom Dorfbäcker geliefert und man kann Eis, Bier, Wein und alkoholfreie Getränke sowie Steaks und Würstchen zum Grillen bestellen. In Hinterhermsdorf gibt es ein paar Gasthäuser wie das Wanderstübel und Zum Erbgericht, in denen vor allem Hausmannskost serviert wird. Etwas feiner geht es im Gasthof zur Hoffnung zu. In Sebnitz findet montags und mittwochs von 9–18 Uhr ein Bauernmarkt statt.
**FAMILIENAKTIVITÄTEN**: Auf dem Platz gibt es einen Spielplatz mit Sandkasten, Klettergerüst, Rutsche, Wippe und Tischtennisplatte. Fahrten mit der Pferdekutsche und Keramikmalkurse werden in Hinterhermsdorf angeboten (Infos an der Rezeption). Bei der Forellenschenke in Sebnitz (www.gasthof-forellenschenke.de) gibt es einen Trimm-Dich-Pfad, einen Abenteuerspielplatz und eine Minigolfanlage.
**HIGHLIGHTS**: Entspannen in malerischer Umgebung in der Toskana-Therme in Bad Schandau (www.toskanaworld.net). Und wenn Sie ein paar romantische Flugmeilen sammeln wollen, heben Sie in Pirna mit einem Segelflugzeug ab (www.aeroclub-pirna.de).
**LAGE**: Im Nationalpark Sächsische Schweiz in Hinterhermsdorf, dem »schönsten Dorf Deutschlands«, nahe der Grenze zu Tschechien, etwa 60 km östlich von Dresden.
**ÖFFENTLICHE VERKEHRSMITTEL**: Mit dem Zug nach Sebnitz oder Bad Schandau, von dort wird man mit dem platzeigenen Shuttlebus abgeholt.
**GEÖFFNET**: Ganzjährig.
**AUSGEBUCHT**: Im Nationalpark Sächsische Schweiz gibt es nur noch den Campingplatz Ostrauer Mühle (0049 35022 42742, www.ostrauermuehle.de), der größer und kommerzieller, aber sehr gepflegt und für Ausflüge in die Umgebung ebenso günstig gelegen ist.

**Camping Thorwaldblick**, Schandauer Straße 37, 01855 Hinterhermsdorf, Deutschland

t 0049 35974 50648 w www.thorwaldblick.de

# vulkaneifel

Die Vulkaneifel lockt mit ihren Kraterseen und ihren faszinierenden Landschaften Scharen von Touristen an. Sie ist ein Vulkangebiet, das von Geologen als ruhend eingestuft wird, in dem aber künftige Ausbrüche durchaus möglich sind.

Der Campingplatz Vulkaneifel liegt mitten in diesem Gebiet, etwa einen Kilometer außerhalb von Manderscheid im Landkreis Bernkastel-Wittlich, und wird von Wolfgang Moritz geleitet, der vor 30 Jahren hier ein Kinderferiendorf gegründet und dieses nach und nach um einen Zeltplatz erweitert hat.

Moritz ist überzeugter Anthroposoph, aber auch wer mit Rudolf Steiner nichts am Hut hat, ist hier ein gern gesehener Gast. Steiners Philosophie macht sich allenfalls daran bemerkbar, dass bei der Zubereitung von Speisen Bioprodukte und als Baumaterialien Naturstoffe verwendet werden und dass den Kindern viel Raum zur freien Entfaltung gelassen wird.

Das Herzstück des Campingplatzes ist das Kinderdorf, ein Sammelsurium verschiedenfarbig gestrichener Hütten mit einer landschaftlich gestalteten Freifläche in der Mitte. Die nach ihrer Größe in Kategorien von A bis C unterteilten Stellplätze liegen etwas abseits im Schatten von Obstbäumen an einem terrassenförmig angelegten Hang. Die Nordseite ist bei den Campern am beliebtesten, weil hier die ruhigsten und größten Stellplätze liegen, aber auf der Südseite zeltet es sich nicht weniger angenehm.

Die für Männer und Frauen getrennten Duschräume sind modern und sauber. Entsprechend der kinderfreundlichen Einstellung des Betreibers gibt es große Freiflächen zum Toben, außerdem einen Spielplatz und einen Volleyball-, Badminton-, Basketball- und Bolzplatz. Den Erwachsenen steht ein Grillplatz zur Verfügung und auf einer Blumenwiese steht ein Gemeinschaftstipi.

Auf diesem Platz mit seiner angenehmen und ungezwungenen Atmosphäre erinnert nichts daran, wie das Leben in der Eifel vor 400 Jahren aussah, als Kriege, Pestepidemien und Hexenjagden im Land wüteten – all die Plagen des Mittelalters eben. Angeblich wurden in der Zeit von 1528 bis 1641 allein in dieser Gegend fast 300 Menschen auf den Scheiterhaufen der Inquisition verbrannt. Wenn auf dem Campingplatz heute die Flammen hochschlagen, verbrennt zum Glück höchstens noch ein Grillsteak.

Das benachbarte Manderscheid ist ein beschaulicher Kurort mit 1300 Einwohnern. Zwar hat der Ort keine spektakulären Sehenswürdigkeiten zu bieten, dafür aber ein paar nützliche Dinge für Camper wie Supermärkte, Restaurants und ein Touristenbüro mit unglaublich engagierten Mitarbeitern – und immerhin eine wirklich eindrucksvolle Festung, deren älteste Teile angeblich aus dem 10. Jahrhundert stammen.

Der eigentliche Touristenmagnet ist aber die geologisch einzigartige Beschaffenheit des Vulkangebiets, das seit 2004 als Europäischer Geopark der UNESCO anerkannt ist. Fast das gesamte Gebiet ist vom Campingplatz Vulkaneifel aus gut erschließbar, einige der zahllosen Rad- und Wanderwege beginnen buchstäblich vor der Tür. Die Geo-Route Manderscheid beispielsweise, die auf einer Strecke von 140 km an vielen geologisch besonders interessanten und auf Schautafeln erläuterten Punkten vorbeiführt. Für Freizeitradler und Familien ist der Maare-Mosel-Radweg das pure Vergnügen. Er verläuft mit maximal drei Prozent Steigung auf einer ehemaligen Bahntrasse und führt Sie von Manderscheid entweder in die schöne Stadt Daun oder an die malerische Mosel, wo man nicht versäumen sollte, ein paar Weine der Region zu verkosten. Städte wie Koblenz und das mehr als 2000 Jahre alte Trier sind einen Besuch wert, und wie es das Glück will, gibt es sogar eine Route, die beide Städte verbindet: die Moselweinstraße – wie könnte es anders sein?

**PLUSPUNKTE**: Großer naturnaher und familienfreundlicher Campingplatz, von dem aus die faszinierende Region der Vulkaneifel leicht erschließbar ist.
**MINUSPUNKTE**: Hier tummeln sich jede Menge Kinder, aber viele der Stellplätze sind so weit abseits, dass auch kinderlose Camper Ruhe finden.
**KOSTEN**: Erwachsene € 7, Kinder von 8–13 Jahren € 1 unter 8 Jahren frei, Stellplatz je nach Größe € 5–9.
**AUSSTATTUNG**: Rezeption mit Kiosk, ein gepflegtes Sanitärhaus mit Duschen, Toiletten, Waschbecken und Außenspülbecken, Gemeinschaftsraum mit Kochgelegenheit, Waschmaschine und Trockner, Badmintonfeld und Spielplatz.
**ESSEN UND TRINKEN**: Im Gemeinschaftsraum gibt es schmackhafte Biogerichte, allerdings nur zu festgelegten Zeiten (Frühstück zwischen 8 und 9, Mittagessen um 12, Abendessen um 18 Uhr). Selbstversorger können den Grill benutzen, Spezialitäten der Region wie Eifelhonig, Senf, Ziegenkäse und Wurst bekommt man auf dem Vulkanhof in Gillenfeld (0049 6573 9148, www.vulkanhof.de)
**FAMILIENAKTIVITÄTEN**: Der Platz ist auf die Bedürfnisse von Familien mit Kindern ausgerichtet und es gibt jede Menge Freizeit- und Beschäftigungsangebote. Manderscheid hat ein großes Freibad, und das Touristenbüro des Ortes (www.manderscheid.de) bietet geologische Wanderungen und andere Veranstaltungen an. Überdies kooperiert der Campingplatz Vulkaneifel mit einigen Unternehmen der Region, die alles Mögliche von Floßbauen bis zu Kletter-, Wander- und Fahrradtoren organisieren. Auch der Wild- und Erlebnispark in Daun (0049 6592 3154, www.wildpark-daun.de) ist einen Besuch wert.
**HIGHLIGHTS**: Unternehmen Sie eine »Reise durch die Entstehungsgeschichte der Eifel«, eine Vulkansafari im Jeep unter fachkundiger Begleitung (GEOsafari-Eifel, 0049 2676 9100 90, www.geosafari.de), oder sehen Sie sich die Augen der Eifel aus der Luft an (Segelflugverein Vulkaneifel, 0049 6592 2976, www.pulvermaar.de/rundflug.html oder www.flugplatz-daun.de).
**LAGE**: Im Landschaftsschutzgebiet der Vulkaneifel außerhalb des Kurortes Manderscheid, 60 km nördlich von Trier.
**ÖFFENTLICHE VERKEHRSMITTEL**: Mit dem Zug von Köln, Koblenz oder Trier nach Wittlich, mit dem Bus weiter nach Manderscheid (Haltestelle Dauner Straße), von hier sind es noch 500 m bis zum Zeltplatz.
**GEÖFFNET**: 1. April bis 31. Oktober.
**AUSGEBUCHT**: Pulvermaarcamping am Kraterrand des Pulvermaares (0049 6573 311, www.pulvermaarcamping.de) mit schönen Zeltstellplätzen und Bademöglichkeit im klaren Wasser des Maarsees.

**Natur-Camping Vulkaneifel**, Feriendorf Moritz, 54531 Manderscheid, Deutschland

t 0049 6572 92110 w www.vulkan-camping.de

# müllerwiese

Alchemisten und Gespenster, Geister und Kobolde, ruchlose Könige und lockende Wassernymphen – das sind nur einige der Gestalten, die über die Jahrhunderte den Schwarzwald bevölkert haben. Nicht das übliche Touristenvölkchen, zugegeben, aber Deutschlands Quelle Nummer eins für Sagen und Mythen ist auch nicht die Art von Wald, in dem man nachts allein herumwandern möchte. Jedenfalls war es früher so.

Heute sind das Gefährlichste am Schwarzwald die Unmengen der nach ihm benannten Torte, die täglich verschlungen werden. Und das einzig Düstere und Geheimnisvolle am Vier-Sterne-Campingplatz Müllerwiese ist der 70er-Jahre-Klotz von einem Duschhaus bei Nacht. Allerdings ruiniert das Licht des Bewegungsmelders die Sache mit der geheimnisvollen Düsternis.

Wie dem auch sei, die Müllerwiese ist eine familieneigene (und familienfreundliche) Oase, ein kleines, aber optimal arbeitendes Unternehmen, das seit 1972 besteht und von dem lockeren, aber tatkräftigen Vater-Sohn-Gespann Friedrich und Hans Erhard betrieben wird. Im Laufe von fast 40 Jahren haben sie die Kunst zur Vollendung gebracht, einen Campingplatz mit den zwei lebenswichtigen Voraussetzungen zu führen – mit Professionalität und Begeisterung.

Der Campingplatz liegt am Rand des malerischen Dorfes Enzklösterle. Für Wohnwagen und große Zelte steht das am Ufer der Enz gelegene zentrale Campinggelände jenseits des Haupthauses zur Verfügung. Die Zeltwiese ist autofrei. Dieses Gelände sieht aus wie ein schöner und großzügiger Gartenpark. Malerische Tannen spenden Schatten, und die Enz fließt gurgelnd dahin. Die Wiese ist nicht riesig, aber doch so groß, dass 30 Zelte darauf Platz haben, ohne dass man sich gegenseitig allzu sehr auf die Pelle rückt.

Die Ausstattung des Platzes ist bescheiden, aber ausreichend. Auf der autofreien Zeltwiese gibt es einen Spielbereich mit Tischtennisplatte, Schaukel und Wippen. Der Hirschbach, der zusammen mit der Enz an die Spielwiese grenzt, sorgt für ein erfrischendes, sauberes, natürliches Badevergnügen. Den Gästen der Zeltwiese stehen in dem neuen Sanitärhaus eigene Duschkabinen mit Toilette und Waschbecken zur Verfügung, sie können aber auch das große Sanitärhaus benutzen, das zwar weniger modern, aber mit allem ausgestattet ist, was man zur Pflege und Reinigung nicht nur seines Körpers, sondern auch seiner Wäsche benötigt.

Enzklösterle – in 600 bis 900 m Höhe gelegen und von 1300 Seelen bewohnt – ist das Gegenteil einer pulsierenden Großstadt. Aber was die Dienstleistungen betrifft, ist es von deutscher Gründlichkeit geprägt. Es gibt Metzger, die Schwarzwälder Schinken verkaufen, Cafés, in denen die gleichnamige

Torte geschaufelt wird, Lebensmittelläden, Restaurants, eine Drogerie und nicht weniger als drei Frisöre – plus ein Touristenbüro gegenüber dem Campingplatzeingang, das Informationen aller Art sowie freien Internetzugang bietet.

Hinter dem Dorf beginnt der »richtige« Schwarzwald – mit seinen stolzen Tannen, plätschernden Bächen, kristallklaren Seen, Blumenlichtungen und einsamen Mooren. In diesem Waldwunderland ist das gut ausgeschilderte Wegenetz für Wanderer 3000 km, das für Radfahrer 800 km lang. Wellnessbäder, Freizeitangebote und Sehenswürdigkeiten findet man in Städten wie Bad Wildbad (15 km) und Freudenstadt (27 km), in die Campinggäste kostenlos mit dem Bus fahren können,

Aber seien Sie vorsichtig. Zwar wird Ihnen unterwegs vielleicht kein Kobold und kein Schreckgespenst begegnen, aber Sie können sicher sein, dass hinter jeder Ecke ein fettes Stück Sahnetorte lauert.

**PLUSPUNKTE**: Idyllischer kleiner Campingplatz im Naturpark Schwarzwald Mitte/Nord.
**MINUSPUNKTE**: Nicht viele Gemeinschaftsbereiche und wenig Angebote für Jugendliche.
**KOSTEN**: Stellplatz € 6,50 (ohne Auto € 4,50), Erwachsene und Jugendliche ab 15 Jahren € 5,50, Kinder von 2–14 Jahren € 3. (Eine Kurtaxe von 1,80 pro Tag ist zu entrichten, sie berechtigt jedoch zur kostenlosen Nutzung von Bus und Bahn im gesamten Schwarzwald.)
**AUSSTATTUNG**: Modern eingerichtete saubere Duschen und Toiletten im großen Sanitärhaus auf der Zeltwiese, ein neues kleines Sanitärhaus in der Nähe des Haupthauses, ein Raum mit Spülbecken, Waschmaschine, Trockner und Babywickeltisch, Spielplatz und ein flacher Bach zum Planschen und Toben.
**ESSEN UND TRINKEN**: Auf dem Campingplatz selbst kann man nichts kaufen, aber im Umkreis von 50 bis 500 m gibt es 8 Restaurants, ein Café und einen Imbiss mit Lieferservice. Im Hotel Sarbacher in Kaltenbronn (0049 7224 93390, www.hotel-sarbacher.de) wird eine gute regionale Küche mit vielen Wildgerichten gepflegt. Jeden Samstag findet ein Wochenmarkt im 15 km entfernten Altensteig und in Bad Wildbad statt.
**FAMILIENAKTIVITÄTEN**: Kinder von 3 bis 6 Jahren können kostenlos den nur 200 m entfernten Kindergarten von Enzklösterle besuchen. Im 5 km entfernten Poppetal liegt der Freizeitpark Enzklösterle mit einer der längsten Riesenrutschbahnen Deutschlands (0049 7085 7812, www.riesenrutschbahn.de). Nach einer rasanten Fahrt auf dieser Rutsche wird selbst das nörgeligste Kind garantiert strahlen. Im August bietet das Touristenbüro Unterhaltungsprogramme für Kinder in den Dörfern und Wäldern der Umgebung an.
**HIGHLIGHTS**: Wenn Sie sich etwas wirklich Gutes tun wollen, gönnen Sie sich »sinnlich-orientalische Wellness« im noblen Palais Thermal in Bad Wildbad (0049 7081 3030, www-palais-thermal.de).
**LAGE**: Im Luftkurort Enzklösterle im Nordschwarzwald, 30 km südöstlich von Baden-Baden.
**ÖFFENTLICHE VERKEHRSMITTEL**: Mit dem Zug nach Bad Wildbad, von hier fährt 10 Mal täglich ein Bus ins 11 km entfernte Enzklösterle, die Haltestelle ist etwa 300 m vom Campingplatz entfernt.
**GEÖFFNET**: Ganzjährig, außer in der Zeit vom 8. November bis 19. Dezember.
**AUSGEBUCHT**: Im 15 km entfernten Altensteig finden Sie Schwarzwald Camping, einen landschaftlich schön gelegenen Platz mit Badesee in Flussnähe (0049 7453 8415, www.schwarzwald-camping.de).

**Müllerwiese**, Hirschtalstraße 3, 75337 Enzklösterle, Deutschland

t 0049 7085 7485 | w www.muellerwiese.de

# schnitzmühle

Wenn der Schwarzwald Deutschlands düsteres Geheimnis ist, voller Geister, Kobolde und höllischer Torten, dann ist der Bayerische Wald, sein östlicher Verwandter, ganz heiterer Charme und sylvanische Unschuld. Er umfasst eine homogene Landschaft aus dichten Wäldern, sanft geschwungenen Bergen und Tälern und malerischen Kurstädten und ist durchzogen mit einladenden Wegen für Wanderer und Radfahrer.

Mitten in diesem grünen Nirvana liegt das Abenteuer-Camp Schnitzmühle, der vielleicht coolste aller Campingplätze im Land. Anders als die meisten Campingplätze in Deutschland wird dieser Platz von jungen Leuten betrieben, deren oberstes Ziel es ist, das Zelten zu einem bewussten und aktiven Rundumerlebnis zu machen. Die beiden Besitzer sind die Brüder Sebastian und Kristian Nielsen, die vor einigen Jahren von ihren Eltern ein Hotel übernommen und in eine außergewöhnliche All-inclusive-Oase für alle Outdoor-Aktivitäten verwandelt haben. Sie haben nicht nur der Innenausstattung des Hotels einen modernen Anstrich gegeben, sondern auch das Restaurant grundüberholt, einen weitläufigen Campingplatz eingerichtet, einen ausgedehnten Wellnessbereich gebaut und dem See auf ihrem Grundstück einen Sandstrand verpasst.

Der jugendliche Elan der Nielsen-Brüder macht sich überall bemerkbar, und das auf angenehme Weise. Selbst ohne die Extras wäre das Campingareal eine Augenweide, grün und luftig, mit Bäumen, Sträuchern und Blumen gesprenkelt. Aber wenn man dann noch die Highlights entdeckt – die Bongo-Bar mit Sand und Liegestühlen rundum, ein prähistorischen Stätten nachempfundener Grill- und Feuerplatz namens Stonehenge, der Gruppenplatz, der als Basis für Aktivangebote wie MTB-Tage, Trail-Tage und Kanutouren dient –, kommt man aus dem Staunen nicht mehr heraus.

Mit seiner bevorzugten Lage an zwei Flüssen, dem Regen und dem Schwarzen Regen, ist das Adventure-Camp Schnitzmühle für Wasserratten ein wahres Paradies. Man muss keine 2 Minuten gehen, um auf eine schöne Badestelle zu stoßen. Kanutouren kann man vor Ort buchen (€ 32 für ein Kanu mit 2 Erwachsenen und 1 Kind). Dann wird man mit einem Shuttlebus zur Einstiegstelle gefahren und kehrt mit dem Kanu zur Schnitzmühle zurück.

Die Umgebung ist reich an landschaftlich schönen Plätzen und typischen Dörfern und Städten, von denen einige ein bisschen langweilig, andere dagegen ausgesprochen reizvoll sind. Der Erholungsort Arnbruck zum Beispiel ist weithin berühmt für seine Glaswaren, die von hier in die ganze Welt exportiert werden. Es ist der ideale Ort, um sich für spätere heimische Trinkgelage mit ein paar edlen Weingläsern zu erschwinglichen Preisen einzudecken. Und in den Cafés von Viechtach bekommt man einen Eindruck vom Leben in einer niederbayerischen Kleinstadt.

Wenn Sie dann abends keine Lust haben, ein Stück Fleisch auf den Grill zu werfen, gehen Sie einfach ins Hotel-Restaurant, wo die Verbindung von thailändischer und bayerischer Küche ungeahnte Köstlichkeiten hervorgebracht hat (die gemischten Tapas sind besonders gut, obwohl sie weder thailändisch noch bayerisch sind, aber wen stört das schon?). Am Kiosk in der Rezeption hinter dem Hotel bekommt man alles vom typisch bayerischen Weizenbier bis zum köstlichen frisch gebackenen Brot.

Der künstlich angelegte Sandstrand am See ist der ideale Platz zum Faulenzen und Sonnenbaden. Und wer das volle Wohlfühlprogramm sucht, muss das Campinggelände nicht einmal verlassen, das hauseigene Spa liegt direkt vor der Tür.

**PLUSPUNKTE**: »Cool Camping« vom Feinsten mitten im Bayerischen Wald.
**MINUSPUNKTE**: Ohne Auto kommt man nicht weit.
**KOSTEN**: Stellplatz € 4,50, Erwachsene € 6, Kinder von 5–15 Jahren € 4.
**AUSSTATTUNG**: Erstklassig: ein sauberes (und farbenfreudiges) Sanitärhaus mit allem Drum und Dran, ein Laden mit reichhaltigem Angebot, eine Bar (Bongo-Bar), ein Grill- und Lagerfeuerplatz, ein Spielplatz, Internet (im Restaurant), ein eigener Badesee mit Sandstrand.
**ESSEN UND TRINKEN**: Am Kiosk bei der Rezeption kann man von frischem Brot bis Campingzubehör alles kaufen, was ein Camper so braucht. Im Restaurant wird eine unkonventionelle Mischung aus bayerischer und thailändischer Küche serviert. Außerdem gibt es morgens ein üppiges Frühstücksbüffet für € 10 und mittags Salate und Sandwiches. Im Bella Italia in Viechtach bekommt man leckere Pizza und Pasta.
**FAMILIENAKTIVITÄTEN**: Vor Ort werden Aktivitäten von Kanu-, Rad- oder Wandertouren bis Baumklettern angeboten. Ein Spielplatz mit Tischtennisplatten ist auf dem Campingplatz vorhanden, der Badesee mit Sandstrand lädt zum Schwimmen, Toben und Planschen ein. Ein Erlebnis für sich ist eine Fahrt auf der 1000 m langen Sommerrodelbahn im Freizeitpark Rodel-Paradies im 10 km entfernten St. Englmaar (0049 9965 1203, www.sommerrodeln.de).
**HIGHLIGHTS**: Gönnen Sie sich eine Buddha-Massage im Wellnessbereich. Sie haben die Wahl zwischen Mango (mit Bananenblätttern, € 72 für 75 Min.), Espresso (ein 15-Minuten-Quicky für € 14) oder der »Absolut Highpower Endstufen Verwöhn Massage« (€ 49 für 55 Min.).
**LAGE**: Bei Viechtach im Bayerischen Wald nahe der tschechischen Grenze, zwischen Cham und Deggendorf.
**GEÖFFNET**: Ganzjährig.
**AUSGEBUCHT**: Der ebenfalls in Viechtach gelegene Campingplatz Am Höllenstein (Pirka Leitenweg 12, 94234 Viechtach, 0049 9942 8501) ist ein ruhiger, familienbetriebener Platz, der eher zum Angeln im Fluss als zum Surfen im Netz einlädt.

**Adventure-Camp Schnitzmühle**, Schnitzmühle 1, 94234 Viechtach, Deutschland

t 0049 9942 94810 | w www.schnitzmuehle.de

# seeperle

Es gibt Seen, es gibt große Seen und es gibt den Bodensee, den drittgrößten Binnensee Europas. Er ist so groß, dass drei Länder ihn sich locker teilen können – Deutschland, Österreich und die Schweiz.

Der Bodensee liegt im nördlichen Alpenvorland, auf den Hängen rundum wachsen Wein und Obstbäume, malerisch bunte Dörfer ziehen Touristen zu Hauf an. Der Bodensee ist, wen wundert es, eines der beliebtesten Sommerurlaubsziele in Deutschland.

Die meisten Campingplätze der Region verraten die Vorliebe der Deutschen für große Wohnwagenparks und kommerziellen Tourismus. Die Betreiber des Campingplatzes Seeperle gehören zu den wenigen, die es lieber klein, einfach und gemütlich haben wollen und das auch noch in absoluter Spitzenlage direkt am Ufer des Sees. Claire und Manfred Maier betreiben den Platz seit 1986, an der gleichen Stelle, an der Manfreds Eltern bis 1962 einen Bauernhof bewirtschaftet hatten. Die 50 Stellplätze (zurückgeschraubt von früher 80, damit die Camper mehr Platz und Privatsphäre haben) sind im Schatten von Apfel- und Birnbäumen in drei Reihen parallel zum Seeufer angeordnet.

Es gibt etwa gleich viele Plätze für Wohnwagen und Zelte, allerdings sind die besten Areale für letztere reserviert. Und die sollten Sie unbedingt im Voraus buchen! Hier haben Sie einen vollkommen freien Blick über den See: Bauen Sie einfach Ihr Zelt auf, machen Sie eine Flasche Wein aus der Gegend auf und sehen Sie zu, wie die Yachten, Boote und Kajaks vorüberziehen. Jeder Wohnwagenbesitzer wird Sie beneiden.

Zu Fuß sind Sie in 20 Min., mit dem Fahrrad in 5 Min. im Ferienort Unteruhldingen, das einiges zu bieten hat: das Pfahlbaumuseum, in dem archäologische Funde und Rekonstruktionen von Pfahldörfern aus der Stein- und Bronzezeit präsentiert werden, einen malerischen Yachthafen, einen großen Park und jede Menge Kneipen und Restaurants.

Die Hauptattraktion ist natürlich der See, der für Wassersportbegeisterte keine Wünsche offen lässt. Ob Segeln, Windsurfen, Paddeln, Tauchen oder Schwimmen – es gibt kaum etwas, das hier nicht angeboten würde. Aber um den See wirklich kennen zu lernen, leihen Sie sich am besten in Unteruhldingen am Bahnhof ein Fahrrad aus und schwingen sich in den Sattel. Die Radwege, die durch typische Ortschaften und an Weinbergen und Obsthainen entlang führen, sind gut ausgeschildert. Meersburg (7 km) und Lindau (50 km) gehören zu den besterhaltenen historischen Städten in Deutschland, sind aber im Sommer auch ziemlich überlaufen.

Fähren verkehren täglich kreuz und quer über den Bodensee, man gelangt also mühelos zu interessanten Zielen wie der Insel

Reichenau mit ihrem bedeutenden Benediktinerkloster oder der Insel Mainau mit ihrem weltberühmten Park, in dem 500 verschiedene Baumarten wachsen. Er beherbergt außerdem ein Labyrinth, ein Palmenhaus und das größte Schmetterlingshaus Deutschlands. Auch hier wird es im Sommer sehr voll, man sollte eine solche Tour also zeitlich gut planen.

Wer es gemütlich angehen lassen möchte, kann sich auf dem Campingplatz ein Kajak leihen und es am platzeigenen Bootssteg zu Wasser lassen. Und wenn Ihnen nach einer Abwechslung zumute ist, machen Sie einen Abendspaziergang zum nahegelegenen Spargelhof, einem sehr netten Lokal, in dem es regionale Erzeugnisse wie Apfelwein und deftige Wurstplatten gibt – und in der Saison natürlich köstlichen, frisch gestochenen Spargel.

Wenn Sie dann zu Ihrem Zelt zurückkehren, wird Ihnen die Szenerie unter tintenblauem Nachthimmel wie verzaubert erscheinen. Und Sie werden dankbar sein, dass der Blick über diesen riesigen See Ihnen ganz allein gehört!

**PLUSPUNKTE**: Ruhiger, familiärer Campingplatz direkt am Bodensee.
**MINUSPUNKTE**: Die Ausstattung ist eher spartanisch und man braucht ein Auto.
**KOSTEN**: 1 Erwachsener € 6,90, Auto und kleines Zelt € 10,50 (mittleres Zelt € 12,80, großes Zelt € 13), Kinder bis 14 Jahre € 3,50.
**AUSSTATTUNG**: Außer einem ältlichen, aber passablen Sanitärhaus gibt es eigentlich nur noch einen Kiosk, an dem aber auch nur das Notwendigste verkauft wird.
**ESSEN UND TRINKEN**: Am Kiosk bekommt man Snacks und Bier. Solide regionale Küche und eine freundliche, familiäre Atmosphäre wird im Spargelhof geboten (15 Min. Fußweg). In Unteruhldingen ist das Angebot an Kneipen und Restaurants groß. Um Felchen und andere Bodenseefische zu essen, geht man am besten in das Minirestaurant Mainausicht mit herrlichem Blick auf die Insel Mainau. Samstags verkaufen Bauern der Region ihre Erzeugnisse auf dem Wochenmarkt im 11 km entfernten Überlingen. Und versäumen Sie nicht, auf einem der vielen Weingüter zwischen Hagnau und Überlingen ein paar Weine der Region zu probieren (www.bodenseewein.de).
**FAMILIENAKTIVITÄTEN**: Abgesehen vom Baden im See gibt es in Unteruhldingen im Hotel Knaus einen Fahrradverleih (Seestraße 1, 0049 7556 8008) und einen Bootsverleih im Yachthafen (Motorbootcharter Weber, 0049 7556 1013, www.bootscharter-weber.de). Darüber hinaus lohnt sich ein Besuch im Reptilienhaus in Unteruhldingen (0049 7556 929700, www.reptilienhaus.de) oder in der Unterwasserwelt des Sea Life Konstanz (www.sealifeeurope.de). Die Stadt Konstanz erreichen Sie mit dem Schiff in etwa 1 Stunde.
**HIGHLIGHTS**: Haben Sie Lust auf eine Zeppelinfahrt? Die Deutsche Zeppelin Reederei mit Sitz in Friedrichshafen (0049 7541 59000, www.zeppelinflug.de) bietet Rundflüge über den See an. Ein einstündiger Flug kostet allerdings € 250 pro Person (an Wochenenden € 350), ist also nicht gerade ein billiges Vergnügen.
**LAGE**: Am Nordufer des Bodensees, ca. 10 km von Überlingen und von Salem entfernt (genaue Wegbeschreibung auf der Homepage).
**GEÖFFNET**: Anfang April bis Anfang Oktober.
**AUSGEBUCHT**: In Markdorf, 7 km weiter nördlich, liegt der Campingplatz Wirthshof (0049 7544 96270, www.wirthshof.de.), der zwar keine Seeuferlage hat, aber über eine sehr gute Ausstattung, unter anderem einen Wellnessbereich mit beheiztem Schwimmbecken und eine Familienzeltwiese, verfügt.

**Camping Seeperle**, 88690 Uhldingen-Mühlhofen, Ortsteil Seefelden, Deutschland

t 0049 7556 5454 | w www.camping-seeperle.de

# zellersee

Wie der Name des Campingplatzes besagt, dreht sich hier alles um den See. Es ist kein großer See, dafür liegt er aber so bequem vor der Tür, dass man sich praktisch bloß aus seinem Schlafsack rollen und hineinfallen lassen muss – schöner kann man nicht wach werden.

Danach überlegen Sie bei einem dampfenden Kaffee und frischem Brot von der Rezeption, was Sie mit dem Rest des Tages anfangen sollen. Eine Radtour zum Chiemsee (15 km), um dort noch einmal ein Bad zu nehmen? Zur Insel Herrenchiemsee hinüberpaddeln und sich das Alte und das als Kopie von Versailles erbaute Neue Schloss ansehen? Oder zum 1138 m hoch gelegenen Taubensee wandern und sich beherzt in das glasklare Wasser des Gebirgssees stürzen?

Für diejenigen, die sich die Welt gern von oben ansehen, bietet die weltbekannte Segelflugschule DASSU im nahegelegenen Unterwössen Segel- und Gleitflüge an. In dieser Gegend gibt es erstaunliche Luftströmungen, die einen Flugkörper 900 km weit tragen können. Lernen Sie also lieber, wie Sie wieder herunterkommen, bevor Sie abheben.

Am Abend können Sie sich mit einem kalten Bier von der Rezeption zurücklehnen und sich Gedanken machen, warum hier jeder ein seliges Grinsen im Gesicht zu haben scheint. Was auch immer es ist, in Zellersee nimmt man's leicht, grinsen Sie also einfach mit.

**PLUSPUNKTE**: Familiärer Campingplatz an einem schönen Naturbadesee mit abgetrenntem Nichtschwimmerbereich, und das Nachbarland Österreich liegt vor der Tür.
**MINUSPUNKTE**: Der Platz ist ziemlich klein, allerdings gibt es ein paar zusätzliche Stellplätze auf einem angrenzenden Gelände.
**KOSTEN**: Je nach Saison kostet ein Stellplatz (inkl. Pkw und Zelt) € 5–7, Erwachsene € 5,50–6,50, Kinder und Jugendliche von 7–16 Jahren € 3–4, von 3–6 Jahren € 2–2,50.
**AUSSTATTUNG**: Ausreichend, wenn auch nicht sonderlich modern. Es gibt eine Rezeption mit Kiosk, ein ordentliches Sanitärhaus mit Duschen, Toiletten, Waschbecken, Waschmaschine und Trockner, eine kleine Gemeinschaftsküche, einen Tennisplatz und einen Spielplatz sowie Internetverbindung auf dem ganzen Platz.
**ESSEN UND TRINKEN**: Am Kiosk bekommt man Snacks und Getränke. Im 500 m entfernten Gasthof Zellerwand, seit 1854 im Besitz der Familie Müller, die auch den Campingplatz betreibt, wird ausgezeichnete alpenländische Küche serviert. Auf dem Wochenmarkt in Grassau (Samstagvormittag) kann man Wurst, Käse und Obst aus der Region kaufen.
**FAMILIENAKTIVITÄTEN**: Vor Ort gibt es einen Tennisplatz, einen Spielplatz, eine Kletterwand (fachkundige Anleitung 2 x wöchentlich während der Sommersaison) und natürlich den See. Mit einem Besuch im Märchen-Erlebnispark in Marquartstein werden Sie Ihre Kleinen sicher begeistern (Jägerweg 14, 0049 8641 7269, www.maerchenpark.de).
**HIGHLIGHTS**: Wenn Sie gern abheben, unternehmen Sie doch einen Segelflug bei der renommierten Deutschen Alpensegelflugschule Unterwössen (0049 8641 698787, www.dassu.de). 10 Min. kosten € 20, jede weitere Min. € 1,50.
**LAGE**: Bei Schleching im Chiemgau am Rand der Alpen, 100 km südöstlich von München.
**GEÖFFNET**: Ganzjährig.
**AUSGEBUCHT**: Nur wenige Kilometer südlich hinter der österreichischen Grenze liegt der *Cool-Camping*-Platz Grubhof (s. S. 201).

**Camping Zellersee**, Zellerseeweg 3, 83259 Schleching-Mettenham, Deutschland

t 0049 8649 986719 w www.camping-zellersee.de

# park grubhof

Größe ist nicht alles, aber es ist sicher nicht von Nachteil, wenn man sich nach Herzenslust ausbreiten kann. Der Campingplatz Park Grubhof lässt in dieser Hinsicht keine Wünsche offen. In einem ehemaligen Schlosspark am Ufer der Saalach gelegen, dehnt sich der Platz über 12 Hektar aus. Eine weitläufige Blumenwiese, der Fluss und die Kastanien an seiner Uferböschung vermitteln den Eindruck von Natur pur.

Bei der Ankunft auf dem Platz fragen Sie sich angesichts der endlosen Reihen von Wohnwagen und Campingbussen vielleicht, warum Sie überhaupt nach Grubhof gekommen sind. Die Frage beantwortet sich von selbst, sobald Sie auf der vom Wohnwagenbereich abgetrennten Zeltwiese stehen, die bis an die Saalach heranreicht und einen großartigen Blick auf die Loferer Steinberge bietet. Hier kann man dem sanften Plätschern des Flusses lauschen oder zusehen, wie die Sonne zwischen Breithorn und Loferer Alm untergeht. Für Regentage steht sogar eine große Hütte zur Verfügung, in die man sich zurückziehen kann, bis die Sonne wieder herauskommt.

Obwohl der 2009 vom ADAC ausgezeichnete Grubhof zu den »ersten Adressen« unter den österreichischen Campingplätzen zählt, ruhen sich die Betreiber, Robert Stainer und seine Familie, nicht auf den Lorbeeren aus, sondern bemühen sich nach Kräften, eine private Atmosphäre zu schaffen und den Bedürfnissen ihrer Gäste nachzukommen.

Die Einrichtungen sind vorzüglich, insbesondere das 2006 neu gebaute zweite Sanitärhaus, ein modernes, helles Gebäude mit viel Holz und Glas, großzügigen Duschkabinen, einem Babyraum sowie einem eigenen Wasch- und Trockenraum für Kanuten.

Die meisten Camper lassen sich auf der oben erwähnten Wiese nieder, aber man kann sein Zelt auch in den meisten anderen Arealen aufstellen, die sehr umsichtig in hundefreie und hundefreundliche Bereiche getrennt sind.

Die Loferer und Leoganger Steinberge, deren Panorama man auf dem Zeltplatz genießt, sind nicht die größte aller Gebirgsgruppen in den Ostalpen, aber sie haben es durchaus in sich. Die Routen zu den Gipfeln sind steil, beschwerlich und nichts für Leute mit Höhenangst, aber die Mühe wird tausendfach belohnt durch den unglaublichen Blick. Höchster Gipfel der Gruppe ist mit 2634 m das Birnhorn, an dessen 1400 m fast senkrecht abfallenden Südhang sich nur die furchtlosesten aller Kletterer heranwagen.

Etwas leichter ist es, die Dörfer und Städte der Umgebung zu erkunden. St. Martin (1 km) und Lofer (2 km), zwei für das Salzburger Land sehr typische Ortschaften, sind schnell erschlossen, aber im weiteren Umkreis wird es interessanter. Da gibt es den Tauern-Radweg, der sich über 325 km von Krimml (wo die berühmten Krimmler Wasserfälle jährlich Hunderttausende von Touristen anziehen) bis Passau erstreckt. Die Mozartstadt Salzburg ist nur 40 km entfernt, die spektakuläre Großglockner-Hochalpenstraße erreicht man mit dem Auto in einer Stunde. Sie können aber auch einfach vom Zeltplatz aus mit dem Kajak in die Saalach springen. Ja, es ist richtig, dass Grubhof zu Österreichs Campingplatz-Größen zählt, aber es ist dennoch einer der Plätze, auf denen die Individualität der Gäste respektiert wird.

**PLUSPUNKTE**: Großer Campingplatz mit getrennter Zeltwiese am Ufer der Saalach.
**MINUSPUNKTE**: Die Größe des Campingplatzes und die vielen Wohnwagen und -mobile mögen abschrecken, aber auf der Zeltwiese geht es ausgesprochen locker und familiär zu.
**KOSTEN**: Stellplatz (inkl. 2 Personen, Pkw und Zelt) je nach Saison und Größe € 18–27, zuzüglich € 2,20 Ortstaxe und Umweltabgabe pro Person pro Tag. Auf der Zeltwiese (ohne feste Stellplätze): Erwachsene € 5,70–7,20, Kinder und Jugendliche bis 15 Jahre € 3,70–4,50, Pkw € 2,50–2,80, Zelt € 2,50–4. Campinghäuschen (2–4 Personen) € 37–44.
**AUSSTATTUNG**: Erstklassig mit ultramodernen Sanitäreinrichtungen, einer kleinen, aber sehr informativen Rezeption, Restaurant, Minimarkt, Spielplatz, Gemeinschaftsraum mit Tischtennisplatte und Fernseher, Babywickelraum und Internetzugang.
**ESSEN UND TRINKEN**: Im platzeigenen Restaurant kann man gut und preiswert essen, aber es gibt auch in der näheren Umgebung viele Lokale, in denen man sich an österreichischen Spezialitäten laben kann. Ein wunderbares Bergpanorama liegt vor Ihnen, wenn Sie auf der Terrasse von Haus Schönblick auf der Loferer Alm speisen (0043 6588 8278).
**FAMILIENAKTIVITÄTEN**: Nur einen Kilometer flussabwärts vom Campingplatz hat das Motion Center Lofer seinen Sitz, das Kanu- und Schlauchbootfahrten für die ganze Familie und noch vieles mehr anbietet (0043 6588 7524, www.motion.co.at).
**HIGHLIGHTS**: Speisen Sie wie ein König im benachbarten Schloss Grubhof (0043 6588 747 254, www.schloss-grubhof.at). Das Restaurant im Schloss, Ristorante da Marcello, bietet authentische italienische Küche in gediegener Atmosphäre. Oder machen Sie einen Abstecher nach Deutschland undf besuchen Sie die Rupertus Therme im 26 km entfernten Bad Reichenhall (0049 1805 606 706, www.rupertustherme.de).
**LAGE**: Im Saalachtal im Salzburger Land nahe der deutschen Grenze, zwischen Salzburg und Kitzbühel.
**ÖFFENTLICHE VERKEHRSMITTEL**: Nach Lofer gibt es keine Bahn-, wohl aber mehrere direkte Busverbindungen: von St. Johann in Tirol, Saalfelden, Zell am See, Kitzbühel und Salzburg.
**GEÖFFNET**: Ende April bis Ende Oktober.
**AUSGEBUCHT**: Der 40 km entfernte deutsche *Cool-Camping*-Platz Zellersee (s. S. 199).

**Park Grubhof**, 5092 St. Martin bei Lofer, Land Salzburg, Österreich

t 0043 6588 82370 | w www.grubhof.com

# fernsteinsee

Österreich ist nicht gerade arm an Schlössern. Von Vorarlberg bis Wien gibt es jede Menge barocke Zitadellen und Renaissance-Kastelle. Auch wenn Schloss Fernsteinsee in einer anderen Liga angesiedelt ist als die Festung Hohensalzburg oder die Burg Liechtenstein, repräsentiert es doch ein Stück österreichische Geschichte.

Es sagt einiges über das Schloss, dass der Bayernkönig Ludwig II., selbst kein Waisenknabe, wenn es um den Bau von Schlössern ging, liebend gern hier weilte. Er kam nicht nur wegen der gefälligen Architektur des Schlosses, sondern auch wegen der kristallklaren Seen und der eindrucksvollen Tiroler Alpengipfel. Würde Ludwig dem Schloss heute einen Besuch abstatten, so wäre er sicher ausgesprochen belustigt festzustellen, dass aus dem Schlosspark ein Campingplatz geworden ist.

Den Campingplatz, der etwa 500 m vom Schloss – heute ein Vier-Sterne-Hotel – entfernt ist, gibt es noch nicht lange. Er liegt innerhalb einer ringförmigen, baumgesäumten Straße. Im weiter abgelegenen Bereich herrscht beschauliche Ruhe, auf der hotelzugewandten Seite in der Nähe der Liegewiese ist die Atmosphäre eher gesellig.

Die Einrichtungen sind, wie man es angesichts der Bindung an einen Hotelbetrieb erwarten kann, überdurchschnittlich. Das Sanitärhaus ist beheizt, und es gibt einen Raum mit Waschmaschinen, einen kleinen, aber gut bestückten Laden, eine Bar mit Sonnenterrasse, Sauna und Solarium (die allerdings extra bezahlt werden müssen). Zum Hotel und zu den Seen läuft man etwa 10 Min. durch bewaldetes Gelände an dem Bach entlang, der quer durch den Campingplatz fließt.

Von den Hoteleinrichtungen steht den Campern eigentlich nur das Restaurant offen. Hier allerdings bekommen sie einen kleinen Rabatt auf das Frühstück und ein Gratisdessert nach dem Abendessen – ein nobles Vier-Gänge-Menü, das sehr zu empfehlen ist, wenn das Outdoor-Leben Sie hungrig gemacht hat. Auch die Benutzung der beiden Seen mit ihrem unglaublich klaren Wasser ist für Campinggäste eingeschränkt. Weil ihre Unterwasserwelt ein besonders empfindliches Ökosystem bildet, dürfen nur Hausgäste tauchen, die nachweisen können, dass sie mindestens 50, für den Samarangersee sogar 80 Tauchgänge absolviert haben. Boot fahren, schwimmen und sonnenbaden ist dagegen allen Besuchern erlaubt. Das Gipfelpanorama, das sich vom Ufer und vom See aus bietet, ist auf alle Fälle mehr als einen Blick wert. Fernsteinsee liegt inmitten der Tiroler Alpen, die man von malerischen Ortschaften wie Nassereith (5 km), Obsteig (14 km) oder Imst (15 km) aus erkunden kann. Imst ist ein beliebter Ferienort und bietet entsprechend viele touristische Aktivitäten wie Klettern und Canyoning.

Da die deutsche Grenze nicht weit ist, kann man bequem Ausflüge in benachbarte Städte wie Garmisch-Partenkirchen (30 km) unternehmen, von wo aus ein Wanderweg über Deutschlands höchsten Berg, die Zugspitze, führt. Von Garmisch-Partenkirchen aus dauert die Wanderung 2 Tage, aber es gibt auch kürzere Routen, beispielsweise vom österreichischen Ehrwald (17 km) aus. Aber gleichgültig, welchen Weg Sie wählen, der Blick vom Gipfel ist in jedem Fall überwältigend.

Etwa 50 km östlich vom Campingplatz liegt die Tiroler Hauptstadt Innsbruck, ein Paradies für Skifahrer und Bergwanderer. Hier gibt es Museen und Kneipen, Märkte und Boutiquen – ein buntes und lebendiges Stück Europa mitten in der urigen Landschaft Österreichs. Hier, mit Ihrem See und Ihrem Schlosscampingpark, können Sie nur das Gefühl haben, als lebten Sie wie ein König.

**PLUSPUNKTE**: Ein Schloss, die Tiroler Alpenwelt und zwei Seen, die zu den klarsten Gewässern Europas zählen.
**MINUSPUNKTE**: Das Flaschentauchen im See ist Hotelgästen mit Taucherfahrung vorbehalten.
**KOSTEN**: Stellplatz (inkl. 2 Personen und Zelt) je nach Saison und Größe € 16–27. Zusätzliche Personen 3–14 Jahre, € 4–5 ab 15 Jahren.
**AUSSTATTUNG**: Rezeption und Minimarkt, Aufenthaltsraum mit Billard und Tischfußball, Kinderspielplatz, Boots- und Fahrradverleih, Seegarten mit Sonnenliegen, Sauna und Solarium (€ 6,50).
**ESSEN UND TRINKEN**: Im platzeigenen Minimarkt bekommt man Eier, Brot, Suppen und Süßigkeiten, abends auch Pizza. In den beiden Restaurants des Hotels gibt es Sonderangebote und einen kleinen Rabatt für Camper. In Obsteig und Imst ist täglich außer sonntags Markt.
**FAMILIENAKTIVITÄTEN**: Auf dem Spielplatz vor Ort können sich die Kinder austoben und am See gibt es Tret- und Ruderboote. Informationen über Wander-, Kletter- und Radtouren erhalten Sie an der Rezeption. Und wenn Sie zur Abwechslung einen Adrenalinstoß brauchen, machen Sie in Imst eine Fahrt auf der längsten Alpen-Achterbahn der Welt mit (Alpine Coaster Imst, 0043 5412 66322, www.alpine-coaster.at).
**HIGHLIGHTS**: Leisten Sie sich eine Nacht in einer der hochherrschaftlichen Suiten des Hotels. Selbst unverbesserliche Romantiker werden nicht enttäuscht sein von der König-Ludwig-Suite oder dem nicht minder luxuriösen Kaiser-Joseph-Apartment. Oder besuchen Sie das weltweit einzigartige Starkenberger Bierschwimmbad auf Schloss Starkenberg im 14 km entfernten Tarrenz.
**LAGE**: Im Oberinntal in Tirol, 50 km östlich von Innsbruck (genaue Wegbeschreibung auf der Homepage).
**ÖFFENTLICHE VERKEHRSMITTEL**: Mit dem Zug bis Imst, von dort fährt stündlich ein Bus zum Schloss Fernsteinsee (manchmal muss man in Nassereith umsteigen).
**GEÖFFNET**: Ende April bis Ende Oktober.
**AUSGEBUCHT**: Der CampingPark Imst-West im 10 km entfernten Imst (Langgasse 62, 0043 5412 66293, www.tiscover.at/ciw) ist ein angenehmer familienbetriebener Campingplatz, stadtnah, aber doch von Natur umgeben.

**Fernsteinsee**, Fernpassstraße, 6564 Nassereith, Österreich

t 0043 5265 5210 w www.fernsteinsee.at

8

# sonnenberg

Was kann es Schöneres geben, als inmitten einer österreichischen Alpenlandschaft den Klängen des Alphorns zu lauschen, jenes einzigartigen Holzblasinstruments, mit dem die Almkühe herbeigelockt und die Touristen verzaubert werden. Auf dem Campingplatz Sonnenberg legen die Betreiber und ein paar ihrer Freunde jeden Sonntag ihre Trachten an und geben ein Konzert. Und wenn die Klänge tief und feierlich über den Platz hallen und die Sonne die Gipfel der umliegenden Berge golden färbt, weiß man, man ist in Österreich und sonst nirgendwo.

Der von Matthias und Beate Dünser geführte Campingplatz Sonnenberg liegt 600 m über dem Meeresspiegel. Tradition und vor allem Gastlichkeit werden hier großgeschrieben. Zelte und kleinere Wohnwagen stehen einträchtig auf dem terrassenförmig angelegten Areal beieinander, an der Rezeption werden alle Fragen der Gäste beantwortet, in der nahegelegenen Bäckerei bekommt man morgens frisch gebackenes Brot, die Sanitäranlagen samt Babywickelraum, Wasch- und Trockenraum sind tipptopp gepflegt, auch Internetzugang und Bibliothek fehlen nicht. Aber das Beste an Sonnenberg ist das Panorama, majestätische Gipfel, wohin man auch blickt – im Südosten die Silvretta, im Süden der Rätikon, im Norden die Lechtaler Alpen, und an klaren Tagen sieht man in der Ferne sogar die Schweizer Berge.

Vorarlberg ist ein lohnendes Gebiet für ausgiebige Erkundungen. Jedes Tal hat seinen eigenen Charakter, jede Ortschaft ihre Besonderheiten. In Nüziders finden Camper alles, was sie brauchen, aber interessanter sind Feldkirch (20 km), eine mittelalterliche Stadt, in der sich das hippe Jungvolk trifft, und Bludenz (3 km), im Schnittpunkt von fünf Tälern gelegen und Ausgangspunkt für touristische Aktivitäten aller Art vom Wandern bis zum Snowboardfahren. Und wenn Sie zur Schokoladensucht neigen, werden Sie mit Freude zur Kenntnis nehmen, dass die Firma Suchard hier ihren Sitz hat.

Eines der Täler, die hier ihren Anfang nehmen, ist das Große Walsertal, das zu den Biosphärenreservaten der UNESCO zählt. Dem sportlichen Bewegungsdrang sind keine Grenzen gesetzt und Kletterer werden sich freuen zu hören, dass nahezu jeder Gipfel ohne aufwendige Ausrüstung zu erreichen ist. Ein Klassiker ist eine zweitägige Wanderung mit Hüttenübernachtung zur Zimba hinauf und auch den 1970 m hoch gelegenen Lünersee muss man eigentlich gesehen haben. Fußfaule können von Brand aus die Seilbahn nehmen und wer nicht gern allein wandert, kann sich einer der vom Zeltplatz organisierten Wandergruppen anschließen.

Eine schöne Abwechslung ist auch ein Ausflug nach Bregenz am Bodensee (50 km), wo man ein Boot oder ein Fahrrad mieten kann; oder man steigt auf den Pfänder, von dessen 1064 m hohem Gipfel man einen unvergleichlichen Blick über den See hat. In der Ferienregion Bregenzerwald finden Sie Almweiden, schmucke Dörfer und moderne Ökohäuser.

Zurück auf dem Campingplatz, können Sie auf den Terrassenwiesen alle Viere von sich strecken und die Ruhe genießen, wenn die Sonne untergeht und die Dunkelheit sich wie eine samtene Decke um die Gipfel legt. Und wenn gerade Sonntag ist, wissen Sie ja, was kommt – Sie machen es sich mit einem Bier bequem und lauschen den Klängen der Alphörner, die klagend durch die Nacht hallen.

**PLUSPUNKTE**: Ein umsichtig geführter, stimmungsvoller Campingplatz vor der Kulisse des Vorarlberger Gebirgspanoramas.
**MINUSPUNKTE**: Es gibt keinen Pool und keine Sauna, dafür aber in erreichbarer Nähe einen Naturbadesee.
**KOSTEN**: Je nach Saison und Lage Stellplatz € 8,60–15 (inkl. € 2 Umweltabgabe), Erwachsene € 6–7 (inkl. € 1 Gästetaxe), Jugendliche von 15–17 Jahren € 5,50, Kinder von 2–14 Jahren € 3,50.
**AUSSTATTUNG**: Hier ist alles unter einem Dach in einem zweigeschossigen Gebäude untergebracht: Rezeption und Minimarkt, Sanitäranlagen mit Babyraum, Spülbecken, Waschmaschine und Trockner, Aufenthaltsraum, Filmvorführraum, Schlafgelegenheiten für 4 Personen und Internetzugang.
**ESSEN UND TRINKEN**: Auf dem Platz kann man nur das Notwendigste kaufen, aber nur 300 m entfernt liegt das Restaurant Daneu mit österreichischer und internationaler Küche, beim Italiener Angelo (2 km) werden Gerichte nach den Wünschen der Gäste zusammengestellt und in Braz (8 km) gibt es ein hübsches Lokal namens Rössle (Arlbergstraße 67, 0043 5552 281 050, www.roesslebraz.at).
**FAMILIENAKTIVITÄTEN**: Vor Ort gibt es einen Spielplatz mit Tischtennisplatte, einen Aufenthaltsraum mit Tischfußball und Dartscheibe, und 3 bis 4 x wöchentlich werden Kinderprogramme wie geführte Wanderungen, Stockbrotbacken, Tischtennisturnier oder Filmvorführungen angeboten. Fahrräder können an der Rezeption ausgeliehen werden.
**HIGHLIGHTS**: Eine Nacht auf der Frassenhütte (0043 699 170 510 89, www.frassenhuette.at), in 1740 m Höhe am Hohen Frassen gelegen. Man kann entweder zu Fuß hinaufwandern oder die Muttersberg-Seilbahn nehmen. Überfliegern wird ein Tandem-Gleitschirmflug über das Montafon empfohlen (Tandem Gliding Montafon, Silbertalstraße 26, 6780 Schruns, 0043 5556 76717, www.tandemgliding.at).
**LAGE**: Im Schnittpunkt der 5 Täler Walgau, Brandnertal, Montafon, Klostertal und Großes Walsertal in Vorarlberg, etwa 50 km südlich von Bregenz (Wegbeschreibung auf der Homepage).
**ÖFFENTLICHE VERKEHRSMITTEL**: Mit dem Zug bis Nüziders oder Bludenz, von dort weiter mit dem Bus bis fast zum Campingplatz. Abholung kann vereinbart werden.
**GEÖFFNET**: Ende April bis Anfang Oktober.
**AUSGEBUCHT**: Walch's Camping im 13 km entfernten Walch ist ein vom ADAC ausgezeichneter Platz mit erstklassiger Ausstattung (0043 5552 281 020, www.landhauswalch.at).

**Camping Sonnenberg**, Hinteroferst 12, 6714 Nüziders bei Bludenz, Vorarlberg, Österreich

t 0043 5552 64035 | w www.camping-sonnenberg.com

KRACK!

# eigernordwand

Eine der vermuteten Wortbedeutungen des Namens Eiger ist Oger, »Unhold«, und wenn man den Berg so betrachtet, leuchtet diese Interpretation ein. Er steigt 1800 m steil auf und erzeugt sein eigenes Mikroklima, in dem es selbst an vollkommen ruhigen Tagen zu plötzlichen Sturmwinden und Wetterstürzen kommen kann. Das ist einer der Gründe, warum er so schwer zu besteigen ist und warum es besser ist, auf dem Zeltplatz zu sitzen und anderen bei ihren Bemühungen zuzusehen. Und einen besseren Beobachtungsposten findet man nicht als diesen Platz am Fuß der Eigernordwand, der von einem reizenden alten Herrn namens Rudi geleitet wird. Rudi war schon hier, als Leinenrucksäcke und Norwegerpullover das Nonplusultra unter Kletterern waren. Jeden Abend macht er die Runde, um seinen Gästen Hallo zu sagen. Doch die meisten haben ihre Stühle zur Eigernordwand hingedreht und versuchen, eines der menschlichen Staubkörner zu erhaschen, die darin herumkraxeln. Natürlich hat Grindelwald mehr zu bieten als einen gewaltigen Felsbrocken, und der Blick ins Tal, wenn man seinen Stuhl herumdreht, ist nicht minder überwältigend. Nur sehen dich dann alle anderen an.

**PLUSPUNKTE**: Direkt an der Ehrfurcht gebietenden Eigernordwand.
**MINUSPUNKTE**: Der untere Bereich des Areals ist komplett mit Wohnwagen vollgestellt.
**KOSTEN**: Erwachsene CHF 13,90 (inkl. CHF 2,90 Kurtaxe), Kinder von 3–12 Jahren CHF 5,50, Stellplatz je nach Größe CHF 7–14, Pkw CHF 3.
**AUSSTATTUNG**: Ein Schweizer Chalet mit modernen sanitären Einrichtungen, Waschsalon, 2 Aufenthaltsräume mit TV, Grillhütte, Kinderspielplatz mit Tischtennisplatte.
**ESSEN UND TRINKEN**: Direkt am Zeltplatz liegt ein Hotel mit Bar und Terrasse mit Blick auf den Eiger. Das Hotel Grand Regina in Grindelwald (0041 33854 8600, www.grandregina.ch) hat eine Bar mit Terrasse für den abendlichen Drink, im Hotel Kreuz und Post am Bahnhof gegenüber kann man gut und nicht zu teuer essen.
**FAMILIENAKTIVITÄTEN**: Eine Fahrt mit der längsten Personengondelbahn der Welt, die von Grindelwald auf den Männlichen führt. Von der Bergstation ist es nur noch ein 20-minütiger Spaziergang auf den Gipfel.
**HIGHLIGHTS**: Eine 35-minütige Fahrt mit der Zahnradbahn von Grindelwald zur Kleinen Scheidegg, der Passhöhe zwischen Eiger und Lauberhorn. Der Blick von hier auf die Nordwand ist unvergleichlich.
**LAGE**: Bei Grindelwald im Berner Oberland, am Fuß der Eigernordwand, 20 km südöstlich von Interlaken.
**ÖFFENTLICHE VERKEHRSMITTEL**: Es fahren regelmäßig Züge von Interlaken nach Grindelwald (Fahrplanauskunft unter www.sbb.ch), vom Bahnhof sind es 10 Min. zu Fuß.
**GEÖFFNET**: Mitte Mai bis Mitte Oktober.
**AUSGEBUCHT**: Vor 15 Uhr findet man immer einen freien Platz. Ansonsten gibt es am Ortsrand von Grindelwald den Campingplatz Gletscherdorf (0041 33853 1429, www.gletscherdorf.ch) und im 10 km entfernten Lauterbrunnen den wildromantischen Campingplatz Jungfrau (0041 33856 2010, www.camping-jungfrau.ch).

**Camping Eigernordwand**, 3818 Grindelwald, Schweiz

**t** 0041 33853 1242 **w** www.eigernordwand.ch

# petit praz

Die Schweizer sind durchaus speziell. Es ist sicher kein Zufall, dass Einstein während seiner Zeit als Angestellter des Patentamtes in Bern die Relativitätstheorie entwarf oder dass am unterirdisch auf Schweizer Boden stehenden weltgrößten Teilchenbeschleuniger Männer mit wilden Mähnen und Acrylglas-Schutzbrillen arbeiten und sich mit rasenden Teilchen beschäftigen. Hier ist einfach alles ein bisschen anders, als wären Raum und Zeit nicht real und nichts so, wie es zu sein scheint.

Nehmen Sie zum Beispiel Petit Praz. Je nachdem, wen Sie fragen, heißt der Platz entweder Camping Petit Praz oder Camping Arolla oder auch beides. Jedenfalls liegt er nicht in der Ortschaft Arolla, sondern in La Monta. Und Praz ist ohnehin ganz woanders.

Das Einzige, dessen man sich sicher sein kann, wenn man hierher kommt, ist ein kleines Hinweisschild mit einem Zelt darauf an der Straße, die sich aus dem Tal herauf windet. Man folgt dem unbefestigten Weg über einen Fluss und unversehens ist man auch schon da. Und dann werfen Sie einen Blick auf das Panorama und vergessen alles andere.

Dass man von diesem Platz aus eine spektakuläre Aussicht hat, ist nicht verwunderlich, schließlich befindet er sich auf fast 2000 m Höhe in den Walliser Alpen und beansprucht für sich, der höchstgelegene Campingplatz Europas zu sein. Von den Stellplätzen auf den grasbewachsenen Hangterrassen sieht man ins Tal hinunter, aber wenn Sie Ihr Zelt oben auf der Bergkuppe aufstellen, haben Sie die 4000-Meter-Gipfel des Mont Collon und des Pigne d'Arolla vor sich. Von hier aus sehen Sie auch, dass direkt über dem Zeltplatz eine furchterregende Felsenspitze aufragt wie eine Rieseninjektionsspritze, die Ihnen, sollte je ein Arzt damit in Ihre Nähe kommen, den Schweiß auf die Stirn treiben würde.

Abgesehen von anspruchsvollen Klettertouren bietet die Gegend auch wunderbare Wanderwege, und eine Tour, die jeder gemacht haben muss, ist die zum Lac Bleu hinauf. Von La Gouille aus geht es erst einmal gemächlich durch den Wald und über Wiesen, bevor der Weg dann steil aufsteigt und zugegebenermaßen so beschwerlich wird, dass Sie sich eine Belohnung verdient haben, wenn Sie oben angelangt sind. Und die erhalten Sie in Gestalt eines absolut kristallklaren Sees, in den sich auf der einen Seite dünne Sturzbäche über Felsen ergießen, während das Wasser auf der anderen Seite in mehreren Becken zum Tal hinabfließt. Das Beste aber ist die kleine Kneipe, die am Ausgangspunkt der Wanderung mit einem eiskalten Bier auf Sie wartet. Das haben Sie sich jetzt verdient.

Wenn Ihnen das alles aber zu anstrengend ist – schließlich sind Sie im Urlaub –, gibt es

in Petit Praz immer noch die leuchtend grüne Wiese, auf die Sie sich fallen lassen und den einen oder anderen Nachmittag verträumen können. Machen Sie einfach die Höhenlage und die viele frische Luft dafür verantwortlich, dass Sie sich ganz komisch im Kopf fühlen und unbedingt ein geruhsames Schläfchen brauchen. Oder die unheimlichen Vorgänge um den Teilchenbeschleuniger, von dem kein Geringerer als Stephen Hawking düster voraussagt, er könne ein riesiges Schwarzes Loch erzeugen, das uns am Ende alle verschlingt. Ein Grund mehr, sich nach Arolla zu begeben, solange es noch da ist.

**PLUSPUNKTE**: Der höchstgelegene Campingplatz Europas mit unglaublich sauberer Luft und sensationellem Blick.
**MINUSPUNKTE**: Strom- und Telefonkabel beeinträchtigen an manchen Stellen die Sicht.
**KOSTEN**: Erwachsene CHF 7, Kinder CHF 4, Zelt je nach Größe CHF 6–12, Pkw CHF 3.
**AUSSTATTUNG**: Das Sanitärhaus ist relativ neu und mit allem eingerichtet, was man braucht. Von Nachteil ist lediglich, dass man für jedes Duschen zwei 1-Franken-Münzen bereithalten muss.
**ESSEN UND TRINKEN**: Die wichtigsten Lebensmittel und morgens frische Brötchen kann man im kleinen Lebensmittelladen vor Ort kaufen. In Arolla gibt es einen Supermarkt und nebenan das Café-Restaurant du Pigne (0041 27283 7100), das, abgesehen davon, dass es belgisches Bier verkauft und ein angenehmes Lokal ist, über eine Sonnenterrasse mit Blick auf die Berge verfügt.
**FAMILIENAKTIVITÄTEN**: Rufen Sie Pascale Follonier an (0041 79560 9894). Er organisiert Spiele und Exkursionen für Kinder von 4–12 Jahren.
**HIGHLIGHTS**: Haben Sie *Shining* mit Jack Nicholson gesehen? Wenn ja, wird Ihnen ein Besuch im Hotel Kurhaus in Arolla gefallen (0041 27283 7000, www.hotel-kurhaus.arolla.com). Es steht dort in luftiger Höhe und von Tannen umgeben seit 1896, Zeit genug also für allerlei gespenstisches Treiben in den holzgetäfelten Räumen. Ein Doppelzimmer mit Frühstück kostet CHF 50 (Standard) bis CHF 88 (mit Balkon und Bergblick). Wenn Sie lieber nicht über Nacht bleiben wollen, verbringen Sie einfach ein paar Stunden im Restaurant oder in der Bar.
**LAGE**: Am Arollagletscher in den Walliser Alpen im Kanton Wallis, bei Arolla, 40 km südöstlich von Sion, 5 km nördlich der italienischen Grenze.
**ÖFFENTLICHE VERKEHRSMITTEL**: Vom Bahnhof Sion fährt im Ein- bis Zweistundenrhythmus ein Postbus nach Arolla (Fahrplanauskunft http://fahrplan.sbb.ch). Von der Haltestelle Arolla La Monta sind es 5 Min. zu Fuß bis zum Campingplatz.
**GEÖFFNET**: Anfang Juni bis Ende September.
**AUSGEBUCHT**: In Les Haudères unten im Tal liegen 2 Campingplätze, Molignon (0041 27283 1240, www.camping-molignon.ch) und Evolène (0041 27283 1144, www.camping-evolene.ch). Eine ähnlich spektakuläre Gebirgslage finden Sie auch auf dem *Cool-Camping*-Platz des Glaciers bei La Fouly (s. S. 219).

**Camping Petit Praz**, 1986 Arolla, Schweiz

t 0041 27283 2295 | w www.camping-arolla.com

# camping des glaciers

Wenn man an die Schweiz denkt, hat man, ob man will oder nicht, sofort alle möglichen Bilder im Kopf: Heidi mit strohblonden Zöpfen, Jungs in Lederhosen, Schokolade, Taschenmesser. Und hier auf dem Campingplatz des Glaciers finden Sie auch noch all die anderen üblichen Verdächtigen – Almwiesen, Bergwälder, Gletscher, rauschende Wildbäche, kristallklare Luft, Alpenblumen und weiße Schäfchenwolken.

Das Campingareal liegt auf dem Hang unterhalb des Gletschers ausgebreitet wie eine große grüne Picknickdecke, und man hat die Wahl zwischen dreierlei Stellplätzen: zwischen grasbewachsenen Felsen mit Blick auf die Gipfel, auf der offenen Wiese mit Blick ins Tal oder zwischen Tannen und Alpenblumen, wo man den Wald vor lauter Bäumen (und Bienen) nicht sieht.

Agathe und Michel Darbellay, die den Platz seit 40 Jahren betreiben, scheinen jeden Grashalm und jede Blume auf dem Gelände persönlich zu kennen. Agathe wird Ihnen sicher einige der sieben Orchideensorten zeigen, die hier wachsen, und vielleicht auch gelegentlich ein Exemplar der seltenen *Campanula thyrsoides*, der Strauß-Glockenblume. Sie ist ständig auf dem Platz unterwegs, schaut vorbei, um Gäste zu begrüßen, die seit 30 Jahren ihren Urlaub hier verbringen, oder führt Neuankömmlinge herum, um ihnen die Blumen zu erklären.

Michel ist das genaue Gegenteil, ein ausgesprochen ruhiger, fast bescheidener Typ, der als Erster im Alleingang die Eigernordwand durchstiegen hat. Das war im Jahr 1963, bevor er Agathe kennen lernte – zum Glück, denn sie behauptet, dass sie ihn gar nicht erst in die Nähe der Wand gelassen hätte, wenn sie damals schon verheiratet gewesen wären.

Der Campingplatz ist 10 Gehminuten von La Fouly entfernt, im Winter ein bescheidener kleiner Skiort mit einer schwarzen und ein paar roten und blauen Pisten. Beliebter ist La Fouly aber im Sommer, wenn die Wiesen mit Blumen gesprenkelt sind und der melonengrüne Wildbach gurgelnd vom Gletscher herunterstürzt.

La Fouly und das etwas höher gelegene Ferret sind Ausgangspunkte eines weitläufigen Netzes von Wanderwegen und Klettertouren, und auch wenn die Berge hier nicht vom Format des Eigers sind, müssen sie sich doch nicht gerade verstecken. Die Zwillingsgipfel oberhalb des Campingplatzes und der Pass, der nach Frankreich hinüberführt, genügen den Ansprüchen der meisten Bergwanderer voll und ganz, und Sie müssen mehr als ein paar Steigeisen an Ihre Guccischuhe schnallen, wenn Sie zum Abendessen nach Chamonix hinüber laufen wollen. Das sind zwar nur 16 km Vogelfluglinie, aber selbst mit dem Auto braucht man dafür über

die Passhöhe des Col des Montets geschlagene eineinhalb Stunden.

Nicht, dass Sie solche Strecken überhaupt zurücklegen müssen, haben Sie doch alles, was Sie brauchen, direkt vorm Zelt. All diese Almwiesen, Bergwälder, Gletscher und rauschenden Wildbäche …

**PLUSPUNKTE**: Alles, was Ihnen zum Sommer in den Schweizer Alpen einfällt.
**MINUSPUNKTE**: Vorschläge auf einer Postkarte, bitte!
**KOSTEN**: Erwachsene € 4,65, Kinder bis 2 Jahre € 1,35, von 2–12 Jahren € 2,65, Stellplatz (inkl. Zelt und Pkw) € 10,70.
**AUSSTATTUNG**: Seit 2008 gibt es neben dem ursprünglichen Sanitärhaus unterhalb der Rezeption ein neues Sanitärgebäude mit Babywickelraum. Auch eine Gemeinschaftshütte mit TV steht zur Verfügung.
**ESSEN UND TRINKEN**: Im Dorf, etwa 10 Gehminuten entfernt, gibt es einen Supermarkt. Direkt oberhalb des Campingplatzes liegt das Restaurant des Glaciers, in dem seit einiger Zeit ein neuer Chefkoch für frischen Wind in der Küche sorgt. Überdies sind die Preise (ab CHF 22 für ein 3-Gänge-Menü) nicht übertrieben hoch.
**FAMILIENAKTIVITÄTEN**: Machen Sie einen Ausflug zu den atemberaubenden Gorges du Durnand bei Martigny (www.gorgesdudurnand.ch), ein Ensemble von 14 Wasserfällen, die durch Holzstege miteinander verbunden sind. Die in die Felswand hineingebauten Stege sehen teilweise abenteuerlich aus, aber sie eröffnen einfach spektakuläre Blicke.
**HIGHLIGHTS**: Im Juni und Juli werden im Open-Air-Kino in Martigny Filme gezeigt (Preise und aktuelles Programm unter www.open-air-kino.ch). Achten Sie darauf, in welcher Sprache die Filme gespielt werden oder ob sie untertitelt sind.
**LAGE**: An der Grenze zu Frankreich und Italien im Val Ferret im Kanton Wallis, 25 km südlich von Martigny bei La Fouly.
**ÖFFENTLICHE VERKEHRSMITTEL**: Mit Zug oder Bus von Martigny nach Orsières, vom Bahnhof mit dem Bus weiter nach La Fouly (Fahrplanauskunft unter http://fahrplan.sbb.ch).
**GEÖFFNET**: Mitte Mai bis Ende September.
**AUSGEBUCHT**: Agathe zufolge ist es von Mitte Juli bis Mitte August zwar ziemlich voll, aber irgendwo findet sich immer noch ein Plätzchen.

**Camping des Glaciers**, 1944 La Fouly, Val Ferret, Schweiz

t 0041 27783 1735 | w www.camping-glaciers.ch

# silvaplana

Man muss schon ziemlich reich, sehr berühmt oder außergewöhnlich großkotzig sein, um mit dem privaten Hubschrauber auf einem Campingplatz einzufallen. Aber welcher Campingplatz verfügt auch schon über einen Hubschrauberlandeplatz? In Silvaplana im Oberengadin fragt man sich das allerdings manchmal, denn hier tauchen diese geflügelten Ungeheuer ständig wie brummende schwarze Insekten am Horizont auf, bevor sie im Näherkommen zu B-Movie-Größe anschwellen.

Tatsächlich steuern sie aber St. Moritz an, den ultraexklusiven Skiort, in dem königliche Hoheiten und Promis aller Art zur Freude der Paparazzi die Pisten hinunterwedeln und der auch im Sommer landschaftlich so schön ist, dass sich die Superreichen mal eben für ein Wochenende einfliegen lassen. Wer könnte es ihnen auch verübeln bei einem solchen Blick?

Und wenn der Schnee nur noch auf den ewig weißen höchsten Gipfeln des Oberengadin liegt, dann ist die sommerliche Landschaft so grün, wie der Winter weiß ist. Von den Berghöhen ergießt sich das Wasser in langen weißen Streifen durch die Felsspalten hinunter in den Silvaplanersee.

Mitten in dieser außergewöhnlichen Landschaft liegt der Campingplatz. Direkt am See, am Fuße des Julierpasses, der das Engadin mit dem Oberrheinpass verbindet, blickt er auf eine Kulisse aus Wasserfällen, Tannenwäldern, Wiesen und majestätischen Bergen, deren Gipfel in 4000 m Höhe die Wolken kitzeln.

Der See, der Campingplatz und das umliegende Grün bieten zusammen die idealen Bedingungen für Sport, Sport und noch mal Sport. Wenn das also Ihre Bedürfnisse trifft, sind Sie hier definitiv am richtigen Ort. Sie können segeln, wind- und kitesurfen lernen und sicher sein, dass Ihre Lehrer ziemlich fit sind. Schließlich werden auf dem Silvaplanersee alljährlich Weltmeisterschaften in diversen Wassersportdisziplinen ausgetragen.

Vor und nach der Hochsaison geht es ein bisschen ruhiger zu auf dem Platz und der See gehört eher den Anglern und Ruderern, die ihre Schnur vom Anlegesteg aus ins Wasser hängen oder sich draußen auf dem Wasser treiben lassen. Das Campinggelände ist so groß, dass jeder ein Plätzchen finden kann, an dem er ein wenig Ruhe und sein eigenes kleines Stück vom großartigen Blick hat.

Der Campingplatz ist Ausgangspunkt für zahlreiche Wander- und Bergtouren, und wenn Ihnen der Sinn nach Abenteuern steht, können Sie es mit Steilwandklettern, Gleitschirmfliegen oder Reiten unter fachkundiger Anleitung versuchen. Oder Sie leihen sich ein Fahrrad und erkunden das 160 km lange offizielle Netz von Rad- und Mountainbiketouren. Zu manchen der Wege gelangt man mit der Seilbahn, und das ist ein Abenteuer für sich.

Vom Campingplatz läuft man 5 Min. bis zum beliebten Ferienort Silvaplana, aber die besten Kneipen und Restaurants gibt es in St. Moritz. Man hat das Gefühl, dass sämtliche Läden den Sommer über dicht machen, aber die Glitzerwelt von Gucci bis Prada in den Einkaufsstraßen belegt, wie nobel es hier zugeht, sobald die Temperaturen sinken.

Die typischen Bauern- und Patrizierhäuser des Engadin geben den Dörfern, die sich an Berghänge und in Täler schmiegen, ihren besonderen Schweizer Charme. Sollte Ihnen bei dem Anblick ein Jodeln in die Kehle steigen, lassen Sie es einfach raus.

Ein imposanter Druidenstein in St. Moritz legt beredtes Zeugnis davon ab, dass das Engadin im 1. Jahrhundert v. Chr. von Kelten bewohnt war, und er ist nur ein Hinweis auf die reiche Geschichte des Engadin, die sich auch in den baulichen Relikten der Römer und in den vielen gotischen Kirchen und Burgen niedergeschlagen hat. Mit den historischen Stätten und den Galerien und Museen der Gegend sollte auch der kulturell interessierteste Camper auf seine Kosten kommen, ob er nun einen Hubschrauber sein eigen nennen kann oder nicht.

**PLUSPUNKTE**: Atemberaubendes Landschaftspanorama und Outdoor-Sportmöglichkeiten ohne Ende.
**MINUSPUNKTE**: Die Plätze am See sind vorwiegend von Saisoncampern belegt, und im Juli und August sind die Aktivsportler hier in der Überzahl.
**KOSTEN**: Erwachsene CHF 9,90, Kinder von 5–12 Jahren CHF 4,60, von 12–15 Jahren CHF 7,45, Pkw CHF 8,15, Zelt je nach Größe CHF 5,10–7,15.
**AUSSTATTUNG**: Die Frage ist eher, was es hier nicht gibt.
**ESSEN UND TRINKEN**: Wahrscheinlich bleiben Sie gleich im platzeigenen Restaurant Mulets hängen, das einen Garten mit Seeblick, Bier und Schnitzel satt zu bieten hat. Die Kneipen im Ort erreichen Sie zu Fuß, oder aber Sie fahren nach St. Moritz. Einen Brunch mit Käsespezialitäten der Region vor einer wunderschönen Bergkulisse bietet die Alp-Schaukäserei Morteratsch in Pontresina an (0041 81842 6273, www.alp-schaukaeserei.ch).
**FAMILIENAKTIVITÄTEN**: Besuchen Sie mit Ihren Kindern die Originalhütte des im Engadin gedrehten Heidi-Films. Infos finden Sie auf der offiziellen Website von St. Moritz (www.stmoritz.ch/winter/activities/ausfluege-tipps/sehenswuerdigkeiten.html).
**HIGHLIGHTS**: Ein Rundflug mit Gletscherlandung vom Flughafen Samedan bei St. Moritz aus (Infos unter 0041 81851 0851, www.engadin-airport.ch) oder ein Verwöhnprogramm im Mineralbad & Spa Samedan (0041 81851 1919, www.mineralbad-samedan.ch)
**LAGE**: Am Silvaplanersee im Oberengadin, zwischen Sils und St. Moritz.
**ÖFFENTLICHE VERKEHRSMITTEL**: Es gibt ein gut ausgebautes Busliniennetz, das die Dörfer des Engadin miteinander verbindet (Fahrplanauskunft unter http://fahrplan.sbb.ch).
**GEÖFFNET**: Mitte Mai bis Mitte Oktober.
**AUSGEBUCHT**: Camping Plauns Morteratsch im 25 km entfernten Pontresina (0041 81842 6285) ist ein kleinerer, ruhiger Platz und vor allem als Ausgangspunkt für abwechslungsreiche Wanderungen bekannt.

**Camping Silvaplana**, Via Bos-Cha 15, 7513 Silvaplana, Schweiz

t 0041 81828 8492 | w www.campingsilvaplana.ch

Alle piazzole
Müll
Rifiuti
Mini-Market
Reception
Ristorante
Restaurant
Streichelzoo

# seiser alm

Wer nicht zu den großen Sprachtalenten zählt, wird hier möglicherweise vollends unter Sprechhemmungen leiden. Das liegt nicht an der Höhe, die Sie gewiss ein bisschen benommen machen kann, sondern an der Sprache, die in der Gegend gesprochen wird – Italienisch mit schweren schweizerisch-österreichisch-deutschen Einsprengseln.

Die Seiser Alm oder Alpe di Siusi liegt im Herzen der Dolomiten. Charakteristisch für diesen Teil der südlichen Kalkalpen ist der abrupte Wechsel zwischen sanft gewellten Almen und Kalksteinfelsen, die wie finstere Monolithen aus der friedlichen Alpenlandschaft aufragen.

Die drei wichtigsten Städte der Region sind Kastelruth, Seis und Völs. Dazwischen verstreut liegen kleinere Dörfer und hier, am Fuße des 2500 m hohen Schlern, liegt der Campingplatz Seiser Alm. Unterhalb dieses Kalksteinwunderwerks stehen willkürlich im Gras verstreut winzige Zelte. Trotz einer unschönen Phalanx von Wohnwagen und Dauercampern hat man angesichts des ungehinderten Blicks auf das Dolomitenpanorama fast das Gefühl, wild zu campen.

Was nicht verwundert, denn dieses Panorama ist einfach atemberaubend. Im Winter liegt das Tal unter einer dicken Schneedecke, und die Bergspitzen – einige mehr als 3000 m hoch – sehen aus wie Kosakenzipfel mit Zuckerguss. Im Sommer wird die märchenhafte Landschaft mit ihren Blumenwiesen, majestätischen Bergen und eindrucksvollen Felsformationen vor einem strahlend blauen Himmel von Urlaubern mit professioneller Wanderausrüstung überschwemmt.

Wandern war in dieser Region schon im 19. Jahrhundert beliebt, und heute existiert ein Netz ausgewiesener Wanderrouten von insgesamt 350 km Länge. Und wenn Sie die Entfernungen und Höhenmeter lieber im Sitzen zurücklegen, steht Ihnen die Seiser Alm Umlaufbahn samt Anschlussliften zur Verfügung. Allerdings müssen Sie Ihren Hintern wieder erheben, wenn Sie eine kleine Rast im Schlernhaus einlegen wollen. Das in 2400 m Höhe am Petz, dem höchsten Gipfel des Schlern, gelegene Schlernhaus (oder italienisch Refugio Bolzano) ist eine der ältesten Berghütten in den Alpen. Ebenso reizvoll ist ein Spaziergang zum Aussichtspunkt an der Bergstation des Puflatsch-Sessellifts. Das Panorama mit der Marmolada, dem höchsten Berg der Dolomiten, im Osten hat einen ziemlich hohen Wow-Faktor.

Wenn Sie eher an Geschichte als an schweißtreibendem Wandern interessiert sind, werden Sie Spaß daran haben, die zahllosen Burgen, Ruinen und Miniaturdörfer der Gegend zu erkunden. Geradezu obligatorisch bei wärmeren Temperaturen ist ein Bad im wunderschönen Völser Weiher, der bekannt ist für sein intaktes Ökosystem und seine hervorragende Wasserqualität. Auch Radler und Mountainbiker müssen nicht zurückstehen – die Felshänge und sanft gewellten Straßen der Region bieten atemberaubende Touren für alle Leistungsniveaus.

Und wenn Sie dann auf dem Campingplatz einmal eine Pause brauchen, wird Ihnen das Frühstück auf einer langen Terrasse mit spektakulärem Blick auf die Dolomiten auf der einen und ins Tal auf der anderen Seite serviert. Erwarten Sie allerdings keinen Cappucino mit Cornetto, das Frühstück ist typisch deutsch – Brötchen mit gekochtem Ei, Schinken und Käse. Eine leckere und passende Art, sich auf den kräftezehrenden Tag vorzubereiten, der vor Ihnen liegt.

**PLUSPUNKTE**: Blick auf die Dolomiten und Wanderwege vom Feinsten.
**MINUSPUNKTE**: Die Angestellten sind nicht sonderlich freundlich.
**KOSTEN**: Erwachsene € 7–9 je nach Saison, Jugendliche von 10–16 Jahren € 4,90–7,50, Kinder von 2–9 Jahren € 1–5,50, Stellplatz € 4–10, Umweltabgabe € 2.
**AUSSTATTUNG**: Gourmetrestaurant, hervorragende Sanitäranlagen, Minimarkt, Spielplatz mit Streichelzoo, WLAN und morgens aktuelle Tageszeitungen.
**ESSEN UND TRINKEN**: Das platzeigene Restaurant Zur Quelle besitzt eine Aussichtsterrasse mit Blick auf die Berge. Im benachbarten Ferienort Seis am Schlern gibt es ein paar Kneipen und eine Pizzeria. Das Restaurant Bullaccia an der Bergstation des Puflatsch-Sessellifts ist der perfekte Gipfelort für ein kaltes Bier. Wochenmärkte finden freitags in Kastelruth und samstags in Völs statt.
**FAMILIENAKTIVITÄTEN**: Fahren Sie mit der Seiser Alm Umlaufbahn von der Talstation auf die Seiser Alm (Seiser Alm Umlaufbahn AG, Schlernstraße 39, 0039 471 704 270, www.seiseralmbahn.it) und von dort weiter hinauf mit dem Sessellift.
**HIGHLIGHTS**: Ein Gleitschirm-Tandemflug ins Tal mit Tandem Fly (0039 338 604 1979, www.tandemfly.it) oder mit Fly2 (0039 335 571 6500, www.fly2.info, € 49 für 55 Min.). Wer etwas Ruhigeres vorzieht, sollte sich ein traditionelles Tiroler Heubad gönnen, das eine schweißtreibende, entschlackende, hautreinigende und angenehm entspannende Wirkung haben soll (Hotel Heubad, Fiè allo Sciliar, 0039 471 725 020, www.hotelheubad.com).
**LAGE**: Auf der Seiser Alm in den Südtiroler Dolomiten, etwa 15 km östlich von Bozen.
**GEÖFFNET**: Weihnachten bis Anfang November.
**AUSGEBUCHT**: Ein ähnlich schönes Dolomitenpanorama bietet der Campingplatz Vidor in Pozza di Fassa (0039 462 763 247, www.campingvidor.it), der etwas mehr als eine Autostunde entfernt ist.

**Camping Seiser Alm**, St. Konstantin 16, 39050 Völs am Schlern, Italien

t 0039 471 706 459 w www.camping-seiseralm.com.

# bellavista

Kommen Sie und stürzen Sie sich in die Fluten. Der Campingplatz Bellavista befindet sich am nördlichen Ufer des Gardasees, des größten italienischen Sees, und hat damit eine erstklassige Lage für alle jene Camper, die gar nicht genug kriegen können vom kühlen Nass.

Es ist ein einfacher und einladender Campingplatz mit großzügig bemessenen Stellplätzen, die alle über einen Stromanschluss verfügen. Reihen von Olivenbäumen spenden Schatten und angesichts der überschaubaren Größe des Areals hat man alles in erreichbarer Nähe. Das Campinggelände grenzt direkt an einen malerischen Strand. Hier ist das Wasser des Sees so klar und blau, dass man seine Zehen im weißen Sand einsinken sieht.

Zu beiden Seiten des Sees begrenzen imposante Kalksteinfelsen das Panorama. Die Gegend ist ein idealer Ort für Wanderer, Mountainbiker, Kletterer und Canyoning-Freunde. Aber so wie der Campingplatz liegt, sollte Wassersport in allen Variationen an erster Stelle stehen. Am beliebtesten sind Windsurfen und Segeln, und man kann sich vor Ort alles, was man dazu benötigt, ausleihen.

Wenn Sie dann genug haben vom Wasser, lockt die nahegelegene Stadt Arco mit ihren Obstgärten und Weinbergen, die im mediterranen Klima der Gegend prächtig gedeihen. Im Zentrum der Altstadt liegt ein belebter Platz, die Straßen sind gesäumt von Reihen malerischer Häuschen mit hübschen hölzernen Fensterläden. Schließen Sie Ihren Rundgang mit einem Besuch der mittelalterlichen Burgruine ab, die auf einem senkrecht aufragenden Felsen hoch über der Stadt thront.

**PLUSPUNKTE**: Ein freundlicher kleiner Campingplatz in unmittelbarer Nähe des Seeufers.
**MINUSPUNKTE**: Ein überdimensionaler Heckenzaun, der vermutlich der Wahrung der Privatsphäre dienen soll, versperrt den Blick auf den See.
**KOSTEN**: Stellplatz € 11, Erwachsene € 9, Kinder von 3–12 Jahren € 7.
**AUSSTATTUNG**: Neues Sanitärhaus mit Waschmaschinen und Trockner, Café und Minimarkt, Behindertenbad, Babywickelraum, Privatbäder (€ 8 extra).

**ESSEN UND TRINKEN**: Das Café des Campingplatzes hat Tische im Freien und einen hervorragenden Kaffee. Verwöhnen Sie Ihren Gaumen am Abend im Ristorante alla Lega in Arco (0039 464 516 205, www.ristoranteallalega.com), einem traditionsreichen Lokal mit weinbewachsenem Innenhof.
**FAMILIENAKTIVITÄTEN**: Eine Besichtigung der Burgruine Arco mit ihrem 100 m senkrecht abfallenden Burgberg oder ein Besuch in der nahegelegenen Stadt Riva del Garda mit Eisessen auf der Seepromenade.

**HIGHLIGHTS**: Eine abenteuerliche Canyoning-Tour mit dem Spezialistenteam aus Torbole (0039 464 505406, www.canyonadv.com).
**LAGE**: Am Nordufer des Gardasees, 30 km südwestlich von Trento.
**GEÖFFNET**: April/Mai bis September/Oktober.
**AUSGEBUCHT**: Im gleichen Seeuferabschnitt gibt es eine Reihe größerer Campingplätze. Einer davon ist Camping Maroadi (0039 464 505 175, www.campingmaroadi.it).

**Camping Bellavista**, Via Gardesana 31, 38069 Torbole sul Garda, Italien

t 0039 464 505 644 | w www.camping-bellavista.it

# san biagio

D. H. Lawrence mag sich mit Geschichten über unsittliche Ladys und sexsüchtige Wildhüter einen Namen gemacht haben, aber er war auch in Sachen Italien sehr bewandert. Als Prototyp des bärtigen, sandalentragenden Briten im Ausland kam er kurz vor dem Ersten Weltkrieg an den Gardasee und bestaunte in lyrischster Weise die »Zypressen wie Flammen vergessener Dunkelheit« oder den »grün-silbernen Rauch der Olivenbäume« – genug, um uns den Mund wässrig zu machen.

Der größte See Italiens hat vielleicht etwas von seiner von Lawrence besungenen romantischen Schönheit eingebüßt, seit er von Horden von Touristen heimgesucht wird, aber die Zypressen und Olivenbäume stehen immer noch zwischen terrakottagedeckten Häusern, und Weinberge und Gärten mit Zitrusbäumen vervollständigen heute das Bild.

Der Campingplatz liegt in der fruchtbaren Provinz Brescia in der Nähe des Städtchens Salò am Westufer des Sees auf seiner eigenen kleinen Halbinsel, der Punta Belvedere, die sich wie ein anklagender Zeigefinger in nordöstlicher Richtung ins Wasser streckt.

Die 165 Stellplätze sind so geschickt angelegt, dass das familiäre Ambiente eines sehr viel kleineren Campinggeländes entsteht. Die meisten Plätze liegen am Seeufer oder nicht allzu weit davon entfernt. Andere Stellplätze sind durch die terrassenförmige Anlage leicht erhöht, so dass man auch von hier aus zwischen mediterranen Bäumen hindurch den einmaligen Seeblick genießen kann.

Wo immer Sie aber Ihr Zelt aufstellen, das Wasser ist stets nah und leicht zugänglich. Selbst da, wo kein weicher Sand zum Baden einlädt, sondern harter Fels das Ufer säumt, sind bequeme Stufen in den Stein gehauen – genau richtig, um seine Luftmatratze zu Wasser zu bringen und sich auf dem See treiben zu lassen.

Wenn Sie es schaffen, sich von dem klaren Blau des Sees loszureißen, finden Sie auch in der Umgebung genügend Abwechslung. Da ist beispielsweise Rocca di Manerba, der steil aufragende Fels, auf dem man irgendwann die Mauern einer mittelalterlichen Burgfeste entdeckte.

Von der Spitze der Halbinsel aus, wo halb verborgen im Schilf die sechs besten Stellplätze liegen, blickt man zur Insel San Biagio hinüber, von den Einheimischen auch Haseninsel genannt. Der Halbinsel vorgelagert, sieht sie aus wie direkt aus den Tropen importiert. Bei niedrigem Wasserstand ist sie durch einen schmalen Sandstreifen mit dem Festland verbunden, ansonsten watet man durch knietiefes Wasser hinüber. Ein Handtuch um den Kopf gewickelt und Schaufel und Eimer in der Hand, ist man dann für

jedes Abenteuer gerüstet. Nehmen Sie ein Picknick mit oder werfen Sie etwas auf den Grill und suchen Sie sich einen schönen Rasenplatz zum Essen. Oder besser noch, leihen Sie sich am Inselkiosk einen Liegestuhl und lassen Sie die Stunden an sich vorüberziehen.

Für unternehmungslustigere Gemüter gibt es in der näheren Umgebung eine Unzahl kleiner Städte und Dörfer mit Pizzeria, Kirche und allem Drum und Dran. Ebenfalls nicht weit entfernt ist Salò, die ehemalige Hauptstadt von Mussolinis Marionettenstaat. Zum Glück ist der Diktator längst tot, und die Stadt hat eine Uferpromenade, auf der man sich fühlt, als wäre man, wie Alice hinter den Spiegeln, geradewegs in ein venezianisches Gemälde geraten. Die kleinen Gässchen der Stadt mit ihren verführerischen Läden, Cafés und Kneipen lassen den Besucher jenes Italien spüren, das D. H. Lawrence auch heute noch wiedererkennen würde.

**PLUSPUNKTE**: Relativ kleiner Campingplatz in allererster Lage.
**MINUSPUNKTE**: In der Hauptsaison (Juli und August) ziemlich überlaufen.
**KOSTEN**: Je nach Saison Erwachsene € 8–11, Kinder von 3–11 Jahren € 4,50–7,50, Stellplatz (inkl. Zelt und Pkw) € 11–18.
**AUSSTATTUNG**: Modernes Sanitärhaus mit Waschmaschinen und Trockner, Minimarkt, Restaurant, Spielplatz, Bootsanlegeplatz, WLAN.
**ESSEN UND TRINKEN**. Das platzeigene Restaurant da Mauro ist in einer Villa aus dem 17. Jahrhundert untergebracht, hat eine Terrasse direkt am See und ist von 8–23 Uhr durchgehend geöffnet. Man bekommt hier alles vom Frühstück über ein kaltes Bier zwischendurch bis zu einem üppigen Abendessen mit Antipasti, Pizza, Pasta, Fleisch- oder Fischgerichten.
**FAMILIENAKTIVITÄTEN**: Man kann mit Kindern den ganzen Tag am Strand verbringen, ohne sich zu langweilen. In den Monaten Juli und August findet im nahegelegenen Manerba jeden Dienstag ein abendlicher Markt statt.
**HIGHLIGHTS**: Erleben Sie einen typisch italienischen Abend in der Cantina Santa Giustina im nahegelegenen Salò (Salita Santa Giustina 6, 0039 365 520 320). In dem rustikalen Kellergewölbe bekommt man ausgewählte Käse- und Wurstteller und gute Weine, und wenn der Wirt seine Hand im Spiel hat, ist der Kater am nächsten Morgen garantiert.
**LAGE**: Am Südwestufer des Gardasees, 30 km östlich von Brescia (genaue Wegbeschreibung auf der Homepage).
**GEÖFFNET**: Ende März bis Anfang Oktober.
**AUSGEBUCHT**: Es gibt am Westufer des Gardasees jede Menge ausgeschilderter Campingplätze. Sie können aber auch die Uferstraße, die Gardesana Occidentale, Richtung Norden nehmen und den ebenfalls am Gardasee liegenden *Cool-Camping*-Platz Bellavista ansteuern (s. S. 233).

**Camping San Biagio**, Via Cavalle 19, 25080 Manerba del Garda, Italien

t 0039 365 551 549 w www.campingsanbiagio.net

# lo stambecco

Ein Park mit dem Namen »Großes Paradies« muss einiges bieten, um zu halten, was er verspricht. Der Nationalpark Gran Paradiso in den italienischen Alpen wird seinem Namen gerecht. Vom Campingplatz Lo Stambecco aus reicht der Blick über das Tal bis zum Gipfelgrat des Testa della Tribolazione, dessen Südostwand trotz des unheilschwangeren Namens (Tribolazione hat die Bedeutung von Jammer und Not) bei Bergsteigern sehr beliebt ist. Gegenüber dem Platz ragt eine Bergkette auf, hinter der abends die Sonne untergeht, und unterhalb rauscht einer jener Gebirgsflüsse gen Tal, die zu zwei Dritteln aus Gletscherwasser und zu einem Drittel aus Gesteinsbrocken bestehen und ein typisches Marguerita-Graugrün aufweisen. Ein Bad in diesem Gewässer ist allerdings nicht zu empfehlen – Ihre kostbaren Gliedmaßen würden es Ihnen nicht danken und abgesehen davon würden Sie am Ende ins Mittelmeer geschwemmt werden.

Lo Stambecco gehört zu dem winzigen Dorf Valnontey, an einer der großen Fernwanderrouten der Alpen, dem Höhenwanderweg Alta Via 2 zwischen Champorcher und Courmayeur, gelegen. Mit einer Durch schnittshöhe von 2000 m und dem Col Loson, der bis auf 3300 m Höhe aufsteigt, ist die Alta Via eine anspruchsvolle mehrtägige Wanderroute. Zum Glück kann man sich auch eine Vorstellung von den Strapazen machen, indem man nichts Anstrengenderes tut, als vom Terrassenhang des Campingplatzes aus den vorüberziehenden Wanderern zuzuwinken. Lo Stambecco ist der ideale Ort, um einen ganzen Nachmittag lang herumzulungern. Das Gras ist so weich und gemütlich, dass Pantoffeln als Schuhwerk fast angemessener wären als Wanderstiefel.

Die Stellplätze ziehen sich vom Wiesenhang bis hoch in den Kiefernwald, der sich langsam, aber stetig immer weiter ins Tal hinunterschiebt. Je weiter man den Berg hinaufsteigt, umso dichter wird der Wald, und manch einer wird sich versucht fühlen, wie Hänsel und Gretel eine Spur aus Brotkrumen zu legen, um sich ja nicht zu verlaufen, wenn er nachts aufs Klo muss.

An der Rezeption kann man Wanderkarten kaufen, auf denen sowohl halbstündige Spazierwege als auch schweißtreibende Tagestouren in die luftige Heimat des scheuen Alpensteinbocks (italienisch *stambecco*) beschrieben sind. Es gibt eine traditionsreiche Alpenhütte namens Rifugio Vittorio Sella, einst im Besitz von König Viktor Emanuel II., dem ersten König des vereinten Nationalstaats Italien, der sie für die Steinbockjagd nutzte, die Tiere letztlich aber vor dem Aussterben bewahrte, indem er sie unter seinen persönlichen Schutz stellte.

Zu der Hütte hinauf ist es von Valnontey ein kräftezehrender zweieinhalbstündiger

Aufstieg. Wesentlich leichter geht es den Berg hinunter nach Cogne, einem typischen malerischen Alpenstädtchen mit fast 1500 Einwohnern, wo Sie sich nach ein paar Tagen in Lo Stambecco fühlen werden, als wären Sie mitten in Manhattan. Natürlich geht es auf dem Rückweg stramm bergan, aber mit der Aussicht auf die Pantoffeln, die Sie auf dem Campingplatz erwarten, sollte das ein Klacks für Sie sein.

**PLUSPUNKTE**: Alpines Campen mit allem, was dazugehört.
**MINUSPUNKTE**: Gegenüber auf der anderen Straßenseite liegt ein großer, im Sommer stark frequentierter Parkplatz, auf dem Tagesausflügler ihre Autos abstellen.
**KOSTEN**: Erwachsene € 6, Kinder € 4, Zelt je nach Größe € 3–4, Pkw € 3. Vom 20. Juli bis 26. August muss pro Zelt ein Pfand von € 14 bezahlt werden.
**AUSSTATTUNG**: Die Sanitäranlagen sind in Ordnung, aber ein bisschen düster. Vor allem die Stehklos sind eine Herausforderung für die weniger standfesten Camper.
**ESSEN UND TRINKEN**: Auf dem Campingplatz gibt es eine kleine Bar und ein Restaurant mit Außenbewirtung und Blick auf die Berge. Von den Restaurants in Valnontey ist das Hotel Paradisia (0039 165 74158), in dem man Standardgerichte wie Pasta und Steak für € 7–17 essen kann, am schönsten gelegen.
**FAMILIENAKTIVITÄTEN**: Besuchen Sie mit Ihren Kindern die Ferme du Grand Paradis (0039 348 258 9500, www.lafermedugrand-paradis.it) auf der anderen Seite des Flusses.
**HIGHLIGHTS**: Probieren Sie auf der Ferme du Grand Paradis die dort erzeugten Käsesorten, von denen einige ziemlich streng sind.
**LAGE**: Im Nordwesten Italiens, im Nationalpark Gran Paradiso im Aostatal, 15 km südlich von Aosta.
**GEÖFFNET**: Ende Mai bis Ende September.
**AUSGEBUCHT**: Ein paar 100 m weiter an der gleichen Straße liegt der Campingplatz Gran Paradiso (0039 165 905 801, www.campinggran-paradiso.it). Einen weiteren Platz, Camping Arvier (0039 165 990 88) findet man an der Straße zum Mont-Blanc-Tunnel.

**Camping Lo Stambecco**, Valnontey, 11012 Cogne, Aosta, Italien

t 0039 165 74152 | w www.campeggiolostambecco.it

RISTORANTE

# internazionale firenze

Ein Aufenthalt in Italien ist nicht vollkommen, wenn man nicht wenigstens ein paar Tage in der Gesellschaft von Dante, Michelangelo und Co. verbringt, denn wenn es eine Stadt gibt, die den Glanz der italienischen Renaissance – die Malerei, die Bildhauerkunst, die Dichtung und die Architektur – verkörpert, dann ist es Florenz, diese schöne Stadt am Arno.

Camping Internazionale Firenze ist so international, wie es der Name sagt. Über der Rezeption flattern mehr Nationalflaggen als im olympischen Dorf. Man ist schließlich in Florenz, einer Stadt, die im Sommer von bunt gekleideten, munter fotografierenden, kulturbeflissenen Gestalten aus aller Welt bevölkert ist. Doch der Campingplatz ist eine 20-minütige Busfahrt vom Stadtzentrum entfernt, sodass Sie auch auf dem Höhepunkt des toskanischen Sommers Ruhe vor dem lärmenden Gewimmel der Stadt finden können.

Das Campinggelände ist recht groß und steigt ziemlich steil an, aber immerhin stehen die Ferienhütten außer Sichtweite in der Nähe der Rezeption. Die eigentlichen Zeltplätze befinden sich auf dem terrassenförmig angelegten Hang, von wo aus man auf die Dächer von Florenz hinunter sieht, doch je nachdem, an welcher Stelle man sein Zelt aufgebaut hat, fällt der Blick mal auf das ehemalige Franziskanerkloster San Paolo della Croce, in dem heute ein Luxushotel untergebracht ist, mal auf die Kirche des Klosters Certosa del Galluzzo. Wenn es dunkel wird, schießen die Fledermäuse zwischen den Bäumen hin und her und schnappen sich Käfer und Motten aus der Luft, und aus dem Gras blinken die Glühwürmchen Sie an. Sie hätten Schwierigkeiten, so etwas in einer Zwei-Sterne-Pension im Stadtzentrum zu finden.

Auf dem Platz gibt es eine Bar, die in der Regel von ziemlich lärmenden Jugendlichen frequentiert wird, aber zum Glück für alle ruhebedürftigen Camper außer Hörweite liegt. Darüber hinaus gibt es ein bescheidenes Restaurant und einen kleinen gut ausgestatteten Laden, in dem man morgens alles bekommt, was man für ein einfaches Frühstück braucht, und abends ein kaltes Bier, das man mit zum Platz nehmen kann, wenn man sich gemütlich ins Gras setzen und die Fledermäuse mit dem Handy fotografieren will.

Und wenn es Zeit ist, die üblichen Touristenpfade zu begehen, werden Sie vermutlich gar nicht wissen, wo Sie anfangen sollen. Mit Michelangelo in der Galleria dell'Accademia oder mit Donatello im Bargello? Mit einem Latte macchiato oder einem Glas Chianti? *Prosciutto* oder *formaggio*? Ponte Vecchio oder ein Eis bei Ponti? Atmen Sie tief durch, schnüren Sie Ihre bequemen Laufschuhe und

machen Sie sich bereit für ein Kulturerlebnis italienischer Art.

Florenz gehört zu den angenehmen Städten, in denen alle Sehenswürdigkeiten so nah beieinander liegen, dass man sie zu Fuß erreichen kann. Weil es aber so viele davon gibt, kann man bei dem Versuch, sich alle anzusehen, ohne weiteres die olympische Marathonsdistanz zurücklegen.

Immerhin ist die Stadt fußgängerfreundlich. Fast die gesamte Innenstadt ist autofreie Zone oder die Straßen sind so schmal, dass hier höchstens Vespas oder winzige Fiats fahren können. Sie werden sich also eher auf dem Kopfsteinpflaster den Knöchel verstauchen, als dass Ihnen sonst etwas Schlimmes passiert.

**PLUSPUNKTE**: Camping vor den Toren eines der bedeutendsten Zentren italienischer Renaissancekunst und -architektur.
**MINUSPUNKTE**: Mitten auf dem Campinggelände steht ein riesiger Hochspannungsmast, man hört die Autobahn, und da man hier in Florenz ist, fallen oft Busladungen von Besuchern ein.
**KOSTEN**: Je nach Saison Erwachsene € 9–10, Kinder von 3–12 Jahren € 4–5, Zelt € 12–14.
**AUSSTATTUNG**: Schwimmbad mit Sonnenterrasse, Spielplatz, Gemeinschaftsküche mit Kochgelegenheit und Kühlschrank, Bügelraum, Sanitärhaus mit Duschen, Toiletten, Spülbecken, Waschmaschinen und Trockner.
**ESSEN UND TRINKEN**: Direkt am Dom, in der Via delle Oche, gibt es einen hervorragenden Weinkeller, die Enoteca Alessi (0039 55 214 966, www.enotecaalessi.it), wo man zu leckerer Bruschetta Weine verkosten kann. Wenn Sie etwas in der Nähe der Uffizien suchen, probieren Sie die Rosticceria Giuliano Centro di Mazzanti in der Via die Neri 74 (0039 55 238 2723), wo Sie einheimische Spezialitäten bekommen. Gegenüber ist ein Stehlokal, in dem es toskanische Leckereien wie Artischocken und Trüffel auf Brot gibt und der Chianti vom Fass € 2 kostet. Ein paar Straßen weiter bietet das nette kleine Café Naimi seinen Gästen freien Internetzugang an.
**FAMILIENAKTIVITÄTEN**: Besuchen Sie den Dom von Florenz und erklären Sie Ihren Kindern, während Sie zur Kuppel hinaufsteigen, wie Brunelleschi dieses zweischalige Meisterwerk der Renaissancearchitektur völlig ohne Gerüst errichten ließ. Und wenn Sie oben sind, genießen Sie die Aussicht, bis Sie wieder zu Atem gekommen sind.
**HIGHLIGHTS**: Sehen Sie sich den Bronzedavid von Donatello an – ein himmelweiter Unterschied zu Michelangelos marmornem Muskelmann. Das androgyne Kerlchen hat eine 18-monatige Restaurationsphase hinter sich und ist jetzt wieder im Bargello zu sehen.
**LAGE**: In Bottai, einem Vorort von Florenz.
**ÖFFENTLICHE VERKEHRSMITTEL**: Vom Hauptbahnhof Florenz mit einem Bus der Linien 37 oder 68 nach Bottai. Von der Haltestelle sind es zu Fuß 10 Min. bis zum Campingplatz.
**GEÖFFNET**: Ganzjährig.
**AUSGEBUCHT**: Camping Michelangelo (0039 55 681 1977, camping.it/germany/toscana/michelangelo) liegt direkt neben dem Piazzale Michelangelo, von dem aus man in wenigen Minuten im historischen Stadtkern von Florenz ist. Es ist ein großer und ziemlich lauter, aber von Olivenbäumen beschatteter Platz.

**Camping Internazionale Firenze**, Via San Cristofano 2, 50029 Bottai-Impruneta, Italien

t 0039 55 237 4704 w www.florencecamping.com

# stella mare

Napoleon verbrachte sein unfreiwilliges Exil auf Elba damit, Kreuzworträtsel zu erfinden und eine Reihe von Luxusartikeln zu entwerfen. Bedauerlicherweise schafften es seine Handtaschen und Pumps für die Damen seiner Lieblingsgeneräle nicht bis zur serienmäßigen Fertigung, denn nach noch nicht einmal einem Jahr beschloss der kleine Feldherr, sich aus dem Staub zu machen und zur letzten Entscheidungsschlacht vor Waterloo zu blasen.

Elba, die drittgrößte, vor der toskanischen Küste gelegene Insel Italiens, ist von üppiger, fast tropischer Vegetation überzogen. Es ist wie in der Karibik, nur ohne Bananen, und es ist der ideale Ort, um sich vom geschäftigen Treiben auf dem Festland zu erholen.

Napoleons Inselresidenz ist heute ein Museum, das man täglich außer montags besichtigen kann. Noch heute zieren die kaiserlichen Adler und Napoleons Emblem, das *N* im Lorbeerkranz, das schmiedeeiserne Eingangstor. Er erinnerte offensichtlich gern daran, wer der Chef war. Aber wenn man über den imposanten kopfsteingepflasterten Zufahrtsweg schlendert, der gesäumt ist von Souvenirständen, Wildblumen und Eukalyptusbäumen, fragt man sich unwillkürlich, warum er nicht einfach die Füße hochgelegt und sich hier heimisch gemacht hat. Die meisten anderen hätten an seiner Stelle garantiert genau das getan.

In grauer Vorzeit, lange vor Napoleon, war schon Jason mit seinen Argonauten hier an Land gegangen. Und Sie werden sich ebenfalls glücklich schätzen, hier gestrandet zu sein.

Von dem malerischen Städtchen Portoferraio können Sie entweder Richtung Westen in das vulkanische Bergland wandern oder Richtung Osten zur Stadt Capoliveri auf dem Hügel Monte Calamità. Oder Sie wenden sich nach Süden, wo Sie über bergiges Land nach Lacona und in die stille kleine Bucht gelangen, die der Campingplatz Stella Mare überblickt.

Das Wasser ist hier nur knietief, sodass Ihre Kinder gefahrlos darin spielen können, während Sie sich am Strand sonnen. Auf der anderen Seite des Campingplatzes gelangt man über eine steile Treppe zu einem mehr oder weniger privaten Strand (an dem die Leute manchmal ihre Badehosen vergessen zu haben scheinen).

Und wenn Sie für den Tag genug Sonne abbekommen haben, ist es nur ein kurzer Weg zum Campingplatz. Die Stellplätze sind alphabetisch gekennzeichnet und je weiter Sie im Alphabet kommen, umso höher hinauf müssen Sie steigen. Zone *A* ist ganz unten am Strand, für Leute, die nicht gern weit laufen und noch weniger gern den Berg hinaufkraxeln möchten. Wenn Sie in den hinteren Bereichen des Alphabets, dem *S* oder dem *U* angelangt sind, sehen Sie Stellplätze auf hoch gelegenen Terrassen, die mit tellergroßen Kaktuspflanzen und Bäumen aller Art bestanden sind und die gesamte Bucht überblicken. Diese Plätze sind für Wohnwagen nicht erreichbar und Sie müssen Ihr Auto oben auf dem Parkplatz abstellen und Ihre Sachen über die Treppe hinunterschleppen. Aber die Mühe lohnt sich.

Und wenn Sie nun Napoleon wären, hätten Sie garantiert nichts dagegen, sich nach all den Eskapaden und Schlachten hierher zurückzuziehen. Sie würden die Beine von sich strecken, sich auf der Sonnenterrasse Ihrer noblen Villa von Josephine mit Melonenkugeln füttern lassen und bei sich denken, jepp, hier auf Elba wird es mir gut gefallen.

**PLUSPUNKTE**: Klippencamping mit Blick über eine ruhige Meeresbucht auf einer wunderschönen kleinen Insel.
**MINUSPUNKTE**: Nachts kann es ein langer, steiler, steiniger Weg zum Klo sein.
**KOSTEN**: Je nach Saison Personen ab 9 Jahren € 8,50–14,50, Kinder von 2–8 Jahren € 5–10, Zelt € 9,50–14. (Für Plätze in der ersten Reihe direkt am Meer wird ein Aufschlag erhoben.)
**AUSSTATTUNG**: Die Sanitäranlagen sind in Ordnung, allerdings gibt es nur wenige Geschirrspülbecken – aber was soll's, Sie sind schließlich im Urlaub.
**ESSEN UND TRINKEN**: Abgesehen von einem Restautrant am Strand sowie dem Restaurant und der Snackbar auf dem Campingplatz gibt es ein paar Kilometer weiter östlich in Capoliveri ein sehr empfehlenswertes Lokal, Le Piccole Ore (Via P. Gori 22), wo man bis 14.30 Uhr in gemütlicher Atmosphäre einen hervorragenden Brunch zu sich nehmen kann. Die meisten Einheimischen gehen zum Essen ins Ristorante Pizzeria da Michele in Capoliveri (Via Calamità 6). Das ist zwar eine stinknormale Pizzeria, aber hier erfahren Sie alles, was in der Gegend los ist.
**FAMILIENAKTIVITÄTEN**: Von Portoferraio und Marciana Marina startet täglich ein Glasbodenboot zu einer zweistündigen Rundfahrt durch die Küstengewässer Elbas (Aquavision, 0039 328 709 5470), eine großartige Gelegenheit zu lernen, wie man den Großen Roten Drachenkopf allein an seiner Rückenflosse erkennt und andere nützliche Dinge. Die Rundfahrt kostet für Erwachsene € 15, für Kinder unter 12 Jahren € 8.
**HIGHLIGHTS**: Eine Nacht im 4-Sterne-Hotel Napoleone im 5 km entfernten San Martino (0039 565 911 111, www.parkhotelnapoleone.com), am Fuße der Straße, die zur ehemaligen Residenz des Kaisers hinaufführt. Ein Standarddoppelzimmer kostet etwa € 55, Suiten sind ab € 100 zu haben. Sie haben dort ein gutes Restaurant und einen Pool, aber das Beste ist der Shuttlebus, der die Gäste zum hoteleigenen Strand in La Biodola bringt.
**LAGE**: An der Südküste der Insel Elba, in der Ortschaft Lacona.
**GEÖFFNET**: Ende April bis Ende Oktober.
**AUSGEBUCHT**: Gleich nebenan liegt der Campingplatz Lacona (0039 565 964 161, www.camping-lacona.it), der über einen sehr schönen Pool verfügt.

**Camping Stella Mare**, 57031 Lacona, Elba, Italien

t 0039 565 964 007 w www.stellamare.it

# costiolu

Es ist eine so lange und kurvenreiche Straße, die zu den Toren des Biobauernhofes im zentralsardischen Hochland führt, dass Sie vermutlich nichts gegen das Gläschen selbstgemachten Weins haben werden, das Ihnen Giovanni di Costa als Begrüßungsschluck anbietet.

Giovanni, der Besitzer des Hofs, ist ein freundlicher Mensch, der sich durch die unbedeutende Tatsache, dass er eine vollkommen andere Sprache spricht, nicht davon abhalten lässt, angeregt mit seinen ausländischen Gästen zu plaudern.

Die Begeisterung, mit der er seine Gäste herumführt, ist ansteckend und man versteht sofort, warum der Betrieb, der sich seit Generationen im Familienbesitz befindet, sein ganzer Stolz ist. Ein kleines Mauerfundament im Hof markiert die Überreste eines Hauses aus der Zeit um 1000 v. Chr., als die Nuraghen diese fruchtbare Gegend zu besiedeln begannen.

Sieht man von ein paar modernen landwirtschaftlichen Geräten ab, wirkt hier alles so, als hätte sich in den letzten 3000 Jahren nicht allzu viel verändert. Dies ist der Ort, an dem man Abstand findet vom hektischen Alltag und das Landleben in seiner einfachen und altmodischen Art kennen lernt. Für die Art, wie er solide ökologische Landwirtschaft und Tourismus verbindet, wurde Giovanni mit etlichen Preisen ausgezeichnet, unter anderem wurde sein Betrieb als »Azienda Agrituristica di Qualità« anerkannt, was einem Michelinstern für Ferien auf dem Bauernhof gleichkommt.

Obwohl man vom Hof aus Nuoro, die kulturelle Hauptstadt der Insel, sieht, schweift der Blick hier oben über eine weite Landschaft, die sich vor allem aus Olivenhainen, Getreidefeldern und Weideflächen mit gemächlich grasenden Kühen, Schafen und Ziegen zusammensetzt.

Das Campingareal besteht aus neun Stellplätzen auf einem flachen Wiesenstück oberhalb einer Weide, auf der sich eine kleine Ziegenherde tummelt, aber hinter dem Haupthaus ist auch noch Platz für ein paar Zelte. Die Duschen befinden sich in einem kleinen Steinhaus, und auf der Terrasse am Haus stehen Tische, an denen die Gäste im Freien à la Giovanni speisen können.

Die Verpflegung umfasst nach Wunsch Frühstück, Mittag- und Abendessen, und es werden selbstgemachte Köstlichkeiten wie Schafskäse, Ziegenjoghurt und Wein aufgetragen. Mit schöner Regelmäßigkeit schiebt Giovanni einen gewaltigen Schweinebraten in den Ofen und überbrückt die Zeit, bis er gar ist, indem er den Kindern erklärt, wie man sardischen Ricotta macht und die Tiere des Hofs versorgt.

Wenn Sie einen Abstecher zurück in die Zivilisation erwägen, ist Nuoro (was im alten

Dialekt der Gegend »Heimat« heißt) sicher ein lohnendes Ziel. Wegen ihrer kulturgeschichtlichen Bedeutung auch als »sardisches Athen« bezeichnet, ist die Stadt Anziehungspunkt für viele Künstler, die hier leben und arbeiten. Einer von ihnen ist Giovannis Bruder, dessen bizarre Skulpturen nicht nur Giovannis Hof, sondern auch eine Piazza der Stadt zieren. Nuoro ist die Heimatstadt der Literaturnobelpreisträgerin Grazia Deledda, deren Geburtshaus heute ein Museum ist, in dem ihr Leben und ihr Werk gewürdigt werden. Mehr Kultur wird Ihnen in zwei volkskundlichen Museen und im Museum für Gegenwartskunst geboten. Und für diejenigen, die lieber zusehen, wie die verschlafene sardische Welt an ihnen vorüberzieht, gibt es unzählige kleine Cafés, in denen man sitzen und seinen Koffeinspiegel in die Höhe treiben kann.

Die raue Schönheit dieser Gegend ist sicher weit entfernt vom Glitzer und Glamour der sardischen Küste, wo Promis mit ihrem Anhang die Strände bevölkern. Aber wer das echte sardische Leben und die Kultur des Landes kennen lernen möchte, ist auf der Azienda Costiolu und bei ihrem liebenswerten Besitzer allerbestens aufgehoben.

**PLUSPUNKTE**: Ein unglaublich herzlicher Empfang, ein überwältigender Blick und vollkommene Ruhe.
**MINUSPUNKTE**: Ohne Auto schwer zu erreichen.
**KOSTEN**: Stellplatz (inkl. Zelt, Pkw und 1 Person) € 8–10, Kinder bis 9 Jahre erhalten einen Rabatt von 25–50 %.
**AUSSTATTUNG**: Ein kleines, aber sauberes Sanitärhäuschen mit je einer Dusche und Toilette für Männer und Frauen. Näher am Hauptgebäude des Hofs gibt es eine Behindertentoilette.
**ESSEN UND TRINKEN**: Giovanni zaubert wahre Festessen für seine Gäste, und man kann auf dem Hof eigene Erzeugnisse kaufen. Das Restaurant des Hotels Su Gologone im nahegelegenen Oliena hat neben einem 500 Jahre alten Kamin und stimmungsreichem Ambiente hervorragende landestypische und saisonale Küche sowie einen besonderen Rotwein der Region, den Cannonau di Sardegna, zu bieten.
**FAMILIENAKTIVITÄTEN**: Holen Sie sich ein Pferd aus Giovannis Stall, schwingen Sie sich in den Sattel und spielen Sie einen Tag lang Clint Eastwood.
**HIGHLIGHTS**: Gönnen Sie sich zur Abwechslung einen Tag an der exklusiven Costa Smeralda, dem schönsten Küstenabschnitt Sardiniens. Toben Sie sich tagsüber am Strand aus und beschließen Sie Ihren Ausflug mit einem Glas Wein oder gleich einem Luxusdinner im Nobelhotel Cala di Volpe im idyllischen Hafenort Porto Cervo (0039 789 976 111, www.starwoodhotels.com/luxury/property/overview/index.html?propertyID=59). Und erschrecken Sie nicht, wenn Ihnen der ein oder andere Promi über den Weg läuft.
**LAGE**: Im Nordosten der Insel Sardinien, auf einem Höhenplateau nördlich von Nuoro.
**GEÖFFNET**: Ganzjährig, aber man muss im Voraus buchen.
**AUSGEBUCHT**: Ein weiteres Agriturismo-Unternehmen ganz in der Nähe ist Roccas (0039 748 34345, www.roccas.eu).

**Azienda Agrituristica Costiolu**, 08100 Nuoro, bei km 90 auf der SS389 (von Nuoro nach Bitti), Sardinien, Italien

t 0039 784 260 088 | e www.agriturismocostiolu.com

# il falcone

Manch einer hält Umbrien vielleicht für weniger attraktiv als seine prominentere Nachbarin, die Toskana, doch die seenreiche Region mit ihren sanften Bergrücken, Weide- und Ackerflächen hat dem Chiantiland einen entscheidenden Vorteil voraus: Man wird hier nicht erleben, dass Horden von Touristen in protzigen Geländewagen die Gegend unsicher machen und lärmend den Champagner aus ihrem noblen Gefährt holen. Eher sieht man schon einen runzeligen alten Bauern Kisten mit Olivenöl aus dem Kofferraum seines zerbeulten Fiat wuchten, während nichts als Vogelgezwitscher und das Rascheln von Olivenblättern und Mohnblumen im Wind durch die Stille dringt.

Auf dem Campingplatz Il Falcone gibt es sowohl Olivenbäume als auch Mohnblumen, aber es wäre schlichtweg unfair, wollte man den Besitzer Carlo Valeri als runzeligen alten Bauern bezeichnen. Er ist im Gegenteil weder alt noch runzelig, sondern ein wahres Energiebündel. Selbst die Olivenbäume auf dem Gelände erntet er eigenhändig ab, behauptet allerdings, das aus der Ernte gewonnene Öl reiche »gerade mal für die Familie«.

Das Campinggelände liegt an einem relativ steilen, terrassenförmig angelegten Hang, die Terrassen sind grasbewachsen, rot gesprenkelt mit Mohnblumen und von jungen Olivenbäumen umsäumt. Wohnwagen und Campingbusse haben ihre Stellplätze im flacheren unteren Bereich, sodass die Hanglage den Gästen mit Zelt vorbehalten bleibt.

Man muss sein Auto oberhalb des Hangs abstellen und sich dann einen der Plätze aussuchen und sein Zelt auf dem dicken, weichen Grasteppich aufbauen. Auf der linken Hangseite hat man einen herrlichen Blick auf den See und auf Civitella del Lago, eines jener archaischen Dörfer, die nur von alten Leuten und Katzen bewohnt sind.

Wenn man zum Dorf hinüberwandert und nach Westen über den See blickt, kann man in der Ferne schemenhaft eine andere Höhensiedlung erkennen – Orvieto. Die Stadt ist wie Civitella del Lago in Groß, beherbergt aber eine der eindruckvollsten Kathedralen Italiens, das ja auch sonst nicht arm an imposanten Kirchenbauten ist. Mit ihren üppigen Farbornamenten und dem grau und weiß gestreiften Mauerwerk wirkt die Fassade wie Zuckerwerk. Im Innern schlägt dem Besucher jener unvergleichliche Kirchengeruch nach altem Holz, kaltem Stein, Weihrauch und Kerzenwachs entgegen.

Wenn Sie dann später auf dem Campingplatz Ihren Dry Martini mit Olive schlürfen, fragen Sie sich vielleicht, woher der Platz seinen Namen hat. Bilder von Falken zieren die Fassaden der Häuser in Civitella del Lago, und an einem Aussichtspunkt des Dorfes steht die verwitterte Steinskulptur eines Falken. Warum das alles? Weil diese Bergregion im Mittelalter Zentrum der Falkenjagd war. In den Falknereien der Schlösser wurden die Jungvögel aufgezogen und ausgebildet, bevor die adeligen Herren ihre langen Lederhandschuhe überstülpten und zur Jagd bliesen. Heute wird man kaum noch einen Falken sehen, da die Leute in der Gegend zu friedlicheren Beschäftigungen wie der Aufzucht von Olivenbäumen und harmlosen Kätzchen übergegangen sind. Wenn die Dämmerung hereinbricht und die Sonne hinter den Dächern des Dorfes verschwindet, werden Sie durch den Rauch der Grillfeuer hindurch kleine Geckos sehen, die auf der Suche nach einem warmen Schlafplätzchen um Ihre Füße huschen und glücklich sind, dass Il Falcone heute ohne hungrige Falken auskommt.

**PLUSPUNKTE**: Zelten zwischen Mohnblumen und Olivenhainen, mit Blick über den See und auf ein mittelalterliches Bergdorf.
**MINUSPUNKTE**: Die Olivenbäume spenden nur spärlichen Schatten.
**KOSTEN**: Je nach Saison Erwachsene € 5,10–6,70, Kinder von 3–10 Jahren € 4,10–5,70, kleines Zelt € 5,10–6,20, großes Zelt € 6–7,60, Pkw € 2,20–2,50.
**AUSSTATTUNG**: Gepflegtes Sanitärhaus mit je 3 Duschen für Frauen und Männer, Waschmaschine und Spülbecken, Lebensmittelladen, Bar mit Terrasse und neuerdings auch ein großer Pool.
**ESSEN UND TRINKEN**: Vor Ort gibt es eine kleine Bar und mehrere gemauerte Grillstellen. Aber wenn Sie richtig schlemmen wollen, müssen Sie nach Orvieto in die Via del Duomo 78 direkt am Dom fahren. Dort, bei Maurizio (0039 763 341 114, www.ristorantemaurizio.it) bekommt man für € 30 ein fantastisches »Probiermenü«, zu dem unter anderem hausgemachte Pasta und in Sagrantino geschmortes Entrecôte gehört. Café und einen Snack kann man im Café Barrique (Corso Cavour 111, 0039 763 340 455), einem unter Einheimischen beliebten Treffpunkt, zu sich nehmen.
**FAMILIENAKTIVITÄTEN**: In Bomarzo, 30 km weiter südlich an der A1, liegt der Park der Ungeheuer aus dem 16. Jahrhundert (0039 761 924 029, www.parcodeimostri.com) eine bizarre Sammlung moos- und flechtenbewachsener dämonischer Ungeheuer in einem »heiligen Wald« auf dem Grundstück des letzten Feudalherrn von Bomarzo.
**HIGHLIGHTS**: Legen Sie alle Weinkennerattitüden ab und probieren Sie den Orvieto Classico, den schon die Etrusker zu schätzen wussten. Sie bekommen den Wein überall in der Region, insbesondere in Orvieto.
**LAGE**: In Umbrien in der Nähe des Corbara-Sees, bei Civitella del Lago, 20 km östlich von Orvieto.
**GEÖFFNET**: Anfang April bis Ende September.
**AUSGEBUCHT**: Unten am See an der Straße nach Orvieto, etwa 1 km hinter der Abzweigung nach Civitella del Lago, liegt der sehr angenehme Campingplatz Scacco Matto (0039 744 950 163, www.scaccomatto.net). Etwas weiter fährt man bis zum *Cool-Camping*-Platz Il Collaccio (s. S. 261).

**Camping Il Falcone**, Vallonganino 2a, 05023 Civitella del Lago, Baschi, Italien

t 0039 744 950 249 | w www.campingilfalcone.com

# il collaccio

Tief im umbrischen Bergland verborgen, in der Nähe der Ortschaft Preci, wo die Dörfer so alt und abgelegen sind, dass man sich nicht wundern würde, wenn plötzlich ein römischer Legionär mit einem »Ave Caesar« auf den Lippen auftaucht, liegt der Agriturismus-Hof Il Collaccio.

Der Hof war ursprünglich eine Trüffelfarm, die von den Besitzern zu einer Ferienanlage mit Hotel und Restaurant, ein paar Holzhütten, einem schönen Swimmingpool und einem terrassenförmig ansteigenden Areal für Zelte und Wohnwagen ausgebaut wurde. Die Zelturlauber sind, um der Wahrheit die Ehre zu geben, in der Minderzahl. Aber das Gelände fällt so steil ab, dass man, wenn man sich erst einmal in seinem kleinen Terrassennest eingerichtet hat, den Rest der Welt getrost vergessen kann.

Der Hof liegt am Rand des Nationalparks Monti Sibillini, der geprägt ist von den dicht bewaldeten Gebirgszügen des Umbrischen Apennins. Dessen höchster Gipfel, der Monte Vettore, ist mit knapp 2500 m immerhin so respekteinflößend, dass man nicht versuchen würde, ihn mit Turnschuhen zu bezwingen.

Man kann sich eine Vorstellung von der Weite dieser Berglandschaft machen, indem man von Visso aus über die Baumgrenze zu einem grasbewachsenen Felsplateau aufsteigt, an dessen Ende sich die Stadt Castelluccio am Horizont abzeichnet. Wenn man über den Grat hinaus weiterwandert, gelangt man über einen 1500 m hohen Pass am Südhang des Monte Vettore in weitem Bogen über Norcia nach Preci zurück. Die Wanderung ist nur ein Vorgeschmack auf die Leckerbissen, die Umbrien zu bieten hat.

Wenn Sie am kulturellen Erbe Italiens interessiert sind, lohnt sich ein Ausflug in die mittelalterliche Stadt Spoleto, die sich wie viele andere italienische Städte rühmt, den schönsten Dom Italiens zu besitzen. Das Hauptschiff des Doms wurde um 1200 auf den Fundamenten eines zerstörten römischen Vorgängerbaus errichtet, während die stilistisch uneinheitliche Fassade das Ergebnis einer späteren Erweiterung ist und der Innenraum in der Zeit der Renaissance um farbenprächtige Altarfresken bereichert wurde. Während solche Stilgemische – die gotisch aufgemöbelten romanischen Fassaden – das einheitliche Bild vieler Kirchen stört, ist es in diesem Fall zu einem gelungenen Ensemble verschmolzen. Im Innern des Doms ist es weiß und kühl und es gibt ein paar schöne, kunstvolle Seitenaltäre.

Spoleto selbst ist bodenständiger als historisch konservierte Touristenstädte wie Orvieto. Die Läden richten sich nicht so sehr an die Touristen, sondern bedienen eher die alltäglichen Bedürfnisse der Einheimischen. Die Stadt ist also, abgesehen von der unmittelbaren Umgebung des Doms mit ihren verwinkelten, kopfsteingepflasterten Gassen, nicht die Allerschönste, dafür aber ein Stück authentisches Italien von heute. Anderswo werden Sie auf die Spuren der dunkleren und steinigeren Vergangenheit Italiens stoßen. Dies ist das Land der befestigten Bergstädte, deren Verteidigungsanlagen beredtes Zeugnis davon ablegen, wie gefährlich das Leben in Italien in vergangenen Jahrhunderten war.

Von der Zeit des Römischen Reiches bis zur Alliierten-Invasion im Zweiten Weltkrieg wurde die Region immer wieder von feindlichen Auseinandersetzungen erschüttert. Gottlob sind die Einheimischen alles andere als feindselig. Die Baldonis begrüßen ihre Gäste bei der Ankunft in Il Collaccio mit freundlichen Worten und wenn man Glück hat, bekommt man noch einen Trüffel obendrauf.

**PLUSPUNKTE**: Zelten in Umbrien abseits der ausgetretenen Touristenpfade bei der gastfreundlichen Familie Baldoni.
**MINUSPUNKTE**: Das Hotel beherbergt ganze Busladungen von Touristen, sodass die Camper in der Minderzahl sind.
**KOSTEN**: Je nach Saison Erwachsene € 5,50–9, Kinder von 3–12 Jahren € 2,50–5,50, Zelt € 5,50–9, Pkw € 2,50–4,50.
**AUSSTATTUNG**: Das Sanitärhaus ist klein, aber gepflegt, Waschmaschinen stehen zur Verfügung. Es gibt ein Restaurant mit Bar und einen kleinen Lebensmittelladen, außerdem einen großen Pool.
**ESSEN UND TRINKEN**: In der platzeigenen Trattoria Al Porcello Felice (Zum glücklichen Ferkel) mit schöner Terrasse und Blick über das Tal isst man gut und preiswert (Forellen frisch aus dem Fluss, Pasta und Holzofenpizza). Im kleinen Lebensmittelladen kann man die notwendigsten Dinge kaufen. In Preci ist, was Lokale betrifft, nicht viel los, eine größere Auswahl an Cafés und Bars hat man im knapp 10 km entfernten Visso.
**FAMILIENAKTIVITÄTEN**: Die Kooperative La Mulattiera in Norcia (0039 743 820 051, www.lamulattiera.it) bietet Eselsritte auf den alten Routen und Verbindungswegen durch den Nationalpark Monti Sibillini an. Die Esel sind sehr geduldige und trittsichere Reittiere und damit insbesondere auch für Kinder gut geeignet.
**HIGHLIGHTS**: Wenn Sie Lust haben, in den Ferien etwas dazuzulernen, nehmen Sie an einem der Kurse teil, die in Il Collaccio angeboten werden. Wenn Sie Ihren Aufenthalt entsprechend planen, können Sie von Kochen über Extremsport bis Fotografieren unter Anleitung des preisgekrönten Fotografen David Noton alles machen.
**LAGE**: In Umbrien am Rande des Nationalparks Monti Sibillini bei Preci, 60 km östlich von Foligno (ab Preci ausgeschildert).
**GEÖFFNET**: Anfang April bis Ende September.
**AUSGEBUCHT**: 10 km weiter östlich an der Straße von Castelluccio nach Visso (Hinweisschild rechter Hand hinter Gualdo) liegt in 1250 m Höhe der spektakuläre Campingplatz Monte Prata (0039 737 970 062, www.camping.it/marche/monteprata).

**Camping Il Collaccio**, 06047 Preci, Perugia, Italien

t 0039 743 939 005 | w www.ilcollaccio.com

Quechua

vespa

# riva di ugento

Riva di Ugento ist weniger ein Campingplatz als vielmehr ein gigantisches Feriendorf, 32 Hektar, eingebettet zwischen Kiefernwäldern und mediterranen Sträuchern am pfauenblauen Ionischen Meer. Das Areal ist so weitläufig, dass man den Wunsch spüren könnte, sich an der Rezeption einen Wegeplan und vielleicht auch einen Kompass zu besorgen. Aber lassen Sie sich davon nicht abschrecken. Die Größe des Campinggeländes hat den Vorteil, dass für alle Platz ist; lange, Waldwege bieten sich zum Joggen an, und Dünen und Wälder sind ideal für eine Schatzsuche mit der ganzen Familie. Gehen Sie nach einem üppigen Frühstück in der jurtenartigen Cafeteria mit Ihren Kindern auf den Spielplatz oder leihen Sie Fahrräder aus und machen Sie einen Ausflug in die Umgebung. Sie können aber auch einen Katamaran oder ein Kajak mieten; das Meer ist hier so ruhig, dass es für alle Altersstufen ungefährlich ist, und der feine Sandstrand zieht sich endlos hin.

Am Abend herrscht im Restaurant ein fröhliches Chaos, während im Freiluftkino Kinderfilme gezeigt werden. Kurz gesagt: Dieses Campingparadies am Meer ist ein Ort, an dem Sie sich ruhig zurücklehnen und die raue Luft in tiefen Zügen einatmen können, ohne sich allzu viele Sorgen um irgendetwas machen zu müssen – es ist vielleicht so groß, dass Ihre Kinder sich gelegentlich verlaufen, andererseits aber auch so klein, dass sie letztendlich immer wieder zu Ihnen zurückfinden.

**PLUSPUNKTE**: Mit seinen knorrigen Aleppo-Kiefern, dem langen Strand und den Dünen bietet der Platz unendlich viele Möglichkeiten der Ruhe und Erholung.
**MINUSPUNKTE**: Wenn Sie Ruhe suchen, dürfen Sie nicht während der Schulferien anreisen. Und Sie müssen aufpassen, dass Sie sich nicht verlaufen.
**KOSTEN**: Je nach Saison Zelt, Pkw, 2 Erwachsene und 1 Kind € 19–40.
**AUSSTATTUNG**: Kurz gesagt gigantisch: Supermarkt, Basar, Boutique, Restaurant/Bar, Zeitungsladen, medizinischer Dienst, Waschsalon, Spielplatz, Swimmingpool, Tennisplatz, Gemeinschaftsraum mit Spielen, ein langer Strand, Wassersportangebote, Fahrradverleih, WLAN und Grillplätze.
**ESSEN UND TRINKEN**: Vor Ort gibt es ein Restaurant mit einer großen Auswahl an Pizza und Pasta, ganz zu schweigen vom platzeigenen Supermarkt, der zur Selbstversorgung unter freiem Himmel animiert. Wenn Sie kulinarische Abwechslung suchen, fahren Sie in die schöne Stadt Lecce oder ins benachbarte Ugento.
**FAMILIENAKTIVITÄTEN**: Die historische Stadt Gallipoli ist 25 km entfernt, aber sie ist die Autofahrt wert.
**HIGHLIGHTS**: Ein Besuch in Lecce, einer malerischen Stadt mit zuckergussartigen Barockbauten und düsteren verlassenen Plätzen, die einem monumentalen Historienfilm entsprungen zu sein scheinen. Wandern Sie durch die schmalen Gässchen, vorbei an verlockenden Eisdielen, dunklen Trattorien und Kindern, die überall im Schatten der Häuser spielen.
**LAGE**: Auf der Halbinsel Salento an der Südostspitze Italiens direkt am Ionischen Meer in Santa Maria de Leuca bei Ugento.
**GEÖFFNET**: Anfang Mai bis Ende September.
**AUSGEBUCHT**: Völlig ausgeschlossen angesichts der Tatsache, dass die Stellplätze so zahlreich sind (1000) wie die Skandale um Berlusconi.

**Camping Riva di Ugento**, Santa Maria de Leuca, 73059 Ugento, Lecce, Italien

| t | 0039 833 933 600 | w | www.rivadiugento.it |
|---|---|---|---|

# koren

Im Nordwesten Sloweniens kann man nicht weit gehen, ohne auf die Soča zu stoßen, diesen 140 km langen aquamarinblauen Fluss, der sich von seiner Quelle in den Hochgebirgszügen der Julischen Alpen durch den Nationalpark Triglav und Norditalien schlängelt, bevor er sich schließlich ins Adriatische Meer ergießt.

Am Ufer der Soča, nicht weit von der kleinen, aber geschichtsträchtigen Stadt Kobarid entfernt, liegt Kamp Koren. Besitzerin des Platzes ist Lidija Koren, die sich mit beispiellosem Engagement um das Wohl ihrer Gäste kümmert.

Lidijas »Baby« erblickte vor zwei Jahrzehnten das Licht der Welt. Ursprünglich war das Ganze als Familienunternehmen geplant, aber seit über 10 Jahren schmeißt sie den Laden nun schon allein. Sie hat das weitläufige Gelände Schritt für Schritt ausgebaut und erweitert und umsichtig in verschiedene Zonen aufgeteilt. Der Hauptcampingbereich hinter der Rezeption ist vor allem mit Wohnwagen und Hauszelten belegt, aber etwas weiter links im Uferbereich liegt ein bewaldetes, terrassenförmig ansteigendes Areal für kleinere Zelte, das von Trampelpfaden und schmalen Holzstegen durchzogen ist.

Ebenso unaufdringlich und durchdacht sind die beeindruckenden Sport- und Freizeitanlagen: eine 8-Meter-Kletterwand (sowie eine kleinere Version für Kinder), ein Volleyballfeld und eine Boulebahn.

Sobald Sie es sich in einer der lauschigen Zeltnischen gemütlich gemacht haben, können Sie sich der Umgebung widmen. Das Sočatal, viele Jahrhunderte lang einer der wichtigsten Verkehrswege und im Ersten Weltkrieg Schauplatz schwerer Frontkämpfe, ist heute ein Paradies für Outdoorfans. Machen Sie eine erste Schnuppertour zu den Wasserfällen des Kozjak (eine halbe Stunde zu Fuß) oder auf einen der nahegelegenen Berge, den Krn oder den Krasji Vrh beispielsweise (beides stramme 3- bis 4-Stunden-Märsche), oder leihen Sie sich ein Mountainbike und lassen Sie sich im Wald den Wind um die Ohren wehen.

Die nahegelegene Stadt Kobarid ist vor allem als Schauplatz der zwölften und letzten Isonzoschlacht während des Ersten Weltkriegs bekannt geworden, die Hemingway in seinem Roman *In einem anderen Land* verewigt hat. Heute ist es ein beschauliches kleines Städtchen mit einer beeindruckenden Zahl von Restaurants, Cafés, Sport- und Freizeitclubs und einem Museum zur Geschichte Sloweniens im Ersten Weltkrieg. Für Geschichtsbegeisterte lohnt sich die fünfstündige geführte Geschichtswanderung, die an römischen Stätten, Wasserfällen und Schützengräben aus dem Ersten Weltkrieg vorbeiführt.

Am einfachsten ist es aber, von Kamp Koren aus Wanderungen zu unternehmen. Dort werden Touren in kleinen Gruppen organisiert, die abseits der ausgetretenen Touristenwege zu Höhlensystemen, durch die typischen Bergdörfer der Gegend oder in historische Städte wie Tolmin führen. Außerdem werden sportliche Aktivitäten wie Klettern, alpines Bergsteigen, Gleitschirmfliegen und natürlich alles rund um den Fluss vom Kajakfahren über Rafting bis zum Schwimmen angeboten.

Nur eine Fahrstunde entfernt liegt die Goriška Brda, Sloweniens charmanteste und edelste Weinregion. Fahren Sie in das Städtchen Dobrovo zum Renaissanceschloss aus dem 17. Jahrhundert, wo Sie in einem Steinanbau eine Weinprobierstube finden. Hier können Sie nicht nur die Rotweine, sondern auch den hervorragenden Käse und Schinken der Region verkosten.

Zurück auf den Campingplatz könnte es Ihnen allerdings passieren, dass Sie nicht viel weiter als bis zur Rezeption kommen, so unternehmungslustig Sie auch sein mögen. Diese unscheinbare Holzhütte entpuppt sich nämlich als ein Wunder an Gastlichkeit. Von den freundlichen Mitarbeiterinnen bekommen Sie vom köstlichen Kaffe über Bier vom Fass und die neuesten Nachrichten aus der Region bis zum Internetpasswort alles. Sie bestellen Ihnen sogar einen Kebab beim Lieferservice, wenn Sie keine Lust haben zu kochen – cooler kann Campen nicht sein.

**PLUSPUNKTE**: Sehr gut ausgestatteter Campingplatz mitten im schönen Sočatal, mit einem reichen Angebot von Freizeitunternehmungen und sportlichen Aktivitäten bis zum Pizzalieferservice.
**MINUSPUNKTE**: Im Sommer wird es ziemlich voll.
**KOSTEN**: Je nach Saison pro Person und Tag € 8,50–11, Kinder von 7–13 Jahren zahlen die Hälfte, Kinder bis 7 Jahre kosten nichts.
**AUSSTATTUNG**: Moderne Duschen, tipptopp saubere WCs, ein kleiner Laden mit Biolebensmitteln, eine freundliche Rezeption und WLAN sind nur einige der Annehmlichkeiten, die der Campingplatz zu bieten hat. Darüber hinaus gibt es einen Spielplatz.
**ESSEN UND TRINKEN**: Der platzeigene Laden führt eine gute Auswahl an Bioprodukten aus der Region. In Kobarid (15 Gehminuten) gibt es neben dem vielgeliebten Kebab-Lieferservice eine Reihe netter Lokale. Slow Food von überdurchschnittlicher Qualität wird im Hiša Franko in der 5 km westlich gelegenen Ortschaft Staro Selo (00386 5389 4120, www.hisafranko.com) serviert.
**FAMILIENAKTIVITÄTEN**: Auf dem Campingplatz gibt es zwei Kletterwände (und einen Lehrer, der in den Sommermonaten täglich Kletterunterricht gibt), einen Volleyballplatz, Tischtennisplatten und eine Boulebahn; außerdem einen Fahrradverleih für Erwachsene und Kinder und die Möglichkeit, geführte Wanderritte zu unternehmen. Positive Sport in Kobarid (00386 4065 4475, www.positive-sport.com) bietet Kajak- und Raftingtouren für Familien mit Kindern an. Spannend ist auch ein Besuch der 70 km entfernten Höhlen von Postojna, der zweitgrößten für Touristen erschlossenen Tropfsteinhöhlen der Welt. Hier kann man über die Besichtigungsgänge hinaus geführte Trekkingtouren in Bereiche unternehmen, die der Öffentlichkeit ansonsten nicht zugänglich sind.
**HIGHLIGHTS**: Der Adrenalin-Club in Drežnica bei Kobarid (00386 5384 8610, www.drustvo-adrenalin.si) bietet Tandem-Gleitschirmflüge an. Wenn Sie luftige Höhen mögen, mit den Füßen aber lieber auf dem Boden bleiben, empfehlen wir eine Übernachtung auf dem 2248 m hohen Gipfel des Krn (Infos an der Rezeption).
**LAGE**: Im Sočatal im Nordwesten Sloweniens, etwa 10 km von der italienischen Grenze entfernt, direkt an der Soča.
**GEÖFFNET**: Ganzjährig.
**AUSGEBUCHT**: Kamp Nadiža bei Podbela unweit der italienischen Grenze (00386 5384 9110, www.kamp-nadiza.com) ist ein netter Campingplatz direkt am Fluss.

**Kamp Koren**, Drežniške Ravne 33, 5222 Kobarid, Slowenien

t 00386 5389 1311 w www.kamp-koren.si

# liza

Wenn Sie vorhaben, in Kamp Liza Ihr Zelt aufzuschlagen, wäre es ratsam, Ihr eigenes Kajak mitzubringen. Sie könnten sich sonst wie ein Außenseiter vorkommen angesichts der vielen Boote, die auf dem Campingplatz herumliegen. Von Kamp Liza aus hat man Zugang zu zwei Flüssen, der Soča und der Koritnica, was den Zeltplatz zum Paradies für Wassersportler macht. Umgeben von den steilen Hängen und üppigen Weideflächen des Bovectals, schmiegt sich das weitläufige Campingareal in die Landschaft. Gruppen werden meist zur unteren Terrasse an der rauschenden Koritnica geschickt, Familien campen auf dem zentralen Gelände und allein oder zu zweit anreisende Gäste suchen sich einen Platz in den abgelegeneren Ecken, wo sie in Ruhe ihre Gitarren hervorholen, den Grill anwerfen und ein kühles Bier trinken können.

Das nahegelegene Bovec ist winzig, aber immerhin 800 Jahre alt und eines der wichtigsten Zentren des Abenteuer- und Erlebnissports im Sočatal. Neben Mountainbiking, Canyoning, Wildwasserfahren und im Winter Skifahren hat Bovec allerdings noch einiges mehr zu bieten, wie etwa eine ganze Reihe von Cafés, Restaurants und Läden, einen täglichen Käsemarkt und ein Touristenbüro mit freundlichen, hilfsbereiten Mitarbeitern. Bovec ist überdies Ausgangspunkt für Ausflüge in die Julischen Alpen (Achtung: kurvenreiche Straßen) und in den Triglav-Nationalpark.

Umgeben von so viel verschwenderisch schöner Natur, ist Kamp Liza ein wirklich eindrucksvoller Ort – ob mit oder ohne Kajak.

**PLUSPUNKTE**: Schöner, freundlicher Campingplatz an zwei Flüssen, ideal für Wassersportler.
**MINUSPUNKTE**: Die sehr bescheidenen Sanitäranlagen.
**KOSTEN**: Erwachsene € 10, Kinder von 6–14 Jahren € 8 (Zelt und Pkw sind inbegriffen).
**AUSSTATTUNG**: Die Sanitäranlagen sind ausreichend, aber ein bisschen schäbig. Es gibt einen Spielplatz, Waschmaschinen und Trockner. Ein Restaurant ist geplant, aber noch nicht in Betrieb.
**ESSEN UND TRINKEN**: Das nächstgelegene Restaurant ist Martinov Hram an der Straße nach Bovec (00386 5388 6214, www.martinov-hram.si), wo landestypische Küche und Bovecer Spezialitäten serviert werden.
**FAMILIENAKTIVITÄTEN**: An der Rezeption kann man Fahrräder für Ausflüge in die Umgebung ausleihen und Kajak-, Canyoning- und Raftingtouren buchen. Andere Optionen sind Wandern, ein Besuch im Schwimmbad des nahegelegenen Hotels Kanin (00386 5389 6880, www.hotel-kanin.com) oder Tennis spielen auf dem hoteleigenen Platz. Oder spielen Sie im Hit Holiday Golf Club Bovec (00386 5389 6102, www.golfbovec.si) eine Partie mit Ihren Kindern.
**HIGHLIGHTS**: Eine Übernachtung im kleinen, aber feinen Hotel Dobra Vila in Bovec (00386 5389 6400, www.dobra-vila-bovec.com). Das Hotel hat nur 12 Zimmer, dafür aber ein eigenes Kino, eine Bibliothek und einen hervorragenden Weinkeller.
**LAGE**: Am Zusammenfluss der Soča und der Koritnica im Bovectal im Nordwesten Sloweniens, 20 km nördlich von Kobarid.
**GEÖFFNET**: Ganzjährig.
**AUSGEBUCHT**: Kamp Lazar bei Kobarid (00386 5388 5333, www.lazar.si) ist ein ruhiger Campingplatz in der Nähe des spektakulären Wasserfalls Veliki Kozjak.

**Kamp Liza**, Vodenca 4, 5230 Bovec, Slowenien

t 00386 5389 6370 | w www.camp-liza.com

# menina

»Willkommen«, heißt es auf dem eingeschweißten Infoblatt an der Tür der Rezeption, »wenn wir nicht hier sind, finden Sie uns in der Bar. Suchen Sie sich einfach ein schönes Plätzchen und melden Sie sich später bei uns.«

Dieses Schild sagt einiges über den Campingplatz Menina. Es besagt, dass man es hier locker nimmt, dass die Besitzer Jurij und Katja umgängliche, vertrauensvolle und vermutlich vielbeschäftigte Menschen sind und – gut zu wissen, dass es hier eine Bar gibt.

In Menina pulsiert das Leben so, wie es sich für einen Campingplatz gehört. Es ist ein weitläufiges, allmählich und organisch gewachsenes Areal im Oberen Savinjatal. Wie in der gesamten Gegend herrscht hier der Zauber einer naturbelassenen Waldlandschaft vor. Blätter rascheln in der sanften Talbrise, Lichtflecken tanzen im Gras, ein silberner Bach plätschert munter dahin. Es ist eine Szenerie, in der man spontan zur Klampfe greifen möchte.

Obwohl das Areal in locker definierte Zonen unterteilt ist – ein Tipilager samt angrenzender Ponyweide und ein Bereich mit Holzhütten beispielsweise –, machen es die Besucher in der Regel so, wie es auf dem Zettel an der Rezption steht: Sie suchen sich ein Plätzchen, an dem es ihnen gefällt, und stellen dort ihr Zelt auf. Und bei 180 Stellplätzen hat man reichlich Auswahl, obwohl das Gelände wegen seiner eher zufälligen Anordnung überhaupt nicht so groß wirkt.

In Menina herrscht eine gesellige Atmosphäre. Es gibt einen See, an dem man sich trifft, einen großen Spielplatz in der Nähe des Restaurants, auf dem die Kinder herumtoben können, während ihre Eltern Kaffee trinken, und es gibt Mitarbeiter, die bereit sind, spontan so ziemlich alles von Discoabenden und Konzerten am See bis zu geführten Wanderungen und Exkursionen zu organisieren.

Am Abend treffen sich die Gäste gern im Restaurant zum Essen oder auch nur auf ein Glas Bier an der Bar. Die freundliche und entspannte Atmosphäre des Platzes bringt es mit sich, dass ein internationales und bunt gemischtes Publikum zusammenkommt. Familien mit kleinen Kindern fühlen sich hier ebenso wohl wie Jugendliche und ältere Semester.

Im Umkreis der Zelte liegen Kanus, Kajaks, Fahrräder und Kletterausrüstungen zu Hauf herum. Der Campingplatz eignet sich hervorragend als Ausgangspunkt für Ausflüge in die Steiner Alpen und in den Naturpark Logartal. Das Obere Savinjatal ist insgesamt 35 km lang und wird außer von der Savinja auch von der Dreta durchflossen. Kein Wunder also, dass Schwimmen und Kajakfahren und, da es hier mindestens

KOKOPELI
ZAPRTO

einmal in der Woche regnet, auch Rafting die beliebtesten Sportarten sind.

Für Wanderfreunde und Mountainbiker bieten die umliegenden Berge mit ihren zahllosen, zum Teil mehrtägigen Routen ein ideales Revier. Die Mitarbeiter des Campingplatzes organisieren solche Touren, aber auch extremere Aktivitäten wie Canyoning und Gleitschirmfliegen, und stellen die entsprechenden Karten zur Verfügung.

Die slowenische Hauptstadt, die auf eine lange und ereignisreiche Geschichte zurückblickt, ist nur 60 km entfernt, und selbst wenn Sie den Großstadtlärm um jeden Preis meiden wollen, sollten Sie sich Ljubljana nicht entgehen lassen. Mit ihrer eindrucksvollen Architektur, ihrer faszinierenden Geschichte und ihren hippen Cafés und Boutiquen ist die Stadt zwar himmelweit von der Wohlfühlidylle in Menina entfernt, aber doch eine ideale Ergänzung zum dortigen Ferienerlebnis.

**PLUSPUNKTE**: Zeltplatz mit geselliger Atmosphäre in einem wunderschönen Tal am Fluss.
**MINUSPUNKTE**: Man ist auf ein eigenes Fahrzeug angewiesen, und die Sanitäranlagen sind ziemlich veraltet.
**KOSTEN**: Je nach Saison Erwachsene € 7,50–10, Kinder von 5–15 Jahren € 3,5–8 (Zelt und Pkw sind inbegriffen).
**AUSSTATTUNG**: Die Sanitäranlagen sind nicht gerade auf dem neuesten Stand, aber alles andere ist untadelig: ein Spielplatz mit vielen Geräten, Rezeption mit Bar und Fahrradverleih, Waschmaschinen.
**ESSEN UND TRINKEN**: Im allabendlich geöffneten Restaurant vor Ort gibt es Fisch, Fleisch und vegetarische Gerichte, meist nach regionaler Art zubereitet. An der Rezeption bekommt man frisches Brot, Salami, Käse, Butter und Marmelade, Lebensmittelladen und Bäckerei sind nur 300 m entfernt. 2 km weiter gibt es 2 Supermärkte. Das kulinarische Highlight der Gegend ist das traditionsreiche Gasthaus Raduha in Luče (00386 3838 4000, www.raduha.com), wo regionale Küche nach dem Slow-Food-Prinzip gepflegt wird.
**FAMILIENAKTIVITÄTEN**: Im Thermalbad in Topolšica (00386 3896 3100, www.t-topolsica.si) gibt es nicht weniger als 5 Schwimmbecken (innen und außen), es gibt einen überwachten Spielplatz und Animationsprogramme für Kinder und es werden Rafting und Canyoningtouren für Familien angeboten. 50 km nördlich an der österreichischen Grenze in Mežica liegt ein Mountainbikepark (00386 2870 3060, www.mtbpark.com) mit einer Vielzahl von Routen, darunter auch Touren durch einen stillgelegten Bergwerkstollen und Radausflüge, die besonders für Familien mit Kindern geeignet sind.
**HIGHLIGHTS**: Bringen Sie sich ordentlich zum Schwitzen in der Sauna im Sunny House in Luče (15 km). Für Romantiker gibt es ein 3-Stunden-Special, Rosen und eine Flasche Champagner inklusive.
**LAGE**: Im Savinjatal, 60 km nordöstlich von Ljubljana (genaue Wegbeschreibung auf der Homepage).
**GEÖFFNET**: Anfang April bis Ende September.
**AUSGEBUCHT**: Etwa 15 km weiter nordwestlich, am Ufer der Savinja bei Luče, liegt der Campingplatz Šmica (00386 3584 4330, www.camp-smica.com).

**Camping Menina**, Varpolje 105, 3332 Rečica ob Savinji, Slowenien

| | t | 00386 3583 5027 | w | www.campingmenina.com |
|---|---|---|---|---|

GOOD TIMES
4x4

# glavotok

Wenn um 23 Uhr die Lichter auf dem Campingplatz ausgehen, fühlen Sie sich wie im adriatischen Himmel. Alles ist still, bis auf die Wellen, die leise gegen die grauen Felsen der Insel Krk schlagen. Zu sehen sind nur noch die vereinzelten Lichter auf der benachbarten Insel Cres und der Widerschein der Stadtbeleuchtung über Rijeka auf dem Festland.

Im Laufe der Geschichte haben sich viele Länder um ein Stück dieses adriatischen Juwels gerissen. Opfer der kriegerischen Auseinandersetzungen in den 1990er Jahren waren auch Menschen wie Sanjin Barbalić, die zum Teil heute noch um die Rückgabe ihres Besitzes kämpfen. Bei Sanjin dauerte es 7 Jahre, bis er mit Hilfe von Anwälten seinen Campingplatz wieder übernehmen konnte. Nun hängt über dem Eingang des Restaurants das Porträt seines Großonkels, der 1945 als Spion beschuldigt und an dieser Stelle erschossen worden war.

Dass Sanjins Zeltplatz ein beispielhaftes Unternehmen ist, hat sich herumgesprochen. Die besten Plätze sind meist schon ein Jahr im Voraus ausgebucht. Allenfalls bis Juli und ab Ende August könnten Sie Glück haben und noch eine Nische in der vordersten Reihe mit Meerblick finden, ansonsten müssen Sie sich weiter hinten zwischen den Bäumen häuslich einrichten. Und dann können Sie vom Bootssteg ins Meer springen, einen Tauchkurs mitmachen und nach Herzenslust schwimmen. Am Abend sind Sie dann mit sich, Ihrem Buch und den leise schlagenden Wellen allein.

**PLUSPUNKTE**: Kroatische Gastfreundlichkeit und Warmherzigkeit par excellence.
**MINUSPUNKTE**: Der Platz hat seine eigene Biokläranlage, die manchmal zu einer Geruchsbelästigung wird. Man sollte sein Zelt also möglichst weit von den Sanitäranlagen entfernt aufstellen.
**KOSTEN**: Je nach Saison pro Person und Tag € 4,38 – 7,44, Kinder bis 12 Jahre frei, Stellplatz je nach Lage und Saison € 7,12 – 16,44 (Preisliste 2009).
**AUSSTATTUNG**: 120 der 336 Stellplätze sind von »Dauerpächtern« belegt. Moderne Sanitäranlagen mit Behinderten- und Babyraum, Waschmaschinen und Trockner sowie Außenspülbecken, Internetzugang, Basketball- und Beachvolleyballplatz.
**ESSEN UND TRINKEN**: Im platzeigenen Restaurant werden 35 verschiedene Pizzasorten angeboten, Spezialität des Hauses ist bei Niedrigtemperatur gegarter Tintenfisch, den man vorbestellen muss.
**FAMILIENAKTIVITÄTEN**: Nehmen Sie an einem Tauchkurs der Tauchschule vor Ort teil (00385 51 869 289, www.correct-diving.com).
**HIGHLIGHTS**: Begeben Sie sich auf die Spuren der Römer, die in Krk in Inschriften, Mosaiken und anderen Relikten erhalten sind, und verbinden Sie diesen Ausflug in die Geschichte der Stadt mit einer Shoppingtour.
**LAGE**: Bei Malinska im Nordwesten der Insel Krk.
**ÖFFENTLICHE VERKEHRSMITTEL**: Mit dem Bus von Triest nach Rijeka, weiter nach Krk, dann nach Brzac, von hier ist es etwa 2 km bis zum Campingplatz (ein Taxi kostet etwa € 40).
**GEÖFFNET**: Anfang April bis Mitte Oktober.
**AUSGEBUCHT**: Auto Camp Bor bei Krk im Süden der Insel (00385 51 221 581, www.camp-bor.hr) ist eine nette und etwas weniger rustikale Alternative.

**Camping Glavotok**, Glavotok 4, 51511 Malinska, Krk, Kroatien

t 00385 51 867 880 | w www.kamp-glavotok.hr

# straško

Fast drei Viertel des Jahres sind die Schafe auf der Insel Pag gegenüber den Menschen in der Überzahl. Bis auf den Sommer, wenn Kroaten zu Tausenden in Novalja einfallen. Nicht umsonst spricht man auch vom »Ibiza Kroatiens«. Am Strand Zrće gibt es drei Open-Air-Discos, in denen rund um die Uhr Musik läuft. Busse fahren in regelmäßigen Abständen vom Campingplatz dorthin, sodass es für jugendliche Camper kein Problem ist, 7 Tage in der Woche zu feiern.

Doch Straško hat nicht nur für Partymenschen seinen Reiz, der Platz hat auch einiges für Familien mit Kindern zu bieten. Spielplätze und einen Minigolfplatz beispielsweise oder Animationsprogramme, mit denen die Kleinen bei Laune gehalten werden, wenn die Eltern eine Siesta brauchen. Wenn Kindergeschrei für Sie aber das Gegenteil eines Traumurlaubs ist, verlegen Sie Ihr Domizil einfach in den FKK-Bereich, wo Sie in Ruhe und Frieden in die silbernen Fluten eintauchen können. Neuankömmlinge werden in einem Golfwagen herumgefahren, damit sie sich einen Platz aussuchen können. Auf den strandnahen Stellplätzen unter den Pinien hat man einen schönen Blick, muss aber auch in Kauf nehmen, morgens vom Lärm der Strandaktivitäten geweckt zu werden. Wer Wert auf ein bisschen Privatsphäre legt, lässt sich am besten auf dem Areal links der Einfahrt unter den alten dalmatinischen Eichen nieder.

Mit seinem schmalen Strandstreifen wird Straško den Wettbewerb der schönsten Strände sicher nicht gewinnen, doch da Pag die Insel mit der längsten Küstenlinie in der Adria ist, bieten sich jede Menge Alternativen.

**PLUSPUNKTE**: Leute, die rund um die Uhr Party machen wollen, Familien mit Kindern und FKK-Freaks – für jeden ist etwas dabei.
**MINUSPUNKTE**: Der Platz sieht aus wie ein großer Parkplatz; man muss die schönen Plätze erst einmal suchen.
**KOSTEN**: Je nach Saison pro Person und Tag € 4–7,5, Senioren ab 60 Jahren € 3,40–6,75, Kinder bis 12 Jahre frei, Stellplatz € 7–26 (Preisliste 2008).
**AUSSTATTUNG**: Alle 400 Stellplätze haben Strom- und TV-Anschluss. Es gibt ein Restaurant, eine Pizzeria, eine Strandbar, Zeitungsstände, 2 Läden, mehrere Bäckereien, einen Fischmarkt, Internetcafé, Gasauffüllstation, 11 Tennisplätze, einen Minigolfplatz, Volleyballfelder, ein Fitnessstudio, eine Bowlingbahn, 12 Sanitärhäuser … und eine Hundedusche.
**ESSEN UND TRINKEN**: Die Spezialität der Gegend ist kräftig gesalzener Schafkäse. Ein gutes Fischrestaurant ist das Starac i More in Novalja (Braće Radić, 00385 53 662 423, www.inselpag.com/novalja/restaurant/starac-i-more).
**FAMILIENAKTIVITÄTEN**: Mieten Sie ein Bananaboot oder für größere Kinder ein Jetboot.
**HIGHLIGHTS**: Gönnen Sie sich eine Massage im Beautysalon vor Ort.
**LAGE**: Bei Novalja auf der Insel Pag.
**GEÖFFNET**: Mitte April bis Mitte Oktober.
**AUSGEBUCHT**: Auf der Nachbarinsel Rab, in der Nähe von Lopar, gibt es einen der wenigen Sandstrände Kroatiens, bei den Einheimischen als Paradiesstrand bekannt und ziemlich überlaufen (siehe Abbildung rechts). Der Campingplatz San Marino (00385 51 667 788, www.camping.imperial.hr) liegt nahe bei diesem Strand.

**Kamp Straško**, 53291 Novalja, Insel Pag, Kroatien

t 00385 53 663 381 | w www.turno.hr

# mala milna

Hvar ist das beliebteste Urlaubsziel für alle Kroaten, die es sich leisten können, und es sind jährlich immerhin 10 Prozent der 4,5 Millionen Einwohner des Landes, die das Côte-d'Azur-Ambiente in den schicksten Ferienorten der kroatischen Adriainseln suchen.

In den Küstenstädten auf Hvar gibt es Designhotels und superelegante Restaurants und Bars en masse. So überrascht es nicht, dass die Lebenshaltungskosten auf der Insel hoch sind: Der Kaffee kostet locker doppelt so viel wie auf dem Festland. Sie können sich allerdings auch als Normalverdiener unter den Jetset mischen, wenn Sie auf dem Campingplatz Mala Milna Ihr Zelt aufschlagen. Das ist allemal besser, als ein schäbiges Hotelzimmer zu überteuerten Preisen zu mieten oder sich auf Gedeih und Verderb einem der Schlepper zu überlassen, die schon an den Fähren die Urlauber abfangen.

Urlauber, die schon einmal in Mala Milna waren, sind voll des Lobes. Effizienz spielt sich hier im Verborgenen ab; niemand scheint jemals das Telefon abzuheben, aber E-Mail-Buchungen werden stets prompt bestätigt. Wenn man vom Fährhafen Stari Grad Richtung Hvar im Süden der Insel fährt, liegt linker Hand in der gut ausgeschilderten Bucht von Milna, in einem Waldstück versteckt, der Campingplatz. Die 20 Zeltstellplätze befinden sich an einem Terrassenhang, der durch einen Weg vom Kieselstrand getrennt ist, die 10 Wohnwagenplätze liegen direkt am Meer. Autos können in unmittelbarer Zeltnähe geparkt werden, ohne dass sie den Blick verstellen, und der dichte Wald ringsum sorgt dafür, dass die Temperaturen im Zelt erträglich bleiben.

Schon wegen der beiden Strände, an denen die Camper fast unter sich sind, lohnt es sich, nach Mala Milna zu kommen. Dafür nehmen die Gäste sogar die schmuddeligen Sanitäranlagen in Kauf. Der Campingplatz mag für Familien mit kleinen Kindern nicht ideal sein, aber die Tatsache, dass hier keinerlei Abwässer ins Meer geleitet werden, ist für umweltbewusste Reisende sicher ein großer Pluspunkt.

Viele Gäste in Mala Milna sind Urlauber, die hier einen Zwischenstopp einlegen auf ihrer Inselhopping-Tour zur atemberaubend schönen Halbinsel Peljesac oder zu den Strandcampingplätzen auf dem kroatischen Festland zwischen Omiš und Brela.

Zum Glück für die Autolosen gibt es hier rechts und links des Areals zwei kleine Kiesstrände, Mala Milna und Vela Milna, und die Restaurants in der Bucht öffnen ihre Türen, sobald der erste Gast auftaucht, sodass Sie sich auch nicht weit von Ihrer Strandburg entfernen müssen, wenn Hunger und Durst Sie plagen. So können Sie Kräfte sammeln für die 4-stündige Wanderung an der Küste entlang nach Hvar. Es verkehrt zwar auch ein Bus vom Campingplatz nach Hvar, aber der fährt nur selten und ist oftmals so überfüllt, dass man sich selbst mit aller Mühe nicht mehr hineinquetschen kann. Abgesehen davon ist der Küstenweg ein spektakuläres Erlebnis. In Hvar riecht man förmlich das Geld, aber die Stadt mit ihren vielen mittelalterlichen Bauten ist wirklich ein unbezahlbares Juwel.

Oder Sie machen am frühen Abend, ausgerüstet mit einer Taschenlampe für den 2 km langen Rückweg, einen Spaziergang nach Malo Grablje und kehren zum Essen in dem stimmungsvollen Restaurant Stori Komin ein, wo die Wirtin köstliche traditionelle Gerichte bereitet. Malo Grablje ist ein verlassenes Dorf, das von seinen Bewohnern in den 1960er Jahren wegen der schwierigen Lebensbedingungen aufgegeben wurde, das aber nahezu vollkommen intakt und seit 2005 für Besucher geöffnet ist.

Das britische Reisemagazin *Condé Nast Traveller* führt Hvar in der Liste der 10 schönsten Inseln der Welt. Der Campingplatz Mala Milna ist Ihr Zugang zu diesem Kleinod.

**PLUSPUNKTE**: Ferien auf Hvar, für die man nicht das letzte Hemd hergeben muss.
**MINUSPUNKTE**: Eine Kirchenglocke läutet ab 6 Uhr morgens vernehmlich zu jeder vollen Stunde.
**KOSTEN**: Auto und Zelt € 4–5,60. Erwachsene € 2,50–4, Kinder € 1,40–2,20, Stromanschluss € 2 (Preisliste aus dem Jahr 2000!).
**AUSSTATTUNG**: Bis auf 4 Duschen und 6 Toiletten ist praktisch nichts vorhanden. Im August bekommt man an der Rezeption Kaffee und kleine Snacks.
**ESSEN UND TRINKEN**: In der Bucht reiht sich ein Lokal ans andere, 2 Kneipen bieten ab 8 Uhr Frühstück an. Den frischesten Fisch bekommt man im Restaurant Moli Onte, das von Fischerfamilien geführt wird (00385 21 745 025). Im verlassenen Dorf Malo Grablje hat das Ehepaar Tudor vor einigen Jahren ein Restaurant eröffnet, in dem man sehr gute regionale und saisonale Gerichte bekommt und der Köchin bei der Arbeit über die Schulter schauen kann (00385 91 527 6408, geöffnet nur von Mai bis Oktober, Voranmeldungen sind erforderlich).
**FAMILIENAKTIVITÄTEN**: Baden und Eis essen – was braucht man mehr?
**HIGHLIGHTS**: Machen Sie es wie der Jetset und mieten Sie ein Speedboot für bis zu 10 Personen (Avantura, 00385 92 113 5383).
**LAGE**: An der Südküste der Insel Hvar, 2 km südöstlich der gleichnamigen Inselhauptstadt.
**GEÖFFNET**: Anfang Mai bis Ende Oktober.
**AUSGEBUCHT**: 6 km weiter nördlich, ebenfalls am Strand, liegt Kamp Vira (00385 21 741 803, www.campingvira.com), ein größerer Campingplatz mit sehr gepflegten Sanitäranlagen.

**Auto Camp Mala Milna**, Mala Milna b.b., 21450 Hvar, Kroatien

| | t | 00385 21 745 027 | w | www.hvar.hr/mala-milna |
|---|---|---|---|---|

# pod maslinom

Das Adriatische Meer mit seiner 6500 km langen dalmatinischen Küste ist die Haupteinnahmequelle Kroatiens – durch den Fremdenverkehr, nicht durch die Fischerei; die kleinen Kutter der einheimischen Fischer können den riesigen Schiffen der italienischen Fischereiflotte auf der anderen Seite keine Konkurrenz machen. Bevor Sie sich diese Küste aber als ein Paradies endloser Sandstände vorstellen, müssen wir Ihnen eines gleich zu Beginn verraten: Es ist ein eher steiniges Paradies.

Machen Sie es einfach wie die Einheimischen und breiten Sie Ihr Strandlaken aus, wo immer Sie ein freies Stück Felsen, Mole oder Kiesstrand finden. Wenn das nicht Ihrer Idealvorstellung von einem schönen Strandtag entspricht, warten Sie ab, bis Sie die unglaublichen Buchten sehen, in denen Seepferdchen wie glitzernde Diamanten auf dem azurblauen Wasser tanzen. Sie werden Ihre Meinung sofort ändern. Dieser Landstrich ist im wahrsten Sinne des Wortes »malerisch«, und ein Sonnenbad unter den kantigen Klippen bei über 30 Grad Celsius ist ein geradezu himmlisches Vergnügen.

Zu diesem paradiesischen Fleckchen Erde gelangen Sie entweder mit dem Bus vom Flughafen Dubrovnik oder Sie nehmen einen Billigflieger nach Split und steigen dort in den Bus, der Sie in 5 Stunden nach Orašac bringt. Versuchen Sie, einen Fensterplatz auf der rechten Seite zu ergattern, dann eröffnet sich Ihnen nach jeder Kurve ein neues überwältigendes Küstenpanorama.

Direkt an der Haltestelle Orašac liegt der Campingplatz Pod Maslinom. Der Platz wurde liebevoll gestaltet von seinem Besitzer, Božo Dobroeviæ, der das Zeug zum Landschaftsgärtner zu haben scheint, wenn man sich ansieht, was er hier aus einem ehemals überwucherten Olivenhain gezaubert hat.

Gleichgültig, ob Sie mit Fahrrad, Auto oder Bus hier ankommen, Sie können sich auf den geräumigen Flächen im oberen Bereich des Platzes niederlassen. Weiter unten in der Nähe der untadelig sauberen Sanitäranlagen bietet ein kleines Waldstück Schutz vor der Sonne und vor den Geräuschen der Straße. Insgesamt kann der Platz 250 Gäste beherbergen, aber es werden im Allgemeinen nicht mehr als 30 bis 35 Zelte oder Wohnwagen gleichzeitig aufgenommen, sodass es nie zu voll wird.

Durch die begrenzte Zahl der Gäste herrscht auf dem Platz eine lockere und entspannte Atmosphäre. An der Rezeption kann man Eis und Getränke kaufen. Und es gibt eine wunderbare Aussichtsterrasse, wo man faul herumsitzen und den Vergnügungsschiffen und -booten zusehen kann, die zwischen den drei gegenüberliegenden Elafitischen Inseln hin und her kreuzen.

Die meisten kroatischen Campingplätze sind höchstens einen Steinwurf vom Strand entfernt. In Pod Maslinom würde der Stein in die Tiefe stürzen, weil der Hang steil zum Strand hin abfällt, der nur über einen schmalen steinernen Grat zu erreichen ist. Für kleine Kinder ist das eine wahre Herausforderung zum Klettern, für Buggys ist es denkbar ungeeignet. Doch am Ende des steinigen Weges winkt eine Bucht, die Ihnen ganz allein gehört und in der das Wasser so sauber und klar ist, wie es nur sein kann.

Jenseits des Campingplatzes ist ein Besuch der Stadt Dubrovnik lohnenswert, deren gesamte Altstadt seit 1979 Weltkulturerbe der UNESCO ist. Beim Anblick der mächtigen, vom Meer umspülten Stadtmauern und der einmaligen Altstadt, in deren Architektur sich die gesamte Stadtgeschichte von der Gründung im 7. Jahrhundert bis heute spiegelt, wird dem Besucher schnell klar, warum Dubrovnik auch als »Perle der Adria« bezeichnet wird und eines der wichtigsten Zentren des Fremdenverkehrs an der Adria ist.

Und wenn Sie sich dann immer noch nicht satt gesehen haben, fahren Sie am Ende Ihres Urlaubs mit der Fähre nach Split zurück und genießen Sie das überwältigende Küstenpanorama diesmal vom Meer aus.

**PLUSPUNKTE**: Die Ausstattung, der Blick, die Strandbar, die jungen Besitzer.
**MINUSPUNKTE**: Dem Autolärm sind selbst Ohrstöpsel nicht gewachsen. Bis die geplante Autobahnverlängerung bis Dubrovnik fertiggestellt ist, sollten Sie sich unbedingt einen Platz am Südende des Areals suchen.
**KOSTEN**: Je nach Saison Erwachsene (umgerechnet) € 2,60–3,30, Kinder € 2,10–2,30, Zelt € 2,30–2,50, Pkw 2,20–2,30.
**AUSSTATTUNG**: Sehr saubere Duschen und Toiletten, Waschmaschine, Kühlschrank und Kochstelle können kostenlos benutzt werden; der Internetzugang kostet pro Stunde 20 Kuna (das sind € 2,75).
**ESSEN UND TRINKEN**: Die Hawaii-Strandbar hat Fisch vom Grill, Sundowner-Cocktails und an Wochenenden gelegentlich eine Beachparty zu bieten.
**FAMILIENAKTIVITÄTEN**: Unternehmen Sie einen Schiffsausflug auf die Insel Elafiti (für HRK 200 pro Person, Mittagessen und Getränke inbegriffen, ein echtes Schnäppchen). Infos und Buchungen an der Rezeption.
**HIGHLIGHTS**: Eine Meeresfrüchteplatte im Restaurant Nautika in Dubrovnik (00385 20 442 526) auf der Terrasse mit Blick aufs Meer und auf die beiden Festungen Lovrijenac und Bokar.
**LAGE**: Bei Orašac an der kroatischen Adriaküste, 10 km nordwestlich von Dubrovnik.
**ÖFFENTLICHE VERKEHRSMITTEL**: Man kann von Split aus den Bus nach Orašac nehmen und direkt am Campingplatz aussteigen. Wenn man vom Flughafen Dubrovnik aus mit dem Bus fährt, muss man zweimal umsteigen: am Pile-Tor und 5 km weiter westlich am Busdepot.
**GEÖFFNET**: Anfang Mai bis Anfang Oktober.
**AUSGEBUCHT**: Der Campingplatz Autocamp Solitudo östlich von Dubrovnik (00385 20 448 686, www.camping-adriatic.com/solitudo) ist eine gute Alternative.

**AutoCamp Pod Maslinom**, Na Komardi 23, 20234 Orašac, Kroatien

t 00385 20 891 169 w www.orasac.com

# dionysus

Der Sage nach erlitt Odysseus am Ende seiner Irrfahrten Schiffbruch auf der friedlichen Insel der Phaiaken. Nausikaa, die gutherzige Tochter des Königs Alkinoos, fand ihn am Strand und brachte ihn an den Hof ihres Vaters, wo er seine Geschichte erzählte, bevor er mit Ziel Ithaka wieder in See stach. Heute heißt die nämliche Insel Korfu, aber die Bewohner sind noch ebenso gastfreundlich wie in Odysseus' Tagen.

Wegen ihrer strategisch günstigen Lage im Mittelmeer hat die Ionische Insel in der Geschichte Griechenlands stets eine wichtige Rolle gespielt. Wenn man durch die Altstadt mit ihren neoklassizistischen Bauwerken schlendert, glaubt man den Hauch der Geschichte zu spüren. Sicher hat die Stadt seit Ende der 1960er Jahre Heerscharen von Touristen gesehen, aber sobald man sich nur ein kleines Stück weit von den Touristenpfaden entfernt, begegnen einem auf Schritt und Tritt Bilder des Griechenlands, wie es früher einmal war – von der kleinen Plateia, auf der rundum vor den Fenstern die Wäsche im Wind flattert, bis zum Greis, der seine Lebensjahre an den Perlen seines Komboloi abzählt.

Die Altstadt von Korfu ist von zwei natürlichen Felsvorsprüngen flankiert, auf denen zwei mächtige Festungen stehen, so mächtig, dass sie fünf Belagerungen durch die Türken standhielten. Ob Wassersport oder Museumstouren, Klosterbesichtigungen oder faule Tage am Strand, für jeden Geschmack ist etwas dabei. Wenn Sie genug davon haben, in schicken Cafés Frappé zu trinken oder um den Preis von Amuletten und Gipsfiguren zu feilschen, bietet Ihnen die Insel ein breites Spektrum von Möglichkeiten. Korfu ist eine große Insel, auf der Sie die Hektik (wenn es so etwas bei den Griechen überhaupt gibt) der Touristenorte problemlos meiden und sich auf Blumenwiesen, zwischen Felsen und in verborgenen, einsamen Buchten verlieren können.

9 km nördlich von Korfu Stadt und nur 5 Min. vom Strand von Dassia entfernt, wo es von ölglänzenden Körpern wimmelt, liegt der Campingplatz Dionysus. Und dieser heitere Ort wird seinem klangvollen Namen in jeder Hinsicht gerecht. Die Einrichtungen und Dienstleistungen des Platzes sind hervorragend, von den modernen Sanitäranlagen bis zur Bar mit Blick auf den riesigen Pool. Eine reizvolle und preiswerte Alternative zum eigenen Zelt sind gerade für Paare die einfachen Hütten im polynesischen Stil, von denen es auf dem Gelände 50 gibt.

Der Betreiber des Campingplatzes ist ein freundlicher Mann namens Nikos, ein Einheimischer, der Korfu wie seine Westentasche kennt und Ihnen verrät, wie Sie zu den schönsten Stränden kommen, der ein Boot für Sie mietet, das Sie an die Nordküste der Insel bringt – und überhaupt für Sie organisiert, was immer Ihr Herz begehrt.

Während der Hochsaison im Juli und August treten im Restaurant Gruppen mit traditionellen Tänzen auf. Die gesellige Atmosphäre animiert zu langen, angeregten Unterhaltungen und es werden Freundschaften geschlossen, die über die gemeinsame Ferienzeit hinausreichen. So gesehen herrscht auf Korfu noch die gleiche Gastlichkeit wie in den alten Tagen.

**PLUSPUNKTE**: Nette Besitzer, friedliche Umgebung und die schöne alte Stadt Korfu in erreichbarer Nähe.
**MINUSPUNKTE**: Der Strand am Campingplatz ist ziemlich steinig (aber zum Sandstand von Dassia ist es nur eine kurze Mopedfahrt).
**KOSTEN**: Je nach Saison Erwachsene € 4,90–5,80, Kinder von 4–10 Jahren € 2,70–3,50, Pkw € 3–3,50, Zelt € 3,50–4.
**AUSSTATTUNG**: Gemeinschaftsküche mit Kühlschrank, Grillstellen, Supermarkt, Restaurant und Bar, WLAN und ein Schwimmbecken von olympischen Ausmaßen.
**ESSEN UND TRINKEN**: Das bodenständige Restaurant Rouvas in Korfu (13 Stamatiou Desila, 0030 26610 31182) ist ein Geheimtipp (die Keftedes sind himmlisch). Die legendäre Bäckerei Starenio (Guilford 59, Plateia Dimarcheiou) ist eine wunderbare Adresse für einen griechischen Mokka und etwas klebrig Süßes am Nachmittag.
**FAMILIENAKTIVITÄTEN**: Eine Rundfahrt mit dem Glasbodenboot Kalypso Star, das stündlich im alten Hafen von Korfu ablegt und den Fahrgästen die Unterwasserwelt vor Korfu erschließt.
**HIGHLIGHTS**: Genießen Sie gute griechische Küche und ein romantisches Plätzchen im Freien bei San Giacomo am Rathausplatz in Korfu (0030 26610 30146).
**LAGE**: An der Ostküste der Insel Korfu im Ionischen Meer, knapp 10 km nördlich der gleichnamigen Inselhauptstadt.
**ÖFFENTLICHE VERKEHRSMITTEL**: Vom Busbahnhof am San-Rocco-Platz in Korfu fährt halbstündlich ein Bus (Nr. 7) ab, der am Campingplatz hält.
**GEÖFFNET**: Anfang Mai bis Mitte Oktober.
**AUSGEBUCHT**: Ganz in der Nähe liegt Karda Beach Camping (0030 26610 93595, www.kardacamp.gr), ein Platz mit viel Schatten, direkt am Meer.

**Camping Village Dionysus**, 49100 Dassia, Korfu, Griechenland

t 0030 26610 91760 w www.dionysuscamping.gr

# enjoy-lichnos

Dicht gedrängt schmiegen sich die weiß getünchten, venezianisch anmutenden Häuser von Parga an den Hang, der wie ein Amphitheater aus duftenden Blumen, geheimnisvollen, verwinkelten Gassen und Schmuckläden mit verlockenden Auslagen vom Halbrund der Bucht aufsteigt. Wie das benachbarte Korfu ist das Städtchen bekannt für seine kosmopolitische Atmosphäre und die Herzlichkeit seiner Bewohner. Wegen seiner Nähe zur Hafenstadt Igoumenitsa, wo die großen Fähren aus Italien anlegen, hört man hier ein lebendiges Gemisch mediterraner Sprachen.

Flankiert von bewaldeten Felsen, die steil aus dem smaragdgrünen Meer aufsteigen, und bewacht von den hoch aufragenden Ruinen einer byzantinischen Festung, ist Parga mehr als malerisch. Die Stadt zeigt nicht nur eine schöne Fassade, sie bietet auch zahllose Möglichkeiten, sich die Zeit zu vertreiben, sei es mit Faulenzen am Strand, mit Schwimmen oder Wasserskifahren, mit Einkaufsbummeln oder Museumsbesuchen.

Ein Stück weiter südlich von Parga liegt der Campingplatz Enjoy-Lichnos. Gäbe es einen *Cool-Camping*-Preis für den herzlichsten Empfang, Georgia, die Betreiberin dieses Campingplatzes, würde ihn mit links gewinnen. Ihr himmlisches Paradies in einem alten Olivenhain und nur einen Steinwurf vom feinen Sandstrand entfernt ist flankiert von rötlichen Felsen auf der einen und einem dichten Wäldchen aus Zypressen und Olivenbäumen auf der anderen Seite. Das Wasser ist so unglaublich klar, dass man jedes Sandkorn unter sich erkennt. Das Meer ist hier ziemlich flach und fällt ganz sanft ab, so dass es für kleinere Kinder ungefährlich ist, im Wasser zu spielen und zu toben.

Enjoy-Lichnos ist gut ausgestattet mit einer Strandbar sowie einem Restaurant und einem kleinen Supermarkt im Hauptgebäude. Das wohnmobilfreie Zeltareal liegt so nah am Meer, dass man die leise an Land schwappenden Wellen hört. Es ist mit Lichtergirlanden geschmückt, die aussehen wie Glühwürmchen, wenn man in der Dunkelheit über den Holzsteg läuft, der unter einer Pergola hindurch zum Zeltplatz führt. Die 500 Jahre alten Olivenbäume bieten Schutz vor der sengenden Sonne und vor dem sehr seltenen Regen.

Gleich hinter dem Felsvorsprung, der die Bucht begrenzt, liegt die berühmte Aphrodite-Grotte, in der die Göttin der Sage nach gebadet haben soll. Wer sie sehen will, kann sich ein Boot ausleihen oder mit einem der kleinen Fährboote fahren, die diese Sehenswürdigkeit ansteuern.

Georgia organisiert bereitwillig Ausflüge aller Art für Sie, beispielsweise eine Zeitreise in die Vergangenheit, zum Nekromantio – dem Totenorakel aus den mythischen Tagen

Griechenlands. Die Ruinen dort oben auf der Hügelkuppe sind fast so schaurig wie der toskanische Friedhof, auf dem Gregory Peck in *Das Omen* von einer Meute Rottweiler verfolgt wird. Unweit der Ruinenstätte liegt inmitten einer fruchtbaren Ebene der Fluss Acheron. So friedlich er heute von Eukalyptusbäumen gesäumt daliegt, war er doch einst der gefürchtete Fluss, auf dem die Toten in ihr unterirdisches Schattenreich gelangten. Heute nehmen die Toten, soweit man weiß, andere Wege, und Sie können unbesorgt in einer der Ufertavernen Ihren gegrillten Fisch genießen, bevor Sie mit den Zehen in das gletscherblaue Wasser eintauchen.

**PLUSPUNKTE**: Einzigartig schöne Lage, einzigartig schönes Dorf, einzigartig freundliche und hilfsbereite Mitarbeiter.
**MINUSPUNKTE**: Wenn Sie mit dem Bus anreisen, werden Sie oben an der Straße abgesetzt, und der Abstieg zum Zeltplatz ist mörderisch für die Kniegelenke.
**KOSTEN**: Je nach Saison Erwachsene € 5,20–5,50, Kinder € 3–3,50, Pkw € 2,80–3,30, Zelt € 3,80–4,50.
**AUSSTATTUNG**: Restaurant, Strandbar, Minimarkt, moderne, gepflegte Sanitäranlagen mit Behinderten- und Babyraum, Stromanschlüsse auf allen Plätzen sowie Kajaks und Tretboote.
**ESSEN UND TRINKEN**: Direkt am Meer am Strand Lichnos liegt das Restaurant Coral (0030 26840 32068, www.pargarestaurant.com). In Parga gibt es eine ganze Reihe von Lokalen.
**FAMILIENAKTIVITÄTEN**: Ein Besuch des Nekromantio bei Mesopotamos südlich von Parga, wo in mythologischen Zeiten die Toten vorbereitet wurden, bevor sie ihre Reise über den Acheron in die Unterwelt antraten, ist ein schaurig schönes Erlebnis.
**HIGHLIGHTS**: Machen Sie eine Rundfahrt mit dem Kutter Captain Hook, der regelmäßig von Parga aus die Inseln Paxos und Antipaxos mit ihren spektakulären blauen Grotten anläuft (€ 25, Kinder die Hälfte, 0030 69448 84597).
**LAGE**: Am Ionischen Meer an der Nordwestküste Griechenlands bei Parga, etwa 50 km südlich der Hafenstadt Igoumenitsa.
**ÖFFENTLICHE VERKEHRSMITTEL**: Wenn Sie mit Olympic Airlines nach Preveza (60 km südlich von Parga) fliegen, können Sie am Busbahnhof den Bus Richtung Igoumenitsa nehmen und den Fahrer bitten, Sie bei Parga an der beschilderten Abzweigung zum Strand Lichnos aussteigen zu lassen.
**GEÖFFNET**: Anfang Mai bis Mitte Oktober.
**AUSGEBUCHT**: Am Strand Valtos und in der Nähe einer schönen Taverne liegt Valtos Camping (0030 26840 31287, www.campingvaltos.gr).

**Enjoy-Lichnos Camping**, 48060 Lichnos 1, Parga, Griechenland

t 0030 26840 31171 | w www.enjoy-lichnos.net

# poros beach

Lefkada, die weniger berühmte Nachbarin der Inseln Ithaka und Kefalonia, bietet mit ihren endlosen Wiesen, baufälligen Schäferhütten und knorrigen Bäumen einen so bukolischen Anblick, dass man fast erwartet, Pan vom nächsten Ast herunterspähen zu sehen.

Man erreicht die Insel mit der Fähre oder über eine 80 m lange Brücke, die die Insel mit dem Festland verbindet. Vorbei an schattigen Wäldchen, an verschlafenen Dörfern und an Wiesen, über denen der Duft von Geißblatt und Thymian schwebt und bunte Schmetterlinge tanzen, fahren Sie bis hinunter nach Poros, und dann zum feinen Kieselstrand von Poros Beach.

Nur einen Steinwurf von diesem Strand entfernt liegt der Campingplatz, der Gäste aller Nationalitäten anzieht. Eigentlich muss man sich nie weit von ihm entfernen: Man kann den Tag mit frischem Brot und Honig im stylischen Restaurant vor Ort beginnen, sich an den Strand legen und zusehen, wie sich der azurblaue Himmel und das türkisblaue Meer gegenseitig Konkurrenz machen, und das Ganze am Abend mit Souvlaki und Salat im Café del Mare am Strand beschließen.

Das etwa 15 km westlich von Poros gelegene Vassiliki ist ein malerisches, lebendiges Hafenstädtchen mit einer Reihe netter Tavernen, in denen man gemütlich sitzen, das salbeigrüne Ithaka betrachten und vor sich hin träumen kann, bevor man ein Auto mietet und sich aufmacht, den Rest der Insel zu erkunden.

**PLUSPUNKTE**: Ein verstecktes Kleinod mit vollkommenem Strand, Spitzenrestaurant und schönem Pool.
**MINUSPUNKTE**: Es gibt keine Busverbindung zum Campingplatz, sodass man sich in Vassiliki ein Moped oder ein Auto ausleihen muss.
**KOSTEN**: 2 Erwachsene und 1 Zelt je nach Saison € 17–28, für 1 Pkw zusätzlich € 3.
**AUSSTATTUNG**: Restaurant, Bar und Minimarkt, saubere Duschen und Toiletten (Stehklos), Dusch- und Toilettenraum für Behinderte, Postdienst, Wäschereidienst und Bootsverleih.
**ESSEN UND TRINKEN**: Das Café del Mare ist ein einfaches, nettes Strandlokal mit einer umfangreichen, von Fischgerichten dominierten Speisekarte und einer großen Weinauswahl.
**FAMILIENAKTIVITÄTEN**: Machen Sie eine Rundfahrt mit Seven Islands Cruises (0030 26450 92528, www.sevenislandscruises.gr). Wie der Name besagt, werden die umliegenden 7 Ionischen Inseln angelaufen, darunter Ithaka, Kefalonia mit seiner wunderschönen Hafenstadt Fiskardo sowie Skorpios, die Insel, die seit den 1960er Jahren im Besitz der Familie Onassis ist.
**HIGHLIGHTS**: Träumen Sie manchmal davon, wie Kapitän Ahab über die Weltmeere zu segeln, konnten sich aber nie dazu aufraffen? Dann buchen Sie doch wenigstens einen 2-Tage-Selgelcrashkurs im 10 km entfernten Nidri (buchbar bei der Internetreiseagentur Lantisworld, www.lantisworld.com).
**LAGE**: Bei Poros im Südosten der Insel Lefkada im Ionischen Meer, die mit dem Festland durch eine Brücke verbunden ist.
**GEÖFFNET**: Anfang Mai bis Mitte Oktober.
**AUSGEBUCHT**: Kastri Camping an der Südspitze der Insel (0030 26450 31900, www.camping-kastri.gr) ist ein schöner Platz in der Nähe eines Strandes.

**Poros Beach Camping**, Poros, 31100 Lefkada, Griechenland

t 0030 26450 95452 w www.porosbeach.com.gr/

# tartaruga

Zakynthos oder Zante, wie die Einheimischen gern sagen, ist eine der grünen Inseln im Ionischen Meer. Das Stadtbild der gleichnamigen Hauptstadt ist sichtlich von der über 400-jährigen venezianischen Herrschaft geprägt, weshalb sie auch oft als »Venedig des Ostens« bezeichnet wird. Der venezianische Einfluss ist so allgegenwärtig, dass man sich in ein Gemälde von Canaletto versetzt fühlt und versucht ist, nach der nächsten Gondel Ausschau zu halten.

Wie viele andere griechische Inseln blickt Zakynthos auf eine bewegte Vergangenheit zurück, in der die Herrschaft von den Römern über die Byzantiner und Veneter bis zu den Türken und Briten wechselte. 1953 wurde die Stadt Zakynthos bei einem Erdbeben fast vollständig zerstört. Glücklicherweise liebten die Inselbewohner ihre Hauptstadt so sehr, dass sie sie zum großen Teil originalgetreu wieder aufbauten, eine Leistung, auf die Dionysios, der Schutzpatron der Insel, mit Recht stolz sein würde.

Am 24. August feiern die Insulaner ihren Schutzheiligen mit einem großen Fest. Dann wird der Leichnam des Heiligen, der angeblich nie verwest, in seinem gläsernen Schrein wie in einem altmodischen Papamobil mit viel orthodoxem Pomp durch die von flackerndem Kerzenschein beleuchteten Straßen gefahren.

Bevor Sie sich aber den kulturellen Höhepunkten der Insel widmen können, müssen Sie erst einmal Ihre Zelte auf dem Campingplatz aufschlagen. Wenn Ihnen bei Ihrer Ankunft das wütende Gebell der Wachhunde entgegenschallt und Sie fürchten, Zerberus sei Ihnen auf den Fersen, seien Sie unbesorgt: Ferner als hier könnten Sie dem Hades nicht sein. Eher schon sind Sie im Elysium, auf der Insel der Seligen, gelandet.

Der Blick von der 60 m hoch gelegenen Aussichtsterrasse des Campingplatzes, der seit 20 Jahren von Veit und Anna Santner betrieben wird, ist unvergleichlich. Ruhig dehnt sich die blaue Fläche des Meeres bis zur Festlandlinie am fernen Horizont, dazwischen liegen ein paar unbewohnte Inseln und gelegentlich sieht man ein langsam dahintuckerndes Fischerboot.

Als wollte sie dem Platz einen Adelsausweis ausstellen, hat die Unechte Karettschildkröte das klare Wasser am Campingplatz zum Schauplatz ihrer Liebesspiele erkoren. Im Frühsommer kann man die Tiere von einer der beiden schwimmenden Plattformen aus beobachten, oder man leiht sich Veits Taucherbrille und Flossen aus, die er für den allgemeinen Gebrauch immer unten an den Felsen liegen lässt.

Im Sommer, wenn es zwischen den knorrigen Olivenbäumen nur so wimmelt von Kindern, wird allwöchentlich ein Tischfußballturnier veranstaltet, dessen Gewinner

mit einer Eistorte belohnt werden. Annas Kochkünste sind legendär – wenn Liebe durch den Magen geht, muss Aphrodite sich auf Dauer in ihrer Küche einquartiert haben. Aufgetischt wird, was Anna von ihren täglichen Einkäufen bei den Metzgern und Fischhändlern der Umgebung mitbringt, und Sie können sicher sein, dass es Ihnen mundet.

Obwohl es vom Campingplatz aus zu sehen ist, fühlt man sich hier sehr weit weg vom Festland, ebenso wie von den lärmenden, überlaufenen Touristenfallen wie Laganas. In Tartaruga, beim Zirpen der Zikaden, dem berauschenden Duft des Thymians, dem Wispern der Olivenbäume und der sanften Brise, die hier an der Südspitze der Insel meistens weht, fühlt man sich in der Zeit um Jahre zurückversetzt.

Bei der Suche nach einem Stellplatz haben Sie die Wahl. Sie können Ihr Zelt entweder am Hang im Schatten der Bäume aufschlagen oder unten am Strand, bewacht von Felsskulpturen, die aussehen, als wären sie aus der Tate Modern entwendet. Auf welchen Platz Ihre Wahl auch fällt, Tartaruga ist und bleibt ein Campingparadies. Treten Sie ein, das Wasser ist herrlich.

**PLUSPUNKTE**: Fantastische Küche und der vermutlich schönste Blick, den man auf einem griechischen Campingplatz überhaupt haben kann.
**MINUSPUNKTE**: Mit öffentlichen Verkehrsmitteln kaum erreichbar, es sei denn, Sie nehmen ein Taxi, und das ist ein ausgesprochen teures Vergnügen.
**KOSTEN**: Je nach Saison Erwachsene € 4,20–5, Kinder von 4–10 Jahren € 2,30–2,90, Zelt € 3–4, Pkw 2,50–2,90.
**AUSSTATTUNG**: Gepflegte Sanitäranlagen mit Behindertentoilette, Restaurant mit Aussichtsterrasse, Minimarkt, Internetzugang, Wäschereiservice, Spielplatz, 2 Anlegestege mit schwimmenden Plattformen am Strand.
**ESSEN UND TRINKEN**: Anna kocht so gut, dass Sie möglicherweise gar nicht anderswo essen wollen, aber wenn doch, ist das Village Inn im Altstadthafen von Zakynthos eine gute Adresse.
**FAMILIENAKTIVITÄTEN**: Sie können Tischfußball spielen, schnorcheln oder sich am Strand vergnügen, bevor Sie die idyllische Insel erkunden. Im Frühsommer kann man im klaren Wasser Schildkröten beobachten.
**HIGHLIGHTS**: Von Alikanas nördlich der Stadt Zakynthos fährt in regelmäßigen Abständen ein Schnellboot der Golden Dolphin Cruises (0030 26950 83248, www.alykes.com/sports/goldendolphin) zu den blauen Grotten und in die vom Land her unzugängliche Schmugglerbucht, auf deren kleinem Strand sehr klischeehaft ein Schiffswrack liegt.
**LAGE**: In der Bucht von Laganas im Süden von Zakynthos, der südlichsten der Ionischen Inseln. (Anreisemöglichkeiten auf der Homepage).
**GEÖFFNET**: Anfang April bis Ende Oktober.
**AUSGEBUCHT**: Auf dem Campingplatz Zante Camping bei Tragaki, nordwestlich der Inselhauptstadt Zakynthos, findet man immer einen Platz.

**Tartaruga**, Lithakia, Zakynthos, Griechenland

t 0030 26950 51967 | w www.tartaruga-camping.com

# areti

Das schöne Städtchen Neos Marmaras ist umspült vom blauen Meer. An der palmenbestandenen Hafenpromenade findet jeden Donnerstagvormittag ein Markt statt und man fühlt sich schnell wie ein Einheimischer, wenn man sich in das Gedränge stürzt und um frisch gefangenen Tintenfisch oder Honig aus der Region zu feilschen beginnt.

Vor 2500 Jahren war dies die Heimat von Alexander dem Großen. Die Makedonier sind ausgesprochen stolz auf ihren illustren Vorfahren, wundern Sie sich also nicht, wenn Sie merken, dass die Einheimischen hier über ein größeres Geschichtswissen verfügen als jeder Student der Altphilologie im übrigen Europa.

Ein paar Kilometer von Neos Marmaras entfernt liegt der Campingplatz Areti. Er ist so verschlafen wie ein von Tsipouro benebelter Bouzoukispieler, die Uhr tickt hier erfreulich langsam. In der gemütlichen Taverne am Strand brutzelt der frisch gefangene Fisch auf dem Grill, während die Wellen der Ägäis leise neben Ihrem Tisch ans Ufer plätschern und die Luft erfüllt ist vom Zirpen der Zikaden. An einem klaren Morgen winken Ihnen die fernen Gipfel des Olymp, mit den Göttern zu frühstücken. Und wenn sie könnten, würden die Götter sich liebend gern hier versammeln und in die Fluten stürzen.

Areti liegt auf einem mit Pinien und Eukalyptusbäumen bestandenen Areal, das von hibiskusgesäumten Wegen durchzogen ist. Wer dem Meer so nah sein möchte, dass er die salzige Luft riechen kann, stellt sein Zelt direkt am feinen Sandstand unter knorrigen alten Olivenbäumen auf; wer mehr für sich sein möchte, wählt einen Platz weiter hinten unter den Eukalyptusbäumen.

Wenn Ihnen die Hitze zu viel wird, versuchen Sie es mit einer Nacht in einer der Holzhütten, von denen es auf dem Platz etwa ein Dutzend gibt. Sie stehen im Schatten von Eukalyptusbäumen zwischen blühendem Oleander und sind sowohl gemütlich als auch funktional mit einer Küchennische, einem Schlafzimmer mit zwei Betten und einer zusätzlichen Liege und eigenem Klo ausgestattet – und klimatisiert.

Vor Ort gibt es einen gut sortierten Minimarkt, einen Spielplatz und verschiedene Sportangebote wie Tennis, Basket- und Volleyball, aber auch verschwiegene Nischen für romantische Zweisamkeit und Aussichtsbänke mit Blick auf das Meer und den Sonnenuntergang. Es ist einer dieser stillen und verschwiegenen Fleckchen Erde, an denen man wieder zu sich selbst finden kann. Und wenn Sie sich zur Abwechslung einmal richtig körperlich verausgaben wollen, dann schwimmen Sie zu einer der drei unbewohnten Inseln in der blaugrün gesprenkelten Bucht hinaus.

Die anrückende Kriegsflotte der Perser, die

ΟΡΜΥΛΙΑΣ
ΑΓΓΟΥΡΑΚΙΑ
ΤΕΜ
10 / 3

ΓΑΥΡΟΣ
ΑΛΙΕΥΜΕΝΑ ΣΤΗ ΘΑΛΑΣΣΑ
FAO 37
4

den eigensinnigen kleinen Bund der Hellenen erobern wollten, ließ sich vor 2500 Jahren, wenn auch nur kurz, von den angeblich in der Gischt um die Klippen hausenden Seeungeheuern aufhalten. Heute birgt die Bucht keine derartigen Gefahren mehr. Wenn Sie also mehr von diesem von seinen Bewohnern so innig geliebten Land sehen möchten, dann sprechen Sie mit Giorgos, dem sanftmütigen Besitzer des Campingplatzes, der Ihnen sagen kann, wo Sie für einen Tag einen alten Kutter bekommen, mit dem Sie um die drei Halbinseln herumschippern können. Und ehe Sie sich versehen, werden Sie jeden, der Ihnen begegnet, mit einem fröhlichen *Jassas* begrüßen und Ouzo kippen wie einer, der hier geboren ist.

**PLUSPUNKTE**: Toller Blick, einsame Strände, hervorragende Küche und ein überaus freundlicher Besitzer.
**MINUSPUNKTE**: Wir konnten keine finden.
**KOSTEN**: Je nach Saison Erwachsene € 8,10 – 9, Kinder € 4 – 4,50, Zelt und Pkw 13,50 – 15, Holzhütte für 2 Erwachsenen und 2 Kinder € 60 – 70.
**AUSSTATTUNG**: Tipptopp gepflegte Sanitäranlagen mit Waschmaschinen und Trockner, Restaurant und Bar, Minimarkt, Grillplätze, Spielplatz, Volleyball- und Tennisplatz und 2 Strände.
**ESSEN UND TRINKEN**: In Neos Marmaras gibt es eine Reihe guter Restaurants, die besten Fischlokale findet man an der Hafenpromenade.
**FAMILIENAKTIVITÄTEN**: Man kann Jetboote und Windsurfbretter mieten und die benachbarte Tauchschule Nireas bietet Tauchkurse an.
**HIGHLIGHTS**: Chartern Sie einen alten Kutter (für bis zu 30 Personen) samt Skipper und unternehmen Sie eine Rundfahrt um die drei »Finger« der Halbinsel. Die Kosten liegen bei € 25 pro Person, Verpflegung inbegriffen.
**LAGE**: Auf Sithonia, dem mittleren »Finger« der Halbinsel Chalkidiki, etwa 5 km südlich von Neos Marmaras (an der Straße von Neos Marmaras nach Toroni ausgeschildert).
**ÖFFENTLICHE VERKEHRSMITTEL**: Vom Flughafen Thessaloniki nehmen Sie am Busbahnhof Chalkidiki den Bus nach Sithonia (Ziel Sykia oder Neos Marmaras) und sagen Sie dem Busfahrer, wohin Sie wollen, damit er Sie aussteigen lassen kann. Sollten Sie doch in Neos Marmaras landen, müssen Sie ein Taxi zum Zeltplatz nehmen (etwa 10 Min. Fahrt).
**GEÖFFNET**: Anfang Mai bis Ende Oktober.
**AUSGEBUCHT**: Camping Stavros (0030 23750 71975), ein Campingplatz mit eigenem Strand, liegt gleich um die Ecke.

**Camping Areti**, 63081 Neos Marmaras, Chalkidiki, Griechenland

t 0030 23750 71430 | w www. camping-areti.gr

# chrissa

Es ist ein fast unheimliches Erlebnis, den beängstigend steilen und kurvenreichen Weg zum berühmten Orakel von Delphi hinaufzusteigen. Bei Dunkelheit funkeln die Lichter der Stadt Delphi am Berghang wie Juwelen, die jemand zu Füßen der Pythia aufgehäuft hat, um sie zu einem günstigen Orakel zu bewegen. Seit den Tagen des Herakles und Alexanders des Großen sind unzählige Menschen diesen Weg gegangen.

Der Mythologie zufolge lebte in Delphi eine geflügelte Schlange namens Python, die eines Tages von Apollon, dem Gott des Lichts, erschlagen wurde. Durch das vergossene Blut übertrugen sich die hellseherischen Fähigkeiten auf den Ort. Eine reiche Athener Familie ließ Apollon zu Ehren einen prachtvollen Säulentempel errichten, und fürderhin strömten Menschen von nah und fern an diesen heiligen Ort, um Antworten auf ihre Fragen zu suchen. Pythia, auf einem Dreifuß über die berauschenden Dämpfe gebeugt, die aus einer tief in den Berg reichenden Felsspalte aufstiegen, ließ sich in einen Trancezustand fallen und konnte fortan die Zukunft voraussagen.

Die eindrucksvollen Ruinen sind die Strapazen des beschwerlichen Aufstiegs allemal wert. Und hat man es bis ganz oben zum Stadion von Delphi geschafft, so hat man sich ein kühlendes Sorbet im Eiscafé am Eingang zu der Ruinenstätte redlich verdient. Und wenn Sie dann in der gespenstischen Dunkelheit der engen Kammer im Tempel des Apollon die Frage aller Fragen stellen, wer weiß, vielleicht erbarmt sich die Pythia und lässt Ihnen eine Antwort zuteil werden.

6 km weiter bergab bei der Ortschaft Chrisso liegt der Campingplatz mit einem spektakulären Blick über die mit Olivenbäumen bestandene Ebene, aus deren silbrigem Grün hie und da die Spitze einer Zypresse herausragt. Die Aussichtsterrasse des Restaurants ist ein perfekter Ort, um seine müden Knochen auszuruhen und bei einem kühlen Glas Bier zuzusehen, wie sich der Himmel über dem Küstendorf Itea blutrot färbt, bevor die Sonne hinter dem Horizont versinkt. Das Essen rundet das überirdisch schöne Schauspiel ab, eine gute Mischung aus traditioneller griechischer Küche und ein paar italienischen Einsprengseln zur Abwechslung. Wer sich nach den Strapazen des Tages ein wenig Luxus leisten will, kann eine der strohgedeckten, sechseckigen Hütten mieten, die an afrikanische Rundhäuser erinnern. Den Puristen unter den Campern stehen hingegen auf den Hangterrassen eine Fülle von Plätzen zur Verfügung. Angesichts des steinharten Bodens sollten Sie allerdings nicht vergessen, einen robusten Hammer mitzubringen.

Wenn Sie irgendwelche Informationen benötigen, wenden Sie sich am besten an

Katerina, die Betreiberin des Campingplatzes, die ungemein hilfsbereit ist und sich ständig Gedanken macht, wie sie ihren Gästen den Aufenthalt verschönern kann. Nehmen Sie ein kühles Bad im leuchtend blauen Pool, bevor Sie sich in das Städtchen Delphi aufmachen. Dort gibt es jede Menge Läden, in deren Auslagen Sie allerhand kunstvoll gestaltete Götter und Göttinnen bewundern können.

Hier oben in luftiger Höhe könnten Sie sich versucht fühlen, leise raunend Ihre eigenen Wahrheiten zu verkünden – wie etwa: Einen schöneren Campingplatz als Chrissa wirst du nicht finden.

**PLUSPUNKTE**: Toller Blick über die klassische griechische Landschaft auf den Golf von Korinth.
**MINUSPUNKTE**: Der Campingplatz könnte zur Schonung Ihrer Füße ein bisschen näher bei den Ruinen sein.
**KOSTEN**: Je nach Saison Erwachsene € 5,20–6,50, Kinder von 4–10 Jahren € 4–5,50, Pkw € 3–3,50, Zelt € 4,50–6, Holzhütte in Familiengröße € 60–80.
**AUSSTATTUNG**: Restaurant, gut sortierter Minimarkt, großes Sanitärhaus mit Waschmaschinen, Pool und Babybecken, Spielplatz, Tennis, Basketball und Internetzugang.
**ESSEN UND TRINKEN**: Die platzeigene Taverne ist ausgezeichnet, aber Sie sind ja schließlich wegen der Ruinen hier. Und Delphi wird Sie auch kulinarisch nicht enttäuschen. Kehren Sie einfach in einem der vielen hervorragenden Restaurants ein (s. u. unter »Highlights«).
**FAMILIENAKTIVITÄTEN**: Besuchen Sie die Ruinen von Delphi und das dortige archäologische Museum, in dem die meisten Funde der Grabungsstätte ausgestellt sind. Oder machen Sie einen Strandausflug nach Itea (16 km weiter südlich).
**HIGHLIGHTS**: Dinner im eleganten Restaurant Epikouros in Delphi (33, V. Pavlou & Friderikis, 0030 22650 83250, www.delphi.com.gr/epikouros) mit spektakulärer Aussichtsterrasse. Spezialität des Hauses ist in Zwiebeln geschmortes Wildschwein.
**LAGE**: Am Golf von Korinth bei Chrisso in der Nähe von Delphi, zwischen Amfissa und Arachova, etwa 60 km westlich von Patras (genaue Wegbeschreibung auf der Homepage).
**ÖFFENTLICHE VERKEHRSMITTEL**: Von Athen (Busbahnhof Liossion) fahren Busse direkt nach Delphi, und der Fahrer setzt Sie am Campingplatz ab, wenn Sie ihn darum bitten.
**GEÖFFNET**: Ganzjährig.
**AUSGEBUCHT**: Der landschaftlich schön gelegene Campingplatz Apollon bei Delphi (0030 22650 82750, www.apolloncamping.gr) hat neben einem herrlichen Blick einen großen Pool zu bieten.

**Chrissa Camping**, 33054 Delphi-Fokida, Griechenland

t 0030 22650 82050 w www.chrissacamping.gr

# nicolas

Willkommen auf dem Peloponnes, dem Land der Mythen und Orangenhaine. Wenn Stätten und Sagen aus dem klassischen Altertum Ihre Leidenschaft sind, werden Sie mit einem wohligen Schauer an den Ruinen der antiken Stadt Tiryns vorübergehen. Hier stand einst der gefürchtete Palast, in den Herakles nach jeder vollbrachten Aufgabe zurückkehren musste, um die Anweisungen für die nächste entgegenzunehmen.

Ganz in der Nähe von Tiryns liegt Epidavros. Normalerweise wirkt das verschlafene Städtchen wie das Standbild einer Szene mit Alten, die am Ende der Hafenmole herumsitzen und geistesabwesend mit den Perlen ihres Kombolois spielen. Doch kaum wird es Juli, erwacht die Stadt schlagartig mit dem Feuerwerk, das den Beginn des jährlichen Theaterfestivals ankündigt, zum Leben. Kulturfreunde aus aller Welt reisen an, um sich in den beiden antiken Theatern die klassischen Tragödien des Aischylos, des Euripides und des Sophokles anzusehen. Das größere der beiden Theater gehört zu den besterhaltenen Bauwerken seiner Art in ganz Griechenland, und es hat im Laufe des 20. Jahrhunderts einige legendäre Aufführungen hier gegeben. Das im 4. Jahrhundert v. Chr. erbaute Theater mit seinen 15 000 Plätzen hat eine erstaunliche Akustik. Man kann in der obersten Reihe der im Halbrund gebauten Zuschauerränge sitzen und hört doch eine Stecknadel, die auf der Bühne fallen gelassen wird.

Wenn man von Epidavros aus 10 Min. durch ein kleines Wäldchen läuft, am Strand entlang und am kleineren der beiden Theater vorbei, gelangt man zum Campingplatz Nicolas. Hier, in einem ehemaligen Orangenhain, bilden die Laubkronen der Orangen- und Maulbeerbäume natürliche Lauben. Und wo haben Sie schon einmal einen Campingplatz gesehen, auf dem Sie sich eine reife Orange vom Baum pflücken und anschließend ins samtig-stille Wasser einer idyllischen Meeresbucht springen können?

Der Campingplatz Nicolas wird von dem Ehepaar Christina und Yiannis Gikas geleitet. Christina hat ihr Großstadtleben in Toronto aufgegeben und ist zu ihren Wurzeln auf dem Peloponnes zurückgekehrt, und wenn man in diesem blühenden Paradies steht und den Duft der Orangenblüten einatmet, während das Meer in greifbarer Nähe ist, dann kann man ihre Entscheidung gut verstehen.

Wenn Sie sich auf die Spuren von Jacques Cousteau begeben möchten, gehen Sie auf Tauchkurs. Ganz in der Nähe liegen in geringer Tiefe die Ruinen einer versunkenen Stadt, die im Jahr 175 einem Erdbeben mit Tsunami zum Opfer fiel. Wenn Sie sich dort zwischen Seeigeln durchschlängeln, die sich mit ihren stacheligen Frisuren auf den Unterwasserruinen festgesetzt haben, machen Sie vielleicht sogar einen interessanten Fund. Am Grund der Ägäis und des Ionischen Meers liegen mehr als tausend Schiffswracks; hier ruhen so viele versunkene Schätze, dass kommerzielles Tauchen im Umkreis der meisten Wracks verboten ist.

Sollte Ihnen der Sinn mehr nach oberirdischem Zeitvertreib stehen, machen Sie einen Ausflug ins 30 km entfernte Nafplio – eine schöne alte Stadt, deren Architektur die Spuren der venezianischen Herrschaft nicht leugnen kann. Die Straßen und Gassen sind gesäumt von geschmackvollen, manchmal auch ein wenig verschrobenen Läden, vor denen die Passanten auf schmalen Gehwegen willkommenen Schutz vor der sengenden Mittagssonne finden. Essen Sie in einem der vielen guten Restaurants zu Mittag, steigen Sie anschließend die 216 m zur Palamidi-Festung hinauf und beschließen Sie den Ausflug mit einem erfrischenden Bad im Meer auf der anderen Seite der Anhöhe. Nafplio ist bei Städtern aus Athen ein beliebtes Ziel für Kurzurlaube, und wenn man einen Nachmittag hier verbringt, versteht man gut, warum sie daran interessiert sind, dass es ein Geheimtipp bleibt.

**PLUSPUNKTE**: Die absolute Strandlage (näher am Wasser geht es nicht mehr).
**MINUSPUNKTE**: Da das Areal mit seinen 100 Stellplätzen nicht besonders groß ist, hat man es in der Hauptsaison schwerer, ein Fleckchen zu finden, das nicht von Wohnmobilen umzingelt ist.
**KOSTEN**: Je nach Saison Stellplatz (inkl. 2 Erwachsene, Zelt und Pkw) € 16 – 20.
**AUSSTATTUNG**: Gute, saubere Sanitäranlagen, Restaurant und Bar direkt am Strand, Minimarkt, Grillplatz, Internet.
**ESSEN UND TRINKEN**: Die platzeigene Taverna Mouria gilt als Treffpunkt der Schauspieler, die in Aufführungen in den beiden antiken Theatern mitspielen. Nicht selten sieht man sie, wie sie unter dem Maulbeerbaum zwischen zwei Bissen Moussaka ihre Dialoge vor sich hin murmeln. Das Essen, vor allem Fischgerichte, ist gut und wird mit einem Lächeln serviert.
**FAMILIENAKTIVITÄTEN**: Das Tauchzentrum Epidive (0030 27530 41236, www.epidive.com) bietet Tauchkurse für Anfänger und Fortgeschrittene und Tauchgänge zur versunkenen Stadt an (auch für Kinder ab 6 Jahren).
**HIGHLIGHTS**: Machen Sie einen Ausflug zu den Theatern und essen Sie im malerischen Hafen der Stadt zu Mittag. Oder fahren Sie ins 30 km entfernte Nafplio, wenn Sie die elegantere Seite des ägäischen Lebens kennen lernen möchten.
**LAGE**: Am Saronischen Golf an der Westküste des Peloponnes, bei Palea Epidavros.
**ÖFFENTLICHE VERKEHRSMITTEL**: Wenn Sie mit öffentlichen Verkehrsmitteln anreisen, müssen Sie in Nafplio einen Regionalbus nach Epidavros nehmen.
**GEÖFFNET**: April bis Oktober.
**AUSGEBUCHT**: Am anderen Ende der Bucht und ebenfalls direkt am Strand liegt Bekas Camping (0030 27530 999301, www.bekas.gr), ein schöner Campingplatz mit 130 Stellplätzen im Schatten eines Olivenhaines.

**Camping Nicolas**, 21059 Palea Epidavros, Argolis, Griechenland

t 0030 27530 41297 | w www.nicolasgikas.gr

μαρμελάδα δαμάσκηνο

# antiparos

Wenn man im weißen Hafen dieses winzigen ägäischen Kleinods von der Fähre geht, traut man seinen Augen nicht. Alles, was man sieht, ist griechischer als griechisch: alte Fischer mit runzeligen Gesichtern und Charles-Bronson-Augen, Katzen, die sich im Schatten räkeln, bunte Körbe mit überquellenden Früchten und ein azurblauer Himmel, der so vollkommen ungetrübt ist, dass es selbst ein Herz aus Stein erweichen würde.

Ich könnte an dieser Stelle verraten, wer hier in den letzten Jahren heimlich Land gekauft hat, aber ich habe Theo Kalygros, dem Sohn des Campingplatzbesitzers, geschworen, es nicht zu tun. Sagen wir einfach, Antiparos hat jetzt seinen eigenen Götterhimmel der Superstars.

In der Hauptstraße der einzigen bewohnten Ortschaft Antiparos im Norden der Insel reihen sich Tavernen, Bars, Eiscafés und Läden, in denen alles vom Schmuck bis zu – rätselhafterweise – Feen und Elfen verkauft wird. Es gibt keine Erklärung dafür, aber diese geflügelten kleinen Wesen tauchen hinter jeder blütenumrankten Ecke auf.

Wenn man um die Burg, die sich am Rande der Ortschaft erhebt, herumwandert, kann man etwas von der Geschichte dieser stolzen kleinen Insel erahnen. Im 15. Jahrhundert erkoren Piraten die Insel zu ihrem Stützpunkt. Um sie sich vom Leib zu halten, bauten die Einheimischen einen nahezu uneinnehmbaren Klotz von einer Burg – selbst Captain Jack Sparrow wäre hier an seine Grenzen gelangt. Diesen Freiheitsgeist haben sich die Menschen auf Antiparos bis in unsere Tage erhalten, und sie gehörten während des Zweiten Weltkriegs zu den Ersten, die sich dem griechischen Widerstand gegen die deutsche Besatzung anschlossen.

Ein freier Geist herrscht auch auf dem Campingplatz Antiparos. Unter dem Schattendach der Zedernkronen und in den lauschigeren Bambusabteilen lässt man es locker und gemächlich angehen. Mag sein, dass die Einrichtungen sehr einfach sind, aber das macht auch den Charme dieses Platzes aus.

Theo kann Ihnen unscharfe Super-8-Aufnahmen von Musikfestivals und Fußballturnieren aus den 1970ern zeigen – Schlaghosen und Afrofrisuren einen endlosen Sommer lang. Vielleicht lauern die Geister jener Zeit noch in der Luft oder in der gewaltigen, 400 Jahre alten Zeder, die ihre knorrigen Äste in den Himmel reckt, jedenfalls bewahrt Theo diesen Geist in den Musikfestivals und Jamsessions, die er für reisende Troubadoure veranstaltet.

Auf Antiparos gibt es drei größere Strände. Den nächstgelegenen erreichen Sie über ein Gespinst von Wegen, die sich kreuz und quer durch Dünen und niedrige Gräser und Sträucher ziehen. Und wenn es Ihnen widerstrebt,

für Badekleidung auch nur einen Cent auszugeben, haben Sie Glück gehabt – dies ist ein FKK-Strand. Wenn Sie den Anblick von Menschen im Adams- und Evaskostüm aber nicht so schätzen, dann gehen Sie lieber zum Strand hinter der Windmühle am Rand des Ortes.

Das platzeigene Restaurant bietet eine Fülle hausgemachter Köstlichkeiten (probieren Sie den mit Reis und Rosinen gefüllten Tintenfisch), Sie sollten also unbedingt wenigstens an ein paar Abenden hier essen. Wenn sie nicht gerade Delikatessen zusammenbraut, die Ihnen auf der Zunge zergehen, ist die Herrin des Hauses gewöhnlich mit Stricken beschäftigt. Sie ist aber auch dafür bekannt, dass sie ihren Gästen gern heimlich ein paar selbstgebackene Kekse zusteckt – und es wäre unhöflich, dazu Nein zu sagen, nicht wahr? Camping Antiparos ist ein wunderbarer Ort, um herumzusitzen und sich mit anderen Leuten aus dem kunterbunt gemischten Häuflein der Gäste zu unterhalten, oder wie die Griechen einfach nur den melancholischen Klängen der Bouzouki zu lauschen.

**PLUSPUNKTE**: Eine Oase für Kurzzeitaussteiger mit freundlichen Betreibern.
**MINUSPUNKTE**: Es ist eine lange Fährfahrt (4 Stunden) vom Athener Hafen Piräus bis Paros.
**KOSTEN**: Je nach Saison Erwachsene € 4–6, Kinder € 3–4, Zelt, € 2–4.
**AUSSTATTUNG**: Saubere Sanitäranlagen, Wäschereidienst, Bar, Restaurant mit einer wunderbaren Küche.
**ESSEN UND TRINKEN**: Leckeren Fisch, der Ihnen vermutlich am Morgen noch beim Schwimmen begegnet ist, gibt es in der Taverna Yorgis in der Hauptstraße der Ortschaft Antiparos.
**FAMILIENAKTIVITÄTEN**: Sehen Sie sich eine Vorstellung im Open-Air-Kino Oliaros auf dem Dach von Herrn Pantelakis an (0030 22840 61717); in schönerem Ambiente können Sie Ihre Lieblingsfilme nicht sehen. Ein Unternehmen mit dem treffenden Namen Argonauts Blue (0030 22840 61364, www.argonautsblue.com) bietet Kajaktouren um die Insel an.
**HIGHLIGHTS**: Chartern Sie den Kutter Alexandros bei Antonis (0030 22840 61273), der Sie um die Nachbarinsel Paros herum und zu einsamen Buchten schippert (€ 50 für Erwachsene, € 25 für Kinder, inkl. Mittagessen vom Grill).
**LAGE**: Auf der kleinen Insel Antiparos, einer der Kykladeninseln in der Ägäis (Anreiseplan auf der Homepage).
**GEÖFFNET**: Anfang Mai bis Ende September.
**AUSGEBUCHT**: Sehr unwahrscheinlich bei 200 Stellplätzen, aber buchen Sie trotzdem im Voraus, da es keinen zweiten Campingplatz auf der Insel gibt.

**Camping Antiparos**, 48007 Antiparos, Kykladen, Griechenland

t 0030 22840 61221 w www.camping-antiparos.gr

ALEXANDROS

# Bildnachweise

Alle Fotos © Sophie Dawson, Keith Didcock, Sam Pow, Paul Sullivan, Rui Teimao, Richard Waters, Penny Watson; mit Ausnahme der folgenden (mit freundlicher Genehmigung abgedruckten) Bilder: Ilha da Berlenga (S. 25) © Luis Figueiredo, Ilha de Tavira (S. 33) © Câmara Municipal de Tavira, Asseiceira (S. 34) © Chris Langton, Marvão (S. 37) © Touristenbüro Marvão, Termas da Azenha (S. 42 und 45) © Daniela Meester, Lugar Várzeas (S. 48) © Hannah McDonnell (www.lushplanet.com), BelRepayre Trailer Park (S. 107 und Umschlag hinten) © BelRepayre Airstream & Retro Trailer Park, Mas de la Fargassa (S. 110) © Mas de la Fargassa, Tipis in Folbeix (S. 134 und 137) © Nigel Harding/Tipi Holidays in France, Zellersee (S. 198) © Reiner Müller, Park Grubhof (S. 200 und 203) © Kerstin Joensson, Walter Schweinöster und Robert Stainer.

Umschlagfoto: Cala Llevadó © Keith Didcock